कथा-पटकथा

मन्नू भण्डारी

वाणी प्रकाशन

वाणी प्रकाशन

4695, 21-ए, दरियागंज, नयी दिल्ली 110 002

फ़ोन : +91 11 23273167 फ़ैक्स : +91 11 23275710

शाखाएँ

अशोक राजपथ, पटना 800 004, बिहार

कॉफ़ी हाउस कैम्पस, महात्मा गांधी मार्ग, इलाहाबाद 211 001, उत्तर प्रदेश

महात्मा गांधी अन्तरराष्ट्रीय हिन्दी विश्वविद्यालय, वर्धा 442 001, महाराष्ट्र

सुल्तानिया रोड, मोतिया पार्क, भोपाल 462 001, मध्य प्रदेश

www.vaniprakashan.com
marketing@vaniprakashan.in
sales@vaniprakashan.in

KATHA PATKATHA
by Mannu Bhandari

ISBN : 978-81-8143-091-5
Media

संस्करण 2004, 2015
तृतीय संस्करण 2020

मूल्य : ₹495

सिटी प्रेस, दिल्ली-110 095 में मुद्रित

वाणी प्रकाशन का लोगो मक़बूल फ़िदा हुसेन की कूची से

अनुक्रम

पटकथा की कथा 9

पटकथा लिखने की अद्भुत समझ है मन्नूजी में 23
—बासु चटर्जी

कथा-पटकथा

तमिल कहानी

बँधुआ दलिद्दर 25

पटकथा

बँधुआ दलिद्दर 33

कन्नड़ कहानी

मोड़ 48

पटकथा

मोड़ 56

सिन्धी कहानी

कान्ता 69

पटकथा

कान्ता 80

तेलुगु कहानी

बूढ़ा सियार 97

पटकथा

फ़ौजी चिन्नय्या—बूढ़ा सियार 116

उड़िया कहानी का सारांश

भ्रम 132

पटकथा

भ्रम 134

महादेवी वर्मा का संस्मरण

भाभी 148

पटकथा

भाभी 155

महादेवी वर्मा का संस्मरण

घीसा 172

पटकथा

घीसा 181

परिकल्पना

रजनी 200

पटकथा

रजनी 202

प्रिय बासुदा के लिए
जिन्होंने मुझे इस विधा के साथ जोड़ा।

पटकथा की कथा

भारतीय भाषाओं की कहानियों पर केन्द्रित धारावाहिक 'दर्पण' की दस कहानियों की पटकथा लिखने से पहले न तो मुझे इस विधा की कोई जानकारी थी न ही कोई समझ।

बरसों पहले मेरी कहानी 'यही सच है' पर जब बासुदा (बासु चटर्जी) ने फिल्म बनाने का प्रस्ताव रखा तो मुझे तो इसी बात पर आश्चर्य हो रहा था कि एक लड़की के निहायत निजी आन्तरिक द्वन्द्व पर आधारित यह कहानी (इसीलिए जिसे मैंने भी डायरी फॉर्म में ही लिखा था) दृश्य-माध्यम में कैसे प्रस्तुत की जाएगी भला? पर बासुदा ने इस पर रजनीगन्धा नाम से फिल्म बनाई, जो बहुत लोकप्रिय ही नहीं हुई, बल्कि सिल्वर जुबली मनाकर जिसने कई पुरस्कार भी प्राप्त किये। तब इस विधा की काफी कुछ बातें मेरी समझ में आईं। इसके कुछ वर्षों बाद बासुदा ने शरत्चन्द्र की लम्बी कहानी 'स्वामी' का पुनर्लेखन करने का आग्रह मुझसे किया। उन्हें इस पर फिल्म बनानी थी पर उसके वर्तमान रूप से वे सन्तुष्ट नहीं थे सो मुझसे कहा कि मैं इसे चाहे जितना काटूँ-छाटूँ...बदलूँ-बढ़ाऊँ, बस मूल थीम को सुरक्षित रखते हुए इसे एक बिल्कुल नया रूप दे दूँ। पूरी छूट मिलने पर मैंने भी मूल कहानी का अच्छा-खासा कायाकल्प तो कर डाला पर किया एक उपन्यासिका रूप में। लेकिन क्योंकि दिमाग में यह बात जमी हुई थी कि इस पर फ़िल्म बननी है इसलिए दृश्य-योजनाओं, चरित्रों को उभारने वाली स्थितियों और संवादों को लेकर मैं इतनी सजग थी कि पटकथा लिखते समय फिर बासुदा को इस पर विशेष काम नहीं करना पड़ा। 'स्वामी' फिल्म ने भी केवल सिल्वर जुबली ही नहीं मनाई बल्कि धुँआधार शोहरत के साथ कई पुरस्कार भी प्राप्त किये। पर बाक़ायदा पटकथा लिखने का काम तो मैंने 'दर्पण' की कहानियों से ही शुरू किया और जिससे मिली प्रशंसा ने तुरन्त ही मेरे सामने प्रेमचन्दजी के 'निर्मला' उपन्यास पर पूरा धारावाहिक तैयार करने का प्रस्ताव रख दिया और बड़े सहज भाव से जिसकी पूरी तेरह कड़ियाँ मैंने लिख डालीं। 'दर्पण' क्योंकि भारतीय भाषाओं की कहानियों पर केन्द्रित था इसलिए मेरी असली समस्या थी कहानियों के चुनाव की। अनूदित कहानियाँ मेरी सीमा थी और उनकी उपलब्धता मेरा संकट। जहाँ तक मुझे याद है, साहित्य अकादेमी

से प्रकाशित होने वाली त्रैमासिक पत्रिका 'समकालीन भारतीय साहित्य' से मुझे बहुत मदद मिली थी।

इस धारावाहिक को प्रसारित हुए तो कई वर्ष बीत गये पर पिछले एक साल से इन पटकथाओं को उनकी मूल कहानियों के साथ रखकर पुस्तकाकार छपवाने का प्रस्ताव मेरे पास आता रहा है। सिर्फ इस उद्देश्य से कि एक कहानी को पटकथा में रूपान्तरित करने के दौरान मैं किस प्रक्रिया में गुज़री, इसका कुछ अनुमान पाठक को हो सके। दूरदर्शन के लिए लिखी गई इन पटकथाओं को लिखा मैंने चाहे जितनी लगन और निष्ठा के साथ पर प्रसारित होने के बाद मैं इनके प्रति बेहद लापरवाह हो गई थी—पटकथा लिखी, प्रसारित हुई—काम खतम...बात खतम, सो उन्हें सहेज-सँभाल कर तो रखा ही नहीं था और यह प्रस्ताव इसी तरह टलता रहा पर इस बार जब श्रीमती अर्चना वर्मा ने जोर देकर कहा कि यह काम तो मुझे करना ही है तो खोज-बीन शुरू हुई। पटकथाओं की प्रतिलिपियाँ तो फिर भी कुछ मिल गईं पर कहानियाँ तो मैंने सँभाल कर रखी ही नहीं थीं। सँभाल कर रखना तो दूर, उन्हें किस पुस्तक या पत्रिका से लिया था, इसका भी कोई रिकॉर्ड मेरे पास नहीं था—न कागज़ों पर, न दिमाग में...सो अब संकट आया कहानियाँ ढूँढ़ने का। कहानियाँ ढूँढ़ना तो मेरे बस की बात ही नहीं थी—न रुचि, न समय पर जब मिराण्डा-हाउस की सुश्री बलवन्त कौर ने कहानियाँ ढूँढ़ने की ज़िम्मेदारी ली तो यह काम आगे बढ़ा। इसमें कोई सन्देह नहीं कि बलवन्त ने बड़ा परिश्रम किया...साहित्य अकादेमी का पुस्तकालय छान मारा...'समकालीन भारतीय साहित्य' के अंक-दर-अंक टटोल मारे पर उस सबके बावजूद वे मात्र चार कहानियाँ ही ढूँढ पाईं। तब मुझे ही ख़याल आया कि बरसों पहले बम्बई की श्रीमती प्रतिभा स्वरूप के आग्रह पर मैंने महादेवी वर्मा कृत 'अतीत के चलचित्र' और 'स्मृति की रेखाओं' में से तेरह संस्मरण चुनकर 'यादें' नाम से एक पूरे धारावाहिक का प्रोजेक्ट तैयार किया था, जिसमें चार संस्मरण की पूरी पटकथा नत्थी की गई थी। उस समय सैकड़ों की संख्या में प्रस्तुत किये गये ऐसे प्रोजेक्ट दूरदर्शन के ऑफिस में कहाँ धूल खा रहे हैं इसकी एक अलग ही कहानी है। हाँ, प्रतिभा ने साल-दर-साल भाग-दौड़ करके आखिर इसकी तीन कड़ियाँ दूरदर्शन में स्वीकृत करवा ही लीं। उन्हीं में से दो की पटकथाएँ मैं यहाँ दे रही हूँ। 'दर्पण' के लिए उड़िया कहानी का चुनाव बासुदा ने खुद किया था और मूल कहानी के अभाव में, एक पृष्ठ में उस कहानी का सारांश लिख भेजा था यानी कि अब घटनाओं और स्थितियों को मुझे खुद ही गढ़ना-लिखना था। वैसे सामान्यतः हमारे यहाँ की अधिकतर फिल्में और धारावाहिक इसी तरह के सारांश या आइडियाज़ पर ही निर्मित होते हैं। क्योंकि साहित्यिक कृतियों को फिल्माने का प्रचलन अभी तक हमारे यहाँ बहुत ही कम है। और तब अन्त में मैंने आइडिया विशेष पर आधारित, अपने समय के बेहद चर्चित और लोकप्रिय धारावाहिक रजनी की एक कड़ी की

पटकथा भी सम्मिलित की। हर अनुचित, अनैतिक और अन्याय के विरुद्ध मात्र विद्रोह का स्वर ही बुलन्द करने वाली नहीं बल्कि आखिरी बिन्दु तक उससे मोर्चा लेने वाली रजनी उस समय एकाएक ही जैसे सबकी अपनी हो गई थी...सभी जैसे उसके साथ एक गहरा तादात्म्य महसूस करने लगे थे...शायद इसलिए कि इन्हीं स्थितियों को लेकर सबके मन में भीतर-ही-भीतर जो एक असन्तोष, गुस्सा और नपुंसक-विद्रोह निरन्तर खौलता-उबलता रहता था, वह उसके माध्यम से अभिव्यक्ति पा रहा था। चाहकर भी हम जो नहीं कर पा रहे...कोई तो उसे कर रहा है, यह सन्तोष ही रजनी को चर्चा के केन्द्र में ले आया था। इस धारावाहिक की सात 'कड़ियाँ' मैंने लिखी थीं। (मिली केवल एक ही और मेरे टैक्सी वाले जिस एपिसोड पर बम्बई के टैक्सीवालों ने काफी हंगामा किया था, उसकी प्रतिलिपि तो मिली ही नहीं।) इस प्रकार आठ पटकथाओं की यह पाण्डुलिपि तैयार हुई, जिसमें छः के पासंग में उनकी मूल कहानियाँ हैं...एक के पासंग में कहानी का सारांश तो अन्तिम के पासंग में उसका आइडिया है।

अपनी पटकथाओं की बात शुरू करने से पहले एक बात मैं अच्छी तरह स्पष्ट कर देना चाहती हूँ। जब भी कोई विधा अस्तित्व में आती है, धीरे-धीरे उसके सिद्धान्त, नियम, कायदे कानून यानी कि उसकी पूरी व्याकरण भी अस्तित्व में आ जाती है। विदेशों में तो पटकथा-लेखन पर न जाने कितना कुछ लिखा गया है, पर हिन्दी में तो मात्र दो पुस्तकें ही अभी तक देखने में आईं। हो सकता है कि फिल्मों तक तो पटकथा लेखन को एक स्वतन्त्र-विधा का वजूद ही नहीं मिला था इसलिए इसे किसी ने गम्भीरता से लिया ही नहीं पर दूरदर्शन में आई धारावाहिकों की बाढ़ ने इस ओर लोगों का ध्यान आकृष्ट किया, युवाओं को इसमें अपने कैरियर की सम्भावनाएँ दिखाई देने लगीं और तभी इसके विवेचन विश्लेषण की जरूरत भी महसूस हुई। बहरहाल, कहना मैं यह चाह रही हूँ कि अपनी इन पटकथाओं को लिखने के बहुत बरसों बाद ही मैंने पटकथा-लेखन पर आई इन दो पुस्तकों को देखा। (शायद ये अभी तीन-चार वर्षों पहले ही छपी हैं) यानी कि इस विधा के सैद्धान्तिक-पक्ष की ए बी सी डी जाने बिना ही मैंने अपना यह काम किया (कभी जरूरत हुई तो आगे भी इसी तरह करूँगी) और इसलिए हो सकता है कि मेरी ये पटकथाएँ इसके तकनीकी और सैद्धान्तिक पक्ष पर खरी ही न उतरें। फिर मैंने कभी यह सोचा भी नहीं था कि मुझे इन पटकथाओं को प्रकाशित भी करना होगा।...मैंने तो इन्हें सिर्फ बासुदा के लिए लिखा था और उनकी जरूरत (जिसे मैं जानती थी) के हिसाब से लिखा था, सैद्धान्तिक-पक्ष के अनुरूप नहीं...(जिसे मैं जानती ही नहीं थी) हाँ, यह बात जरूर पूछी जा सकती है कि जब इनके प्रकाशित करने की बात आई तो क्या यह जरूरी और उचित नहीं था कि इस विधा की थोड़ी सी सैद्धान्तिक और तकनीकी जानकारी भी हासिल करके मैं इनका पुनर्लेखन

करती पर मुझे तो इन्हें इसी रूप में प्रस्तुत करना था क्योंकि ये इसी रूप में फ़िल्मायी गईं, प्रसारित हुईं और प्रशंसित भी। इसके बाद तो मैंने प्रेमचन्द जी के निर्मला उपन्यास पर आधारित धारावाहिक की पूरी तेरह कड़ियाँ भी अपने इसी अन्दाज़ में लिखीं और उसके निर्देशक को भी क़तई कोई असुविधा नहीं हुई। मैं जानती हूँ कि इन पर यह आरोप लगने की पूरी गुंजाइश है कि ये पटकथाएँ नहीं बल्कि कहानियों का नाट्य-रूपान्तरण मात्र है। मुझे इसमें भी कोई आपत्ति नहीं...पर यह ऐसा नाट्य-रूपान्तरण है, जिसमें कैमरे के लिए (शूटिंग के दौरान जो दर्शक की भूमिका ही अदा करता है) केवल मंच की सीमा में बँधा रहना क़तई अनिवार्य नहीं बल्कि जो बाहर-भीतर, वर्तमान-अतीत, स्थिर-चलायमान सब दृश्यों को बिना किसी बाधा व्यवधान के अपने में समेटता चलता है। फ़िल्म भी और करती क्या है? इसलिए आप इन्हें चाहे पटकथा कहिए या नाट्य-रूपान्तरण, फ़िल्माने में आपको कोई असुविधा नहीं होगी...नहीं हुई। वास्तव में देखा जाए तो इस माध्यम में अहम भूमिका निर्देशक की ही होती है...इसीलिए यह डाइरेक्टर्स मीडिया ही कहलाता भी है। अब आप अपनी पटकथा लिखने के दौरान चाहे जितने आदेश-निर्देश दे लीजिए, सिद्धान्त-तकनीक बघार लीजिये, फ़िल्माने के दौरान तो निर्देशक अपने हिसाब से फिर उस पर काम करता है और अपनी ज़रूरत के मुताबिक उसे काटता-छाँटता ही नहीं, उसमें रद्दोबदल भी करता है। इसलिये अपनी इस पुस्तक में मैंने तकनीकी बातें छोड़कर केवल कथा के साथ पटकथा और एक कहानी के सन्दर्भ में अपनी रचना प्रक्रिया का संक्षिप्त-सा ब्यौरा देकर पटकथा लेखन के व्यावहारिक पक्ष को उजागर करने की कोशिश की है।

ये पटकथाएँ साहित्यिक कृतियों पर आधारित हैं और साहित्यिक कृतियों पर पटकथा लिखने की अपनी एक सीमा भी होती है और संकट भी। सीमा यह कि आपको उस कहानी के दायरे में बँधकर ही काम करना होता है यानी कि आप कहानी के केन्द्रीय भाव...प्रमुख चरित्रों और स्थितियों के साथ बहुत अधिक छूट नहीं ले सकते क्योंकि बराबर यह अहसास बना रहता है कि कहानी का असली रचयिता कोई और है जो एक सीमा के बाद अपनी रचना के साथ की गई छेड़छाड़ पर या ली गई छूट (लिबर्टी) पर अपनी आपत्ति दर्ज करा सकता है और चाहे तो संकट भी। यह दूसरी बात है कि प्रसिद्ध साहित्यिक-कृतियों की ऐसी की तैसी करते हुए धड़ल्ले से केवल फिल्में ही नहीं, धारावाहिक भी बने हैं। फणीश्वरनाथ रेणु का 'मैला आँचल' और सुरेन्द्र वर्मा का 'मुझे चाँद चाहिए' इसके ज्वलन्त उदाहरण हैं पर लेखक या उनके पाठकों ने कभी-कभी मौखिक या लिखित आपत्ति भले ही दर्ज कराई हो...संकट तो (एकाध अपवाद को छोड़कर) आज तक किसी ने पैदा नहीं किया। हाँ, कहीं-कहीं ऐसे उदाहरण भी मिल जाएँगे जहाँ किसी कमजोर या अति-सामान्य सी रचना को (आखिर रचना के भी तो कई स्तर होते हैं) ऐसे

परिवर्तनों से कहीं अधिक प्रभावपूर्ण बना दिया गया है। रांगेय राघव के एक उपन्यास 'कब तक पुकारूँ' पर बना धारावाहिक निश्चित रूप से इस कोटि में आता है। वैसे यह तो सर्व-स्वीकृत तथ्य है कि लेखन और फिल्मांकन दो बिल्कुल भिन्न माध्यम हैं, इसलिए इनकी अपेक्षाएँ भी भिन्न हैं, सो परिवर्तन तो अनिवार्य ही है पर ये परिवर्तन इतने और ऐसे ही होने चाहिए जो रचना के केन्द्रीय भाव को और अधिक गहराई से...चरित्रों को और अधिक निखार कर और द्वन्द्व और टकराहट की स्थितियों को और अधिक प्रखरता से प्रेषित करके रचना के प्रभाव को कहीं अधिक बढ़ा दें।

कहानी और पटकथा में सबसे बड़ा और प्रमुख परिवर्तन तो होता है प्रारूप का। कहानीकार को तो पूरी छूट होती है कि वह अपनी कहानी किसी भी शैली में लिखे। यह चाहे तो अपनी टिप्पणियों और व्याख्याओं के साथ वर्णनात्मक शैली में घटनाओं के ब्यौरे प्रस्तुत कर सकता है और चाहे तो मात्र संवादों में। उत्तम पुरुष में लिखे या अन्य पुरुष में...डायरी-फॉर्म में लिखे या पत्रों के रूप में...तरह-तरह के प्रयोग करने की उसे पूरी छूट होती है पर पटकथा-लेखक को तो सारी कहानी को दृश्यों और संवादों में ढालकर ही प्रस्तुत करना होता है। कहानी में लेखक जितनी देर तक और जहाँ-जहाँ चाहे अपनी उपस्थिति दर्ज करा सकता है (हर कहानी में कहीं-न-कहीं किसी-न-किसी रूप में आपको उसकी उपस्थिति मिलेगी ही) पर पटकथा में लेखक को तो बिल्कुल ही अनुपस्थित रहना होता है...जो कुछ भी कहना है मात्र पात्रों के संवादों के माध्यम से। कहानी-लेखक के लिए तो समय की भी कोई सीमा निर्धारित नहीं होती...वह चाहे तो चार पन्नों में कहानी लिखे, चाहे तो बीस पन्नों में। पर किसी धारावाहिक की एक कड़ी के लिए मात्र पच्चीस मिनट का समय मिलता है यानी कि उसे अपनी पटकथा को इतना ही विस्तार देना है जो पच्चीस मिनट में फिल्माया जा सके (वैसे यह काम निर्देशक बखूबी कर लेते हैं) और इस क्रम में ढाँचा बिल्कुल बदल जाता है...पर मात्र ढाँचा। कहानी की आत्मा यानी कहानीकार अपनी रचना द्वारा जो प्रेषित करना चाहता है, पटकथा उसे ही अपने दर्शकों तक प्रेषित करे और जहाँ तक सम्भव हो और अधिक प्रभावपूर्ण ढंग से प्रेषित करे क्योंकि दृश्य-माध्यम तो वैसे भी कहीं अधिक प्रभावी होता ही है...पर यह दायित्व मात्र पटकथा-लेखक का ही नहीं होता वरन् फिल्म की पूरी टीम (निर्देशक, अभिनेता, कैमरामैन, संगीत-निर्देशक, सेट-डिजाइनर आदि-आदि) मिलकर इस दायित्व को निभाती है। लेकिन वह मूल आधार तो पटकथा ही प्रस्तुत करती है, जिस पर इस टीम के द्वारा फिल्म का पूरा ढाँचा तैयार किया जाता है। इसलिए यह तो जरूरी है कि पटकथा-लेखक (वह चाहे निर्देशक स्वयं हो या कोई अन्य व्यक्ति) कहानी के साथ पूरी ईमानदारी बरते। पर क्या ऐसा होता रहा है? बल्कि कभी-कभी तो ऐसे स्वर भी उभरे हैं कि फिल्म एक स्वतन्त्र कला-माध्यम

है—फिल्मकार अपनी फिल्म में कहानी का मात्र रूपान्तरण ही नहीं करता वरन् उसका पुनर्सृजन करके एक स्वतन्त्र कला-कृति की रचना करता है इसलिए उसका मूल्यांकन कहानी के सन्दर्भ में न करके, फिल्म-कला की कसौटी पर ही किया जाना चाहिए पर मेरे हिसाब से स्वतन्त्रता के ऐसे आग्रही फिल्मकारों को फिर अपनी एक स्वतन्त्र कहानी की रचना भी कर डालनी चाहिए। फिल्म के टाइटिल्स में जब कहानी और कहानीकार का नाम जाता है तो उस पर लेखक का अधिकार तो बन ही जाता है और दर्शक भी यही अपेक्षा करता है कि उसे पर्दे पर कहानी ही देखने को मिलेगी। बहरहाल, कथा और पटकथा का आपसी सम्बन्ध हमेशा से विवाद के घेरे में रहा है और रहेगा। इसका कोई एक सहज-स्वीकृत सामान्य समाधान ढूँढ़ा ही नहीं जा सकता क्योंकि प्रसिद्ध कहानियों पर बनी फिल्मों पर विवाद के नये-नये पक्ष सामने आते रहे हैं। इस सन्दर्भ में बिना विस्तार में गये मैं सिर्फ दो फिल्मों का नाम अवश्य देना चाहूँगी। बरसों पहले प्रेमचन्द की 'शतरंज के खिलाड़ी' पर इसी नाम से बनी सत्यजित रे की फिल्म...जिसमें उन्होंने बाकी सारी फिल्म को तो जस का तस रखा पर कहानी का अन्त ही बदल दिया। दूसरी संजय-लीला भंसाली द्वारा बावन करोड़ रुपये खर्च करके बनाई गई शरत्चन्द्र की 'देवदास' कहानी पर आधारित 'देवदास' फिल्म, जिसने ढाई सौ करोड़ का बिज़नेस किया। इन दोनों फिल्मों के कारण विवाद के जो मुद्दे उठे, वे एक विस्तृत विश्लेषण की अपेक्षा रखते हैं, जिसकी न तो यहाँ गुंजाइश है, न ही आवश्यकता। जहाँ तक इन संकलित पटकथाओं का प्रश्न है, अपनी मान्यताओं के अनुरूप मैंने किसी भी कहानी के साथ (एक अपवाद को छोड़कर, जिसका स्पष्टिकरण मैं बाद में दूँगी) कोई विशेष छूट लेन की कोशिश ही नहीं की।

इन पटकथाओं के लिए क्योंकि कहानियाँ भी मुझे ही चुननी थीं इसलिए मैंने कोशिश तो यही की कि ऐसी कहानियाँ चुनूँ जो दृश्य-माध्यम के अधिक अनुकूल हों यानी कि जिनमें संवेदना को स्पर्श करने वाले कुछ मार्मिक प्रसंग हों. घटित होती कुछ घटनाएँ (एक्शन) हों...कहानी को चरम की ओर ले जाने वाली द्वन्द्वात्मक स्थितियाँ हों...सहज ही तादात्म्य स्थापित कर सकने वाले चरित्र हों। (यदि कहानियों का चुनाव खुद ही करना हो तो इन बातों का ध्यान रखना बहुत ज़रूरी होता है) चुनाव के बाद कहानी को पटकथा में ढालने की मेरी यह प्रक्रिया बहुत ही निजी है और क़तई ज़रूरी नहीं कि अन्य रचनाकार भी इसी प्रक्रिया से गुज़रते हों या गुजरें। जैसे कथा लेखन की रचना-प्रक्रिया सबकी अपनी अलग-अलग होती है, वैसे ही पटकथा-लेखन की भी। कहानी पढ़ने के बाद मैं सबसे पहले उसके केन्द्रीय भाव को पकड़ती हूँ यानी कि लेखक अपनी रचना के माध्यम से क्या सम्प्रेषित करना चाहता है? इसके बाद काफी समय तक मन ही मन मैं कहानी के पूरे कथानक की एक तरह से जुगाली ही करती रहती हूँ। इसी क्रम में धीरे-धीरे

कहानी की प्रमुख घटनाएँ दृश्यों में बदलती चलती हैं...मात्र घटनाएँ ही नहीं, लेखक ने जिन स्थितियों के मात्र ब्यौरे भर प्रस्तुत किये हैं, वे भी दृश्यों में बदलते चलते हैं। लेखक द्वारा वर्णित बातों को दृश्यों में बदलने के दौरान मुझे बराबर उनमें कुछ जोड़ना घटाना पड़ता है तो कभी-कभी किसी पात्र के मानसिक आवेग-उद्वेलन को व्यक्त करने के लिए नये पात्रों की कल्पना भी करनी पड़ती है...जिसके साथ संवादों के माध्यम से उनके मन की परतें खोली जा सकें। इस समय तक संवाद की कोई कल्पना मेरे मन में नहीं रहती है, वह तो पटकथा लिखते समय ही पात्रों और स्थितियों के अनुरूप गढ़ने होते हैं। जो संवाद कहानी में ही मिल जाएँ, उनका उपयोग तो करती ही हूँ पर बाकी सारे संवाद तो मुझे ही लिखने होते हैं। पर संवाद तो बाद में...पहले तो मेरा सारा ध्यान स्थितियों और घटनाओं के दृश्य-रूपान्तरण पर ही केन्द्रित रहता है। जब इन दृश्यों की एक पूरी शृंखला तैयार हो जाती है तो फिर कहानी को सीढ़ी-दर-सीढ़ी चरम की ओर ले जाने के लिए उन दृश्यों को नए सिरे से व्यवस्थित करना होता है और इस प्रक्रिया में उनमें उलट-फेर तो होता ही है। अब क्रमबद्ध ढंग से विकसित की गई यह दृश्यावली जब मन की आँखों के सामने बिना किसी अवरोध के फिल्म की पूरी रील की तरह गुज़र जाती है, तभी मैं क़लम हाथ में लेती हूँ और फिर मेरा एक ही उद्देश्य रहता है कि जो रील मेरी आँखों के आगे से गुज़री, पटकथा द्वारा उसे दर्शकों की आँखों के आगे से भी गुज़ार दूँ। क़लम हाथ में लेते समय मेरे पास सारे पात्र (वास्तविक और काल्पनिक) होते हैं...व्यवस्थित दृश्य-योजना होती है...सिर्फ संवाद मुझे लिखते चलना होता है। लिखने के क्रम में भले ही संवाद सबके अन्त में आते हों पर पटकथा में इनकी भूमिका बहुत अहम होती है क्योंकि दर्शकों तक जो कुछ भी प्रेषित किया जाना है, वह संवादों के द्वारा ही तो प्रेषित किया जाता है। संवाद स्थिति और पात्रों के अनुकूल तो हों ही...सटीक और संक्षिप्त भी हों तो अच्छा है। शब्द की अधिकता बहुधा बात को अनावश्यक रूप से फैलाकर उसके प्रभाव को बिखरा देती है, जबकि जरूरत होती है कि बात को बहुत ही प्रभावी ढंग से कहा जाए। दृश्य-माध्यम में तो यह इसलिए भी ज़रूरी है कि शब्दों की बहुत कुछ पूर्ति भावाभिनय द्वारा की जाती है...की जानी चाहिए। अभिनेता के चेहरे का एक भाव, उसकी एक अदा जितना कुछ सम्प्रेषित कर देती है, और बहुत प्रभावपूर्ण ढंग से सम्प्रेषित कर देती है, उतना शायद पचास शब्द भी नहीं कर सकते।

इस संकलन की पहली कहानी 'बँधुआ दलिद्दर' को केन्द्र में रखकर यदि बात करूँ तो स्थिति ज़्यादा स्पष्ट हो सकेगी। कहानी पढ़ते ही जिस असन्तुलन की ओर मेरा ध्यान गया, पहले मैं उसे स्पष्ट कर दूँ। कहानी के केन्द्रीय भाव का प्रमुख मुद्दा है—बँधुआ मजदूरों की दयनीय स्थिति को उजागर करना। कहानी का शीर्षक यही है (शीर्षक की सफलता और सार्थकता इसी में है कि वह कहानी के मूल भाव को

अपने में समेटे हो) आरम्भ इसी के ब्यौरे से होता है और उसकी दयनीय स्थिति को चरम पर ले जाकर कहानी समाप्त हो जाती है। पर इसके साथ-साथ लेखक एक बात को और रेखांकित करना चाहता है और उस पर भी उसका उतना ही आग्रह है—वह है राजनीतिज्ञों का अपनी कुर्सी की खातिर, अपने स्वार्थ की खातिर अमानवीयता की हदों को छूने वाला क्रूर व्यवहार...उनका पाखंड। कहानी में मुत्तरसु (संसद सदस्य) पर केन्द्रित जितने ब्यौरे हैं, उसकी तुलना में अडैक्कलम (बँधुआ मजदूर) थोड़ा हाशिये में चला जाता है। जैसा कि मैंने पहले भी कहा है कि कहानीकार को तो यह छूट है पर पटकथाकार के लिए यह ज़रूरी है कि वह कहानी को उसके चरमोत्कर्ष तक ले जाने के लिए कथा-विकास की जिन सीढ़ियों से गुज़रे, उसमें कहानी की मूल संवेदना का प्रमुख-बिन्दु कहीं भी गौण न होने पाए। इसी को ध्यान में रखकर मैंने घटनाओं में थोड़ा उलट-फेर तो किया है, पर इस तरह कि कहानी के दोनों बिन्दु साथ-साथ चलकर पूरी तरह उभर सकें।

कहानी के आरम्भ में क़रीब डेढ़ पृष्ठ तक लेखक ने बँधुआ मज़दूर और अडैक्कलम की अत्यन्त दयनीय स्थिति और ठेकेदार अग्रवाल के शोषण का विस्तृत ब्यौरा प्रस्तुत किया है। इसके बाद तमिलनाडु के एम. पी. मुत्तरसु के उस शहर में आने और इन लोगों की पशुओं से भी बदतर ज़िन्दगी से रू-ब-रू होने का वर्णन है। हर बात और स्थिति को अपने फ़ायदे के लिए भुनाने में माहिर ये राजनीतिज्ञ...मुत्तरसु के मन में भी तुरन्त उस स्थिति को अपनी खस्ताहाल पार्टी के लिए चुनावी हथकण्डे की तरह इस्तेमाल करने की योजना आकार लेने लगती है। मात्र ब्यौरों में प्रस्तुत की गई इन सारी बातों को दृश्यों में बदलते समय सबसे पहली और अहम बात जो मेरे दिमाग़ में थी वह यह कि इस सारे वर्णन को एक्शन में बदलना है (कहानी में जिसकी भरपूर सम्भावना है) क्योंकि फ़िल्म में सब कुछ घटित होते हुए ही दिखना चाहिए। घटनाओं के क्रम में भी मुझे थोड़ा सा उलट-फेर करना पड़ा। कहानी अडैक्कलम की दयनीय स्थिति से शुरू होती है पर पटकथा आरम्भ होती है मुत्तरसु के भोपाल आगमन से...प्राकृतिक-सुषमा का जायज़ा लेने के दौरान ही वह इन बँधुआ मजदूरों से रू-ब-रू होता है और दर्शक भी। वैस पटकथा भी मज़दूरों की दयनीय स्थिति के दृश्यों से आरम्भ हो सकती थी लेकिन फिर मुत्तरसु को दिखाते समय उसकी पुनरावृत्ति होती और मात्र पच्चीस मिनिट की कड़ी में पुनरावृत्ति के लिए तो कोई गुंजाइश होती ही नहीं। यों भी व्यर्थ ही पुनरावृत्ति से बचना ही चाहिए।

कहानी में सर्किट हाउस लौटकर मुत्तरसु को अकेले अपने कमरे में बैठकर मन में उभरी उस योजना की रूपरेखा को डायरी में नोट करते हुए दिखाया गया है, यानी कि न घटना, न संवाद। ऐसा तो नहीं कि पटकथा में ऐसे एकान्तिक, मौन क्षण होते नहीं...खूब होते हैं और लम्बे-लम्बे समय तक चलने वाले भी होते हैं पर इनकी गुंजाइश या तो फिल्मों में होती है या फिर एक ही कहानी पर आधारित

किसी धारावाहिक में, पर जब किसी धारावाहिक की प्रत्येक कड़ी एक स्वतन्त्र कहानी पर टिकी हो तो समय की सीमा के कारण उसकी गुंजाइश कम हो जाती है। इसीलिए मैंने दिखाया है कि जैसे ही उन बँधुआ मज़दूरों को (जिसमें एक परिवार उसके अपने प्रान्त का भी है) देखकर मुत्तरसु के मन में उन्हें एक चुनावी हथकण्डे की तरह इस्तेमाल करने की बात आती है...वह तुरन्त साथ आए फ़ोटोग्राफ़र को (जो वास्तव में तो उस जगह के प्राकृतिक सौन्दर्य की तस्वीरें खींचने के लिए साथ आया था) उन फटेहाल मज़दूरों को तस्वीरों में क़ैद करने के आदेश देता है। अब उसकी दिलचस्पी अपने प्रान्त के मज़दूर से हटकर दूसरे मज़दूरों तक फैल जाती है और वह सब से मिलता है...बातें करता है, उनकी हालत का जायज़ा लेता है और सबके फ़ोटो खिंचवाता चलता है। इसमें एक्शन भी है और इन लोगों की अलग-अलग स्थितियों को उजागर करने की सुविधा भी। लौटते समय गाड़ी में अफ़सरनुमा गाइड ठेकेदार अग्रवाल के ज़ुल्म, अत्याचार और शोषण की सारी गाथा सुनाता चलता है, जिससे दर्शक अग्रवाल के कारनामों से भी परिचित हो जाता है...कहानी में लेखक ने जिसका वर्णन भर कर दिया है। अब समस्या थी कि मुत्तरसु की पार्टी की खस्ता हालत और उससे उबरने के लिए इन बँधुआ मज़दूरों की दयनीय स्थिति को भुनाने की योजना, जो अभी तक उसके मन में ही चल रही है—दर्शक कैसे जाने? इसके लिये मुझे, एक अतिरिक्त दृश्य और दो नये पात्रों की कल्पना करनी पड़ी। तमिलनाडु लौटकर मुत्तरसु अपनी पार्टी के दो अंतरंग साथियों के साथ बैठा है...बातचीत का विषय है—तुरन्त होने वाले चुनाव और पार्टी की हालत देखते हुए नाउम्मीदी का स्वर। यहीं मुत्तरसु बँधुआ मज़दूरों की दयनीय स्थिति के मानवीय-पक्ष को रेखांकित करते हुए इसे ही चुनावी-मुद्दा बनाने की घोषणा ही नहीं करता बल्कि चुनाव प्रचार की पूरी रूपरेखा भी प्रस्तुत कर देता है। साथ ही यह निर्णय भी लिया जाता है कि बात को और अधिक प्रभावी बनाने के लिए चुनावी सभाओं में अडैक्कलम को साक्षात लाकर खड़ा किया जाए। इस तरह इस छोटे से दृश्य और इन दो काल्पनिक पात्रों के माध्यम से—मूल कहानी में बिना कोई हेर-फेर किये, दर्शकों के सामने सारी स्थिति स्पष्ट हो जाती है।

कहानी में मुत्तरसु खुद प्रेस-फ़ोटोग्राफर...पुलिस आदि को लेकर अपनी हर गतिविधि और उद्देश्य को खूब प्रचारित-प्रसारित करवाते हुए अडैक्कलम को लेने जाता है। पटकथा में मैंने इस पूरे ब्यौरे को बिल्कुल काट दिया। क्योंकि एक तो यह ब्यौरा मुख्यतः मुत्तरसु पर ही केन्द्रित है...दूसरे चुनावी-सभाओं और जुलूसों में तो इस मुद्दे को उछालना ही है यानी कि फिर पुनरावृत्ति। इसलिए पटकथा में दृश्य सीधे चुनावी-सभाओं पर चले जाते हैं, जहाँ मुत्तरसु के साथ अडैक्कलम भी केन्द्र में हैं। चिथड़ों में लिपटी उसकी कृशकाया...गड्ढे पड़ी हथेलियाँ...अँसुवाई आँखें और बन्द ज़बान। मुत्तरसु तो अपने मुद्दे का रंग गाढ़ा करने के लिए सभाओं

में उसके इस रूप को प्रदर्शित करता है...उसकी दयनीय स्थिति के लम्बे-चौड़े बखान के साथ, पर दर्शकों के सामने यह स्थिति बँधुआ मज़दूरों के जीवन की त्रासदी का नंगा सच उजागर कर देती है। वैसे इस समय उस परिवार को रहने को कमरा, भरपेट खाना और एक जोड़ी नये कपड़े दिये जाते हैं लेकिन मंच पर फटे कपड़ों में ही खड़ा किया जाता है क्योंकि इस समय अडैक्कलम आदमी नहीं, मात्र एक चुनावी मुद्दा है। कहानी में तो इन सभाओं में मुत्तरसु और उसकी घोषणाएँ ही केन्द्र में हैं...अडैक्कलम की उपस्थिति की सूचना तो मात्र एक पंक्ति में दे दी गई है जब कि पटकथा में मैं अडैक्कलम को भी केन्द्र में ले आई, जिससे कहानी की मूल संवेदना के दोनों बिन्दु साथ-साथ चलते रहें। इसी तरह मुत्तरसु की विजय-सभा वाले वर्णन का दृश्य रूपान्तरण करते समय भी मैंने कुछ अनावश्यक वर्णन (सोडे की बोतलों को जूठा कर-करके फेंकना) काटकर अडैक्कलम को जोड़ दिया है।

चुनाव में विजय मिलते ही चुनावी मुद्दे का महत्त्व खतम सो कहानी के अन्तिम एक पृष्ठ में बिना किसी स्थायी नौकरी की व्यवस्था के मात्र सौ रुपये के नोट और जबानी आश्वासन के साथ मुत्तरसु अडैक्कलम की छुट्टी कर देता है फिर कुछ पंक्तियों में नौकरी के लिए भटकने...भीख माँगने और भूखों मरने की बात कही है और अन्त में उसका फिर अग्रवाल के पास जाना—दस रुपये की कटौती की सज़ा झेलकर।

इन सबको दृश्याना तो बहुत आसान था। दो छोटे-छोटे दृश्य नौकरी की तलाश के (निर्देशक चाहे तो एकाध ऐसा ही दृश्य और डालकर...बिना संवाद के इन्हें मोण्टाज़ में दिखा सकता है) सब ओर से हताश होकर नौकरी की याचना करने के लिए अडैक्कलम एक बार फिर मुत्तरसु की कोठी पर जाता है, जहाँ बन्दूक धारी चौकीदार उसे बाहर से ही धकिया देता है। आखिरी उम्मीद भी चकनाचूर। यहाँ एक छोटे से दृश्य की कल्पना की है मैंने—चौकीदार के धक्के से लड़खड़ाता अडैक्कलम पत्नी के सहारे से वहीं बैठ जाता है और एकाएक निर्णय लेता है...बस, अब और नहीं, वह कल ही वापस बँधुआ मज़दूरों की उसी बस्ती में लौट जाएगा और ठीक पीठ पीछे की दीवार पर चुनाव-प्रचार के दौरान चिपकाया पोस्टर जिसमें बँधुआ मज़दूरों को मुक्त कराने की मुत्तरसु की बुलन्द घोषणाएँ लिखी हैं। इस सारी स्थिति की त्रासदी और विडम्बना को उजागर करने के लिए अनेक संवादों और दृश्यों से भी कहीं अधिक कारगर सिद्ध होते हैं ऐसे संकेत।

कहानी की अन्तिम पंक्तियाँ हैं—मुत्तरसु के बहकावे में आकर जो जीवन जीना पड़ा, उस पर अडैक्कलम की टिप्पणी। एक ऐसी ही टिप्पणी वह विजय-सभा में जुड़ी भीड़ के लोगों पर भी करता है...मैंने इन दोनों को काट दिया, केवल इसलिए कि अडैक्कलम के चरित्र को शुरू से जितना नासमझ...निरीह और बेज़बान बताया गया है, उस पर ये टिप्पणियाँ फ़िट ही नहीं बैठतीं बल्कि आघात पहुँचाती हैं। अन्तिम दृश्य

में बिना किसी संवाद के उस परिवार का विवश भाव से फिर उसी काम में लग जाना, उनके जीवन की त्रासदी को कहीं अधिक प्रभावपूर्ण ढंग से उजागर करता है।

इतना विस्तृत विश्लेषण करने के बाद पाठकों को पटकथा लिखने की मेरी रचना-प्रक्रिया (ज़रूरी नहीं है कि वह सबकी भी हो) का अनुमान तो लग गया होगा और यह आरोप तो शायद ही कोई लगा पाएगा कि इसमें मैंने मूलकथा या प्रमुख-पात्रों के साथ कुछ अनावश्यक और अनुचित छूट लेने की कोशिश की है। हाँ, एक बात जो लिखते समय भी दिमाग़ में आई थी और मैं थोड़ा भ्रमित भी हुई थी, उसे ज़रूर स्पष्ट कर दूँ। हो सकता है कि किसी को लगे कि नेताओं के पाखण्ड को उजागर करना ही कहानी का मुख्य उद्देश्य है, जिसे मैंने अडैक्लम पर शिफ्ट कर दिया। पर कहानी के शीर्षक, आरम्भ और अन्त को देखकर ही मैं इस नतीजे पर पहुँची थी, उसके बावजूद समानान्तर रूप से चलने वाले कहानी की मूल-संवेदना के दोनों बिन्दुओं पर मेरा आग्रह बराबर का ही रहा है और पच्चीस मिनट के इस एपिसोड में दोनों ही बातें पूरी तरह उभर कर आई हैं।

हाँ, 'बूढ़ा सियार' नामक चरित्र-प्रधान कहानी में जरूर मैंने कहानी का शीर्षक बदल कर (फौजी चिन्नय्या) उसका केन्द्रीय चरित्र ही बदल दिया है पर मैं पूरी तरह आश्वस्त हूँ कि यह परिवर्तन तर्कसंगत ही नहीं, कहानी के अनुकूल भी है क्योंकि दशरथ रामय्या पर बूढ़े सियार का जो रूपक थोपा गया है वह उनके चरित्र पर फ़िट ही नहीं बैठता। बूढ़ा होने के बावजूद न तो इनमें सियार जैसी अकर्मण्यता है...नहीं वैसी चालाकी और मक्कारी। बीमारी के बावजूद वह रात देर-देर तक काम करता है क्योंकि नौकरी से निकाल दिये जाने का भय उसे आक्रान्त किये रहता है (जिसका वर्णन कहानी में है, उनकी पत्नी भी कहती है)। बुढ़ापे की वजह से शिकार करने में लाचार सियार जानवरों पर केवल नजर रखता है और रात को बाघ को ले जाकर उनका शिकार करवाकर अपना पेट भी भरता है। यहाँ जिला इंजीनियर ने छोटे इंजीनियर रामाराव की शिकायत पर चिनय्या को सस्पेंड किया था, न कि दशरथ रामय्या ने उसे निकलवाने के लिए कोई षड्यन्त्र रचा था। हाँ, इसमें कोई सन्देह नहीं कि चिन्नय्या के खिलाफ़ बड़े साहब के लगाये आरोपों का समर्थन करके दशरथ रामय्या ने जघन्य अपराध किया था, पर वह अपराध मक्कारी-जनित नहीं, बस, उसकी आर्थिक मजबूरी उससे यह काम करवा लेती है। बूढ़े सियार की तरह वह आतंक या घृणा का पात्र नहीं बल्कि दया का पात्र ही है। अपने कुकृत्य का उसे खुद बोध है...शायद वह शर्मिन्दा भी है, इसीलिए देर रात तक लौटता ही नहीं। दूसरी तरफ कहानी के आरम्भ से अन्त तक छाया रहने वाला, सबका प्रिय, साहस और निर्भीकता से हर समय दूसरों के लिए कुछ करने को तत्पर चिन्नय्या...जिसे अपने फौजी होने पर गर्व ही नहीं, वह सब जगह कहता भी फिरता है कि युद्ध के मैदान में एक फौजी देश के लिए मरता है तो बाहर

दूसरों के लिए जब कि एक सिविलियन केवल अपने पेट की खातिर मरता है। लेखक ने कहानी में शीर्षक चाहे जो भी दिया हो...उसके अनुकूल एक रूपक भी बाँधा हो (जो बिल्कुल थोपा हुआ लगता है) पर अनजाने ही एक फौजी के चरित्र को केन्द्र में रखकर उसने एक फौजी और सिविलियन के कंट्रास्ट को ही रेखांकित किया है। कहानी पढ़कर मेरी पहली प्रतिक्रिया भी यही हुई थी इसीलिए मैंने शीर्षक ही बदल दिया जिसके साथ केन्द्रीय पात्र तो अपने आप ही बदल गया। बाकी सारी घटनाएँ तो कहानी के अनुरूप ही रखी गई हैं।

उड़िया कहानी 'भ्रम' (कहानी का असली नाम यही है या कुछ और, मैं नहीं जानती—सारांश मुझे इसी नाम से मिला था) में तो इस सारांश के अनुरूप ही पटकथा और कथा साथ-साथ लिखना था यानी कि पटकथा के माध्यम से ही कथा को उजागर करना था और दृश्यों के लिए मेरे पास घटनाओं का कोई आधार नहीं था...मुझे तो केवल उन दृश्यों की कल्पना करते चलना था जो माँ के भ्रम को तोड़कर, उसे वास्तविक स्थिति से परिचित करा दे। दूसरे शब्दों में कहूँ तो इस उद्देश्य तक पहुँचने के लिए मुझे दृश्यों में कहानी लिखनी थी।

'दर्पण' धारावाहिक में प्रसारित हुई इन पाँच कहानियों के बाद महादेवी वर्मा के दो संस्मरण—'घीसा' और 'भाभी' पर आधारित दो पटकथाएँ। संस्मरण यानी कि अतीत में घटी कोई घटना या किसी पात्र की मन के पन्नों पर पड़ी अमिट छाप को स्मृति के आधार पर फिर से जीवित करके क़ागज़ पर उकेरना। अपने संस्मरणों में महादेवी ने सम्पर्क में आए उन बेहद करुण और त्रासद पात्रों को ऐसी गहरी संवेदना और कलात्मक-कौशल से चित्रित किया है कि पाठक के मन पर भी उनकी एक वैसी ही अमिट छाप छूट जाती है। कॉलेज में पढ़ाने के दौरान ही मेरे बहुत प्रिय रहे थे ये संस्मरण और इसीलिए जब बम्बई की प्रतिभा स्वरूप ने किसी साहित्यिक-कृति पर धारावाहिक तैयार करने के लिए कोई विषय सुझाने को कहा तो मैंने इन संस्मरणों को आगे कर दिया। मेरा सुझाव मेरे ही जिम्मे पड़ गया यानी कि पटकथा लिखने का दायित्व मेरा।

सामान्य कहानी की तरह संस्मरण मात्र कल्पना पर आधारित नहीं होता वरन् किसी न किसी रूप में वह लेखक के जीवन की हक़ीक़त होती है, उसका अपना अनुभव होता है इसलिए पटकथा लिखते समय आप लेखक को अलग करके कहानी के दूसरे पात्रों के संवादों से उसकी भूमिका अदा नहीं करवा सकते (जैसा कहानी में करते हैं) बल्कि इसकी पटकथा में लेखक भी रचना का एक पात्र ही होता है...प्रमुख पात्र। और क्योंकि संस्मरण के पात्रों और घटनाओं का सम्बन्ध अतीत में होता है इसलिए इसका अधिकांश हिस्सा फ्लैश-बैक में ही लिखना पड़ता है, जैसा 'भाभी' में। इसमें संकट या समस्या उस सही बिन्दु को तलाशने की रहती है जो अतीत में झाँकने का निमित्त बन सके। 'भाभी' की पटकथा लिखते समय

मेरे सामने यही समस्या थी कि आठ साल की उम्र में सम्पर्क में आई भाभी और उसकी करुण कथा को महादेवी जी एकाएक क्यों याद करने लगीं? वर्तमान की ही तो कोई बात...कोई स्थिति हमें अचानक अतीत में ढकेल देती है। 'भाभी' में महादेवी जी ने स्वयं संस्मरण के अन्त में 'रंगों' के प्रति अपनी विरक्ति की बात लिखकर मेरे हाथ में वह बिन्दु थमा दिया। फिर तो मुझे सिर्फ एक बिल्कुल नये दृश्य की कल्पना करनी पड़ी, जिसमें उनका एक मित्र (काल्पनिक पात्र) यह प्रश्न करता है कि "उनका खादी पहनना तो समझ में आता है पर वे हमेशा सफ़ेद साड़ी ही क्यों पहनती हैं...रंगों से उन्हें ऐसी विरक्ति क्यों है?" बस, यह प्रश्न ही उन्हें अतीत में ढकेल कर, आठ साल की उम्र में सम्पर्क में आई भाभी के साथ जोड़ देता है और फिर तो जैसे घटनाओं की पूरी रील उनके सामने खुलती चलती है, जिसमें वे मित्र को भी भागीदार बना लेती हैं। इसकी पटकथा में भी सामान्य कहानी की ही तरह वर्णनों को दृश्यों में बदलना...और कभी-कभी बिल्कुल नये दृश्यों की कल्पना तो करनी ही होती है। सावन में एक ओर रंग-बिरंगे कपड़े पहने, हाथों में मेहँदी रचाए, झूले पर कजली गाती, इठलाती खिलखिलाती लड़कियाँ तो दूसरी ओर उन्हीं सफेद काले कपड़ों में लिपटी...चूल्हे के धुएँ से भरे अँधेरे घर में सिल पर दाल पीसते-पीसते लाल हो गयी हथेलियों को सहलाती भाभी...स्थितियों का यह कंट्रास्ट बिना शब्दों के ही भाभी की उस मूक-व्यथा को कैसे दर्शक के मन में गहरे तक उतार देता है, यह लिखने की नहीं, सिर्फ देखने की बात है।

पटकथा के अन्त में वर्तमान में लौटी महादेवी जी का यह वाक्य...'इस घटना के बाद कपड़ों का क्या, मन का रंग भी निचुड़ जाए तो आश्चर्य नहीं' मित्र की जिज्ञासा का समाधान भी है और भाभी की करुण-कथा का दस्तावेज भी।

दूसरे संस्मरण 'घीसा' को मैंने संस्मरण के रूप में न लिखकर एक सामान्य कहानी के रूप में लिखा है क्योंकि इसमें इसकी पूरी सम्भावना थी कि सारी बात को वर्तमान में घटित होते हुए दिखाया जा सके। संस्मरण में स्मृति के आधार पर जिस तरह सारी घटनाओं को बिल्कुल क्रम-बद्ध तरीके से प्रस्तुत किया जाता है, वह कुछ अस्वाभाविक तो लगता ही है क्योंकि स्मृति-पटल पर अतीत जब भी उभर कर आता है तो टुकड़ों-टुकड़ों में ही आता है, इतना सिलसिलेवार नहीं। इसलिए फ्लैश-बैक में लिखी कहानियाँ अक्सर अतीत और वर्तमान में चक्कर काटती रहती हैं। (इसी संकलन की कन्नड़ कहानी 'मोड़' की पटकथा) यानी कि स्मृतियों का क्रम टूटता रहता है। इसलिए यदि सम्भव हो और रचना की मूल संवेदना और कथा को बिना ज़रा सा भी आघात पहुँचाये अतीत का वर्णन वर्तमान में घटित होते हुए दिखाया जा सके तो बेहतर है। वैसे भी फ्लैश-बैक में अतीत की घटनाओं को दृश्यों में बदल कर आप ऐसे ही तो प्रस्तुत करते हैं, जैसे वर्तमान में घट रही हों। बस, उसके आरम्भ और अन्त ज़रूर वर्तमान से जुड़े होते हैं। अपनी

आठ साल की उम्र में सम्पर्क में आई भाभी को स्मृति में पुनर्जीवित करने के लिए महादेवी जी का अतीत में लौटना तो अनिवार्य था पर घीसा की घटना तो कभी भी घट सकती थी—अतीत में भी...वर्तमान में भी। हाँ, महादेवी जी अपने वास्तविक रूप में कहानी के प्रमुख पात्र के रूप में प्रस्तुत रहें इसके लिए इस कहानी को प्रथम पुरुष में लिखना तो ज़रूरी था ही।

महादेवी जी के ये सारे संस्मरण शुद्ध वर्णनात्मक शैली में लिखे गये हैं और व्यक्ति-केन्द्रित हैं यानी कि अतीत में सम्पर्क में आए किसी पात्र को लेकर जो कुछ भी उनके स्मृति-पटल पर उभरता चलता है...वे उसका वर्णन करती चलती हैं। अब पटकथाकार का काम यह रहता है कि वह वर्णित सारी बातों को ऐसे जीवन्त दृश्यों और पात्रानुकूल संवादों में ढालता चले, जिससे उस पात्र के जीवन की पूरी रील दर्शक की आँखों के आगे से भी गुज़र जाए।

और अन्त में बासुदा द्वारा निर्मित-निर्देशित अपने समय के बेहद चर्चित और लोकप्रिय धारावाहिक 'रजनी' (जिसकी सात कड़ियाँ मैंने लिखी थीं) की एक कड़ी। यों तो यह पूरा धारावाहिक एक ही आइडिया और एक ही चरित्र पर केन्द्रित है पर इसकी हर कड़ी एक स्वतन्त्र कहानी है। दैनन्दिन जीवन की विभिन्न समस्याओं की कोई एक कहानी तो हो नहीं सकती थी क्योंकि प्रत्येक समस्या का स्वरूप भी अलग था और समाधान भी। इन सबके बीच कॉमन अगर कुछ था तो समस्या के तहत होने वाली धाँधली और उससे आखिरी दम तक टक्कर लेने का रजनी का सफल अभियान। इसलिए मुझे तो केवल समस्या का चुनाव करके कथा-पटकथा को साथ-साथ इस तरह विकसित करना था जिसमें रजनी का केवल प्रतिरोध ही नहीं बल्कि आखिरी मुहिम तक पहुँचने का उसका संघर्ष भी उजागर हो सके।

इतना सब लिखने के बावजूद अन्त में यही कहूँगी कि मैं (या चाहे कोई और भी) चाहे कुछ भी लिखूँ...कितना भी लिखूँ...पाठक जब स्वयं एक पटकथा को उसकी कथा के साथ रखकर देखेगा...घटनाओं और स्थितियों का दृश्यों के साथ मिलान करता चलेगा...संवादों की भूमिका और उसके महत्त्व को समझेगा, तभी इस विधा की एक बेहतर और स्पष्ट समझ उसके मन में उभरेगी...जैसे कभी मेरे मन में उभरी थी। हाँ, कल्पना-शक्ति या मन की आँखें—जो वर्णन, घटना और स्थितियों को दृश्यों में देखने की क्षमता रखती हैं और भाषा पर अधिकार, जो संवादों (पटकथा की रीढ़) को सटीक और जानदार बना सके—की अनिवार्य और मूलभूत पूँजी तो उसके पास होनी ही चाहिए। मात्र इसी पूँजी के आधार पर विभिन्न धारावाहिकों में मैंने जो पटकथाएँ लिखीं, उनमें से केवल आठ को यहाँ संकलित कर रही हूँ। ठेलकर इस काम में लगाने के लिए अर्चना वर्मा को और सामग्री जुटाने में बलवन्त कौर ने जो सहयोग दिया उसके लिए हार्दिक आभार!

—मन्नू भण्डारी

पटकथा लिखने की अद्भुत समझ है मन्नूजी में

•

बासु चटर्जी

मन्नू भण्डारी से मेरी पहली मुलाकात 1969 ई. में हुई तब मैं राजेन्द्र यादव से उनके उपन्यास 'सारा आकाश' के अधिकार खरीदने दिल्ली गया था। उसके बाद हम कई बार मिले। इसी क्रम में मुझे उनके प्रतिष्ठित लेखिका होने की भी जानकारी हुई। तत्पश्चात् मैंने उनकी कई कहानियाँ पढ़ीं। उनकी कहानी 'यही सच है' ने मुझे काफी प्रभावित किया। 'सारा आकाश' के रिलीज होते ही मैंने 'यही सच है' की पटकथा पर काम शुरू कर दिया। डायरी शैली में लिखी गई इस कहानी में नायिका के अन्तर्द्वन्द्व को चित्रित किया गया है। कुछ दिनों के बाद इसी के आधार पर रजनीगंधा फिल्म का निर्माण हुआ जिसे अच्छी सफलता मिली। तब मन्नूजी को बहुत आश्चर्य हुआ था कि कैसे अन्तर्द्वन्द्व पर आधारित डायरी शैली में लिखी इस कहानी को सिनेमा के पर्दे पर उतार दिया गया। उसके बाद मैंने मन्नूजी की एक और कहानी ऍखाने आकाश नाई पर 'जीना यहाँ' नाम से एक फिल्म बनाई जिसे फिल्मफेयर का क्रिटिक एवार्ड मिला। इसकी पटकथा भी मैंने ही लिखी थी।

दो धारावाहिकों रजनी और दर्पण के साथ 1985-86 में मैंने दूरदर्शन की ओर अपना रुख किया। रजनी की हर कड़ी में 25 मिनट की एक नई कहानी होती थी। 25 मिनट का ही दूसरा धारावाहिक दर्पण चौदह विभिन्न भारतीय भाषाओं की प्रसिद्ध कहानियों पर आधारित था। उस समय मैंने मन्नूजी से रजनी के लिए कुछ लिखने का आग्रह किया था। उन्होंने रजनी के लिए पहले कुल पाँच पटकथाएँ लिखीं, फिर काफी बाद में दो पटकथाएँ और लिखीं। इस बीच आग्रह करने पर उन्होंने 'दर्पण' के लिए पटकथाएँ लिखने का काम भी किया। आज फिल्म और दूरदर्शन के लिए पटकथा लिखने में बहुत अंतर नहीं रह गया है। यह वही मन्नू भण्डारी थीं जिन्हें 1975 में रजनीगंधा (यही सच है) के फिल्मांतरण पर बेहद आश्चर्य हुआ था। महज दस वर्षों के बाद ही उन्होंने स्वयं शानदार पटकथाएँ लिखीं। मुझे यह कहने में तनिक भी संकोच नहीं है कि उनकी लिखी पटकथा में मुझे लगभग न के बराबर संपादन या सुधार करना पड़ता था। जबकि उसी समय कुछ ऐसे

लोग भी थे जिनके पास अच्छी कहानियों का प्लाट तो होता था लेकिन एक चुस्त पटकथा लिख पाना उनके बस की बात नहीं थी।

मन्नूजी एक प्रसिद्ध लेखिका हैं और उन्हें साहित्यक कृतियों के फिल्मांतरण और बारीकियों की जबर्दस्त समझ है। अपने उपन्यास महाभोज का नाट्य रूपांतरण करके भी उन्होंने इसे सिद्ध कर दिया है। कभी उस पर भी फिल्म बनाने की मेरी इच्छा थी, जो पूरी न हो सकी। यूँ तो मैं अपनी फ़िल्मी पारी खेल चुका हूँ फिर भी कभी किसी साहित्यिक कृति पर फ़िल्म बनाने का मौका मिला तो मैं निस्संकोच मन्नूजी के पास ही जाऊँगा।

बँधुआ दलिद्दर

•

ना. पार्थसारथी

अडैक्कलम के फटेहाल परिवार को उस अनजान प्रदेश के अग्रवाल ने पनाह दे रखी थी। उस श्रमिक परिवार को न वहाँ की भाषा आती थी, न कोई जान-पहचान ही थी। पति-पत्नी और दस साल का बेटा—तीनों की परवरिश उनकी अनथक मेहनत के सहारे ही हो सकती थी। उस पूरे परिवार के लिए माहवार मजूरी थी सिर्फ़ पचास रुपये, एवज में दिन-भर पत्थर तोड़ने का काम। समय की पाबन्दी, कामगार क़ानून, सुविधाएँ वगैरा की पहुँच उस सुनसान वन प्रांतर में हुई ही नहीं, सुबह से लेकर शाम को अँधेरा घिर आने तक पूरे बारह घण्टे मेहनत करनी ही पड़ती है। न इतवार की छुट्टी, न किसी पर्व-त्योहार की। बीमार पड़ जाने पर घुड़की और धमकी के साथ एक-दो दिन की छुट्टी मिल सकती है।

देश में चीज़ों की क़ीमत कितनी ही ऊँचाई को छुए, रुपये की क़ीमत नीचे गिरती रहे—कोई फरक नहीं पड़ता वहाँ। जब से वह दीन परिवार उस पहाड़ी वन प्रदेश में बसाया गया, तब से वही मजूरी—कई सालों से यही रीत चली आ रही है। मध्य प्रदेश के उस जंगल प्रदेश में अडैक्कलम परिवार की तरह दर्जनों परिवार हैं जो आंध्र और बिहार से आये हैं। सबकी समान स्थिति है, नियति है।

इन अनपढ़ भारत पुत्रों को पता ही नहीं कि राष्ट्र की प्रमुख योजनाएँ इन्हीं दलित दलिद्दरों की तरक्की के लिए बनाई गयी हैं, उन स्कीमों को अमल में लाने के लिए करोड़ों रुपये ख़र्च किये जा रहे हैं। इन अभागों को यह भी मालूम नहीं कि मामूली पेट भराऊ जिन्दगी बसर कराने लायक सुविधाएँ मुहैया करने के लिए कई समाज कल्याण केन्द्र, संस्थान, प्रतिष्ठान, मंत्रालय, महकमे ठाठ से विराजमान हैं। यह भी इनको नहीं मालूम कि वे किस मालिक के अधीन बँधुए बने जी रहे हैं। ऐसी आदत पड़ गयी है कि गुलामी उन्हें सालती ही नहीं। ऐसे बेसहारों को आज़ादी और उसके फ़ायदे के बारे में सोचना तक न आता था।

ठेकेदार अग्रवाल साहब की बुद्धिमानी थी कि इन फटेहालों को सुनसान जगहों पर कड़ी निगरानी में रखकर पाल रहे थे। वहीं पर झोंपड़ी बनाकर रहने, घेरे के

अन्दर मामूली खेती कर लेने की सहूलियत दे रखी थी, साग-सब्ज़ी और धान की छोटी-सी खेती हरेक झोंपड़ी के इर्द-गिर्द होती थी। ईंधन के लिए जंगल में सूखी लकड़ियों की कमी नहीं थी। इन लोगों के ज़रिये तोड़े गये पत्थर के टुकड़े, गिट्टियाँ—सड़क, घर, इमारत, पुल वगैरह बनाने के लिए राज्य के छोटे-बड़े शहरों तक पहुँचाने के लिए लारियाँ हफ्ते में एक-दो बार आ जातीं।

ठेकेदार अग्रवाल ने इस कारोबार को बड़े पैमाने पर फैलाया। यह जल्दी ही धनाढ्य हो जाने का सरल धन्धा रहा। गाँवों को उजाड़कर पनप रही शहरी सभ्यता ज्यादातर सीमेंट-कांक्रीट व्यवसाय पर निर्भर रहती है। ठेकेदारों और इनके एजेन्टों को चमकने के लिए इससे अधिक सुनहरा मौक़ा और क्या हो सकता है? दूरन्दाज, अग्रवाल इस कारोबारी गुर से सुपरिचित था, चुनाव के मौसम पर सत्ताधारी पार्टी को दस-पन्द्रह वाहनों का श्रमदान, एक-दो लाख का चढ़ावा भेंटने से अगले चार-पाँच साल तक आराम से धन्धा चलता रहेगा।

ये बँधुए परिवार कहीं, कभी सिर न उठाएँ, माँग पेश कर गड़बड़ न करें या भाग न जाएँ—इसका ठीक-ठीक बन्दोबस्त करके रखा गया था। गुण्डों की जमात ही नहीं, अनुकूल अफ़सरों, अमलाफैलों का हुजूम भी पूरी मदद पहुँचा रहे थे। यहाँ अन्दर की हालत भी अनुकूल ही थी। बँधुए मज़दूर परिवारों में आज़ाद होने की चाह तक न जग सकी। वे इस इरादे पर आ चुके थे कि इससे बेहतर ज़िन्दगी और कहीं हमें मिल ही नहीं सकती।

इस बीच ठेकेदार अग्रवाल जी की या अडैक्कलम परिवार की बदक़िस्मती से तमिलनाडु की राजनीति में तिलस्मी चकाचौंध से प्रभावित नयी हवा ख़ूब चलने लगी। आम आदमी को खींचने, रिझाने के लिए उस पार्टी के पास कई चमकदार नारे थे, स्कीमें थीं, प्रचार-तन्त्र तो ख़ूब थे ही। इस दौरान शासक दल के एक एम. पी. साहब, मुत्तरसु, किसी एक राष्ट्रीय समारोह में भाग लेने भोपाल पधारे हुए थे। समारोह के बाद वह आसपास के पहाड़ी इलाक़े, जंगल-प्रदेश, आदिवासी गाँव आदि देखने के लिए सरकारी गाड़ी एवं गाइड सहित निकल पड़े। मौसम भी अच्छा था।

सांसद मुत्तरसु मध्य प्रदेश की प्राकृतिक सुषमा का जायज़ा लेते हुए वहाँ आ पहुँचे जहाँ अडैक्कलम जैसे बँधुआ मज़दूरों के परिवार बसे हुए थे। इन लोगों की बोली सुनते ही विस्मय से अभिभूत होकर सांसद महाशय की जिज्ञासा बढ़ गयी कि इस जंगल प्रदेश में तमिल वाणी। नज़दीक जाकर पूछने लगे, "अरे, तुम लोग तमिलवाले हो? कहाँ के हो? यहाँ कैसे?..."

अडैक्कलम भी अतिशयित होकर जवाब देने लगा, "हम लोग सेलम ज़िले के हैं, सरकार। यहाँ आये दो-तीन साल हुए हैं।"

"भाई। इस दमतोड़ मेहनत के लिए तुम इतनी दूर क्यों आये हो? तुम्हें

माहवार कितना वेतन मिलता है?"

"हम तीनों को हर मास कुल पचास रुपये मिलते हैं। ऊपर से क़र्ज़ का बोझा भी है। पर सेलम में यह काम भी नहीं मिला, सरकार! भुखमरी से बचने घूमते-फिरते यहाँ आ गये।"

एम. पी. साहब को ताज्जुब हुआ कि तीन जनों से पूरा दिन काम लेकर महीने में सिर्फ़ पचास रुपये देते हैं। यह तो बड़ा भयानक जुल्म है, सामाजिक शोषण।

"भाई। गुज़ारा कैसे होता है तुम्हारा? पेट भरेंगे भी कैसे?" साहब का लहज़ा हमदर्द था। अडैक्कलम गद्‌गद हो चला।

"पेट भरे, ना भरे; किसको फिकर है? बस, इतना ही बदा है, सरकार।"

"क्यों भाई, तुम्हें मालूम नहीं कि हमारी जनतांत्रिक सरकार ने बँधुआ मज़दूरी क़ानून बनाकर ख़त्म कर दी है। हमारे बीस सूत्री कार्यक्रम एवं योजना के बारे में तो जानते ही होगे!"

"यह सब हमें नहीं मालूम सरकार। मालूम करके भी क्या फ़ायदा? इस पराये देश में न बोलना आता है, न कोई समझता है हमारा बोलना। ऐसी यतीमी हालत में हम कर भी क्या सकते हैं?"

"तुम्हारे मालिक का नाम?" एम. पी. साहब ने रोबीले स्वर में पूछा।

अडैक्कलम की जुबान अटक गयी, चेहरे पर था डर का साया। पसोपेश में पड़ गया वह।

"अरे भाई। बेखटके बोलो ना, डरने की कोई बात नहीं है। हम हैं ना...।"

अडैक्कलम ने आस-पास कातर दृष्टि से देखकर धीरे से कहा, "अग्रवाल साहब हैं सरकार।"

संसद सदस्य मुत्तरसु ने डाक बँगले में आकर सारा विवरण अपनी डायरी में नोट कर लिया। उनके राजनीतिक दिमाग में तुरन्त एक नयी योजना साकार हो उठी। बिना फ़ायदे के कोई काम या स्कीम सूझेगी ही नहीं किसी भी राजनीतिक नेता के दिलोदिमाग में।

लोकसभा के लिए चुनाव का मौसम जल्दी ही शुरू होने वाला था। एम. पी. साहब को मालूम हो गया कि उनके चुनाव क्षेत्र के अधिकांश मतदाता उनसे ऊब चुके हैं और इस बार उनका पत्ता काटने की ठान चुके हैं। आम जनता का मन रखने, उनकी नज़र में ऊँचा उठने लायक़ कोई करतब दिखाना होगा तभी दुबारा चुनाव जीतने की उम्मीद की जा सकती है, इसलिए मुत्तरसु ने मन ही मन गुप्त योजना बनाई।

लोकसभा भंग कर आम चुनाव के घोषित होने के कुछ महीने पहले राज्य के प्रमुख अख़बारों में मुत्तरसु का ज़ोरदार भाषण ख़ास सुर्ख़ियों में छपा और

बहु-चर्चित हुआ। एम. पी. साहब की करारी चोट थी, "भारत को स्वतन्त्र हुए तीस से अधिक वर्ष हो गये पर बंधुआ-मज़दूर प्रथा आज भी बरकरार है। जुल्म की हद है, पूरे परिवार से दिन-भर कमरतोड़ मेहनत लेकर एक जून का खाना भी मुहैया नहीं करते। इस घृणित क्रूरतम सामाजिक शोषण के विरुद्ध सारे देश को उठ खड़ा होना है, जी-जान से लड़ना है। मैं अपनी जान देकर भी आततायी, अन्यायी को जड़ से उखाड़ फेंककर ही दम लूँगा।"

इस घोषणा के बाद, सांसद मुत्तरसु लगातार यह विवरण देते रहे कि प्रान्तों में बसे-बसाये बँधुआ मज़दूर तमिल परिवारों की कैसी हालत है! वे किस तरह सताये जा रहे हैं! साथ ही मुत्तरसु ने चुनौती दी, "मैं उत्तर भारत के प्रान्तों से अपने उन प्यारे तमिल भाई-बहनों को, जो गुलामी की जंजीर से जकड़े हुए, जानवरों से बदतर जीवन जीने को मजबूर किये जाते हैं और दिन-भर की कड़ी मेहनत के बावजूद आधा पेट भी नहीं भर पा रहे हैं, आज़ाद कराके लाऊँगा, यहीं तमिलनाडु में उन्हें इज़्ज़त के साथ जीने की सुविधाएँ मुहैया कराके ही दम लूँगा।" मुत्तरसु के बयानों के बड़े-बड़े पोस्टर-बैनर, प्रमुख शहरों में—ख़ासकर उनके चुनाव क्षेत्र के चप्पे-चप्पे में लगवाये गये।

चुनाव की तिथि घोषित हुई। मुत्तरसु ने भी चुनाव-याचिका पेश की और तुरन्त ही स्थानीय पुलिस दल और प्रेसवालों को साथ लेकर भोपाल के लिए निकल पड़े। प्रेस फोटोग्राफर ने घर से निकलने से लेकर हर दृश्य की तस्वीर उतार ली। कुछ पत्रिकाओं में खास फीचर छपने लगे कि यह लोकप्रिय प्रभावशाली सांसद इस महान् अभियान पर किस तरह कूच के लिए निकले, रेलवे स्टेशन पर किस प्रकार शानदार विदाई हुई, ट्रेन में उनकी बेचैनी, हमदर्दी और जोश-ख़रोश कैसे व्यक्त हुए, भोपल कब पहुँचेंगे और कब तक विजयश्री के साथ वापस तमिल धरती पर पदार्पण करेंगे—इत्यादि महत्त्वपूर्ण समाचार छपने लगे।

मध्य प्रदेश के उस वन प्रदेश में राज्य और केन्द्र की पुलिस की मदद से एम. पी. साहब अडैक्कलम और उसके परिवार को छुड़ा लाने के लिए आ रहे हैं—यह ख़बर मालूम होते ही ठेकेदार और उनके सहायक कहीं छिप गये।

बँधुआ मज़दूर अडैक्कलम इस कोलाहल को देखकर घबरा गया और एम. पी. साहब से विनती करने लगा, "सरकार! आप हम अभागे दलिद्दरों पर इतना रहम दिखाते हैं, कि हमारी मदद करने आये हैं...आप भगवान् के अवतार हैं, ज़िन्दगीभर आपका आभार मानेंगे हम, पर यह टीमटाम, हल्ला-गुल्ला देखकर हमें बड़ी शरम आती है, हम स्वयं को इतनी बड़ी मेहरबानी के काबिल भी नहीं समझते। हमें ऐसे ही छोड़ दीजिए। जो हमारी फूटी किस्मत में लिखा है, भुगत लेंगे, भुगतने को ही तो आये हैं इतनी दूर! आपकी बड़ी मेहरबानी होगी कि हमें देश ले जाकर हमारी इस दुर्दशा का टीमटाम न पिटवा दीजिएगा। यह सब हमें अच्छा भी नहीं

लग रहा है।"

एम. पी. महोदय ने एक न मानी और इत्मीनान से कहा, "तुम लोगों को इस नरक से छुड़ाकर न ले जाऊँ, तो मैं इन्सान कहलाने लायक न रहूँगा। कम-से-कम छः सौ रुपये महीने की मज़दूरी के बदले सिर्फ़ पचास रुपल्ली देकर तुम बेचारों का घोर-क्रूर शोषण हो रहा है—इस जुल्म पर सारा देश खौल उठा है। इस पाप से हमारे राष्ट्र को बड़ा कलंक लगा है। तुम लोग बेहिचक मेरे साथ चले आओ, इसी में तुम लोगों की भलाई है। आख़िर जनता जनार्दन की सेवा करने के लिए तो मैं चुना गया हूँ। हमारे रहते हुए तुम लोगों को फिक्र किस बात का है? चलो हमारे साथ...।"

एम. पी. साहब, मुत्तरसु इरादे के पक्के थे, समझा-बुझाकर उस मज़दूर परिवार को अपने साथ मद्रास ले आये। विज्ञापनबाज़ी पूर्ववत् चालू रही। पत्र-पत्रिकाओं और पोस्टर-बैनरों में राष्ट्रपिता गाँधी जी और जननेता मुत्तरसु के चित्रों के साथ ख़बर छपी थी—"35 साल पहले भारत माता को विदेशी गुलामी की बेड़ियाँ तोड़कर आज़ाद किया हमारे बापू ने और आज एक भारतीय परिवार को बँधुआ गुलामी की गिरफ्त से छुड़ा लाने की महान् सेवा की है हमारे जननेता श्री मुत्तरसु ने। बापूजी ने जो संकल्प किया, जो सपना देखा, जो काम शुरू किया, उन्हें साकार, सफल बना रहे हैं हमारे देशसेवक एम. पी. साहब। जय हो इनकी और इनकी पार्टी की।..."

इस संदर्भ में राज्य की राजधानी में विशाल जनसभा का आयोजन हुआ। प्रमुख समाज सेवी संस्थाओं की ओर से यह आयोजन किया जा रहा है—ऐसा प्रचारित किया गया। मंच पर सज-धज के साथ विभिन्न वर्गों के स्वनामधन्य नेताओं की तस्वीरें चमक रही थीं।

इस भरी सभा में मुत्तरसु ने अपनी विजय-यात्रा का रोचक बयान दिया और घोषणा की—"मुझ जैसे समर्पित जनसेवी व्यक्ति से ऐसे हब्शियाना जुल्म को होते देखकर चुप नहीं रहा जाएगा। मुझसे यह बर्दाश्त नहीं होगा। आप जनता जनार्दन के सामने कसम खा रहा हूँ कि आगे से ऐसे सामाजिक घिनौने कलंक को दूर करने में अपना जान-माल निछावर करने को तैयार हूँ। आप भाई-बहनों ने मुझे अपना प्रतिनिधि माना है, इसका फ़र्ज़ मुझे अदा करना है, इस दायित्व की गरिमा मुझे रखनी है..."

हज़ारों श्रोताओं की करतल-ध्वनि और जयघोष से पूरा परिवेश गूँज उठा—उसी जनसभा में जनता की तरफ़ से मुत्तरसु को 'बँधुआ विमोचक वीरवर' की उपाधि प्रदान कर सम्मानित किया गया।

मुत्तरसु के बँगले के आउट हाउस में अडैक्कलम परिवार को निवास और भोजन की सुविधाएँ दी गयीं। रोज़ शाम की चुनावी मीटिंग पर जाते वक़्त मुत्तरसु की

कार के साथ अलग जीप में अडैक्कलम परिवार को भी नुमाइश के लिए ले जाया गया। मीटिंग के बीच में नाटकीय ढंग से प्रमुख वक्ता मुत्तरसु की भोपाल-यात्रा का वर्णन करता और अडैक्कलम परिवार को मंच पर हाज़िर करता, दर्शक तालियाँ पीटकर गुणगान के नारे लगाकर मुत्तरसु को दाद देते। इस बँधुआ विमोचन का शगूफ़ा ख़ूब खिलकर महकने लगा। मुत्तरसु की मीटिंगों में भीड़ बड़ी तादाद में उमड़ने लगी। गनीमत यह भी रही कि उनके चुनाव क्षेत्र में बंधुआ मज़दूर अडैक्कलम की जाति के लोग अधिक अनुपात में थे। उसमें से तीन-चार प्रमुख व्यक्तियों को मुत्तरसु ने पटा लिया कि वे इनके चुनाव प्रचार में अधिक योगदान दिया करें। बातें योजनाबद्ध तरीके से बख़ूबी चलीं। चुनाव पूरा होने तक अडैक्कलम और उनके परिवार की ख़ातिरदारी में कोई कसर न रही। उन ग़रीब लोगों के लिए विश्वास करना मुश्किल था कि ऐसा भी सुखी जीवन दुनिया में कहीं हो सकता है—साफ़-सुथरे कपड़े, खानेपीने की मनपसन्द सुविधा, ऊपर से छोटे-मोटे ख़र्च के लिए पैसा! अब उस फटेहाल परिवार को पूरा भरोसा हो गया कि चुनाव के बाद दीनबंधु मुत्तरसु उन्हें अच्छी नौकरी दिलाएँगे।

चुनाव का सारा सरंजाम पूरा हुआ। मतदान की धूमधाम ख़त्म हुई। परिणाम घोषित हुआ, तो मालूम हुआ कि मुत्तरसु भारी संख्या में वोट पाकर विजयी हुए हैं। एम. पी. साहब ने विजय की खुशी में एक विशाल सभा आयोजित की—पार्टी के प्रवर्तक बड़े नेता की अध्यक्षता में। अडैक्कलम के परिवार को इसमें लाया नहीं गया। अब तो पाँच साल के लिए कोई फ़िक्र नहीं। विजयोल्लास की उस सभा में कोई भी वक्ता, एम. पी. साहब तक, बँधुआ मज़दूर के बारे में एक शब्द भी नहीं बोला—सब के सब पार्टी के बारे में, पार्टी के कर्णधार नेता की तारीफ़ में बढ़-चढ़कर बोलते रहे।

अडैक्कलम पत्नी और बेटे को लेकर खुद उस सभा में आया और भीड़ के साथ किसी कोने में बैठ गया। नवनिर्वाचित मुत्तरसु ने खुले आम घोषित किया कि पार्टी के कर्णधार नेता की मेहरबानी से ही मुझको जीत मिली है। इतने बड़े चुनाव में जीतना मामूली पार्टी सेवक के बूते की बात नहीं। सब हमारे बड़े नेता की ही महिमा थी कि इनका चेहरा और इशारा देखते ही लाखों की संख्या में लोग उमड़ पड़ते और अपनी मर्ज़ी से वोट देकर चले जाते...

बड़े नेता ने भी कमोबेश ऐसी ही बातें दुहराईं और अपनी छवि और प्रभाव का श्रेय जनता को, विशेषकर नारी वर्ग को दिया। बोलने के बाद, चालू रीति के अनुसार 'सोडा' पीने का आकर्षक कार्यक्रम शुरू हुआ। थोड़ा-सा पीकर रुके तो भीड़ में से कई आवाजें निकलने लगीं, "हमें दीजिए, हम बाँटेंगे, इधर फेंकिए यहाँ दीजिए नेताजी।..."

यह बड़े नेता की ख़ास शोहरत है। प्यारे अनुयायियों की माँग कैसे टाल

सकते थे? तुरन्त सोडा की बोतल भीड़ में फेंकी, दूसरी बोतल लेकर थोड़ा पिया और उसे दूसरी तरफ़ फेंका। इस तरह आठ-दस सोडा भीड़ में बाँटे गये। बड़े नेता की ओर से भी सोडा भीड़ में बाँटा गया। धक्कमपेल, चीख़-चिल्लाहट, होड़, उमंग—बड़ा अजीब नज़ारा था।

अडैक्कलम की पत्नी ने विस्मित होकर पूछा, "अजी। यह क्या तमाशा है? जूठन के सोडा के लिए इतना हंगामा क्यों?"

अडैक्कलम ने गहरी वितृष्णा और हताशा के साथ कहा, "ये हम से भी बदतर बँधुआ गुलाम मालूम होते हैं। ये अपनी हैसियत भूलकर इस हद तक गिरे हुए हैं कि इनकी दिमागी गुलामी और नासमझी पर रहम आता है। एक आदमी की चकाचौंध में दिलोदिमाग खो बैठे हैं ये!"

तीसरे दिन सुबह एम. पी. साहब ने अडैक्कलम को बुलवाकर उसके हाथ में सौ रुपये का नोट थमा दिया और कह दिया, "भाई, अब तुम अपने गाँव चले जाओ। यहाँ रहना मुमकिन नहीं, अभी ख़ाली कर दो यह घर।"

अडैक्कलम ने गिड़गिड़ाकर अर्ज़ किया, "हमें कोई छोटा-मोटा काम दिलवा दीजिए, सरकार।"

"हमारी सरकार तुम लोगों के लिए कुछ न कुछ करेगी ज़रूर। तुम गाँव चले जाओ, तुम्हें चिट्ठी आ जाएगी।" मुत्तरसु को जल्दी थी, वह तुरन्त बाहर चले गये।

अडैक्कलम तीन-चार महीने तक कई शहरों एवं गाँवों में भिखारी बनकर घूमता-फिरता रहा। कोई काम न मिला। इस बीच कई बार एम. पी. साहब के बँगले का चक्कर लगाकर थक गया वह, पर न एम. पी. मिले, न कोई सरकारी चिट्ठी। एम. पी. साहब के आदमियों ने ऐसा बर्ताव किया मानो वह घरघुसरा आवारा कुत्ता हो।

भीख माँगना, डाँट-फटकार खाना, भुखमरी झेलना, बहुत कम पैसे पर भारी मेहनत करना, पुलिस और चोर-उचक्कों से पाला पड़ना—अडैक्कलम तंग आ गया। परिवार को लेकर बिना टिकट लिये ट्रेन में बैठ गया और हाय-तोबा करके भोपाल पहुँचा। सीधे ठेकेदार अग्रवाल के पास गया और पैरों पड़कर माफ़ी माँगी, फिर से काम देने के लिए गिड़गिड़ाया। अग्रवाल पहले से ही तैश में था। वह अडैक्कलम के परिवार को फिर से काम पर लेना ख़तरे का काम समझता था। वह उसे लात मारकर भगाने लगा, तो अडैक्कलम ने रोते हुए क़सम खाकर कहा, "मालिक, यहीं आपके सामने मर जाऊँगा। फिर कभी ऐसी ग़लती न करूँगा—मुझे अपनी औरत और औलाद की क़सम, आप हमारी रक्षा कीजिए।"

अग्रवाल ने सज़ा के रूप में माहवार पचास के बदले चालीस रुपया तय किया और उसे उसी जंगली इलाक़े में पत्थर तोड़कर गिट्टियाँ तैयार करने के काम

में लगवा दिया। अडैक्कलम बख़ुशी मान गया।

रहने को झोंपड़ी, चूल्हा जलाने को जंगल की सूखी लकड़ियाँ, खेती करने को छोटी-सी ज़मीन—इससे ज़्यादा और क्या चाहिए? उसने ठेकेदार से थोड़ा क़र्ज़ लेकर घर बसा लिया। पहले की तरह दिन भर तीनों जने गिट्टियाँ तोड़ने में लग गये। अडैक्कलम को इस बात का अहसास था कि वह बँधुआ मज़दूर भले ही रहे, उसे अपनी मेहनत की कमाई पर जीने का मौक़ा तो मिल गया है।

वह बार-बार महसूस करने लगा कि अपने प्रदेश के एम. पी. साहब के बहकावे में और उनका भरोसा कर जो कुछ महीने यहाँ से अलग होकर वह जीता रहा, वही असल में शर्मनाक गुलामी का जीवन था।

(तमिल से अनूदित : र. शौरिराजन)

बँधुआ दलिद्दर

तमिल कहानी

•

लेखक—ना. पार्थसारथी
पटकथा—मन्नू भण्डारी

(भोपाल का एक सर्किट-हाउस! तमिलनाडु के सांसद मुत्तरसु और तीन-चार नेता किस्म के लोग बैठे हैं... गपशप हो रही है साथ ही खाना-पीना भी चल रहा है।)

मुत्तरसु : चलिए, समारोह तो आप लोगों का खूब शानदार रहा...व्हेरी सक्सेसफुल...अब ज़रा आप लोगों का प्रान्त भी देख लें...यहाँ के पहाड़ी इलाके...जंगल-प्रदेश, आदिवासियों के गाँव। सुनते हैं, बहुत सुन्दर जगह है यह!

नेता 1 : सुनने से कुछ नहीं होता...अब जब आप यहाँ आए ही हैं तो अपनी आँखों से देखकर ही जाइए।

ऑफ़िसर : सर गाड़ी, फ़ोटोग्राफ़र और गाइड सब तैयार हैं आपके लिए...बस अब निकल ही चलिए जिससे रात तक लौट आएँ।

मुत्तरसु : **(अफ़सर से)** गाइड क्या करेगा...आप साथ चलिए न! रास्ते में कुछ गपशप भी होती रहेगी और आप ही सब बता भी दीजिए।

ऑफ़िसर : एज़ यू प्लीज़ सर! पर फ़ोटोग्राफ़र को तो साथ रखिए...यहाँ की प्राकृतिक सुषमा को तस्वीरों में क़ैद करके ले जाइए। **(सब उठकर बाहर की तरफ़ चलते हैं)**

दृश्य समाप्त

नया दृश्य

(गाड़ी में मुत्तरसु, ऑफ़िसर, फ़ोटोग्राफर जा रहे हैं। गाड़ी सुन्दर स्थानों को पार करती हुई एक ऐसे स्थान पर पहुँचती है, जहाँ ऊँचे-ऊँचे पहाड़ों के नीचे कई झोंपड़ियों की एक बस्ती सी दिखाई देती है। लगता है, जैसे जंगल में कोई बस्ती बस गई हो।)

मुत्तरसु : यह कोई गाँव है क्या?

ऑफ़िसर : ठीक गाँव तो नहीं सर, लेकिन पत्थर तोड़ने वाले मज़दूरों की झोंपड़ियाँ हैं...एक बस्ती सी ही बन गई है। आजकल शहरों में कन्स्ट्रक्शन का काम खूब हो रहा है न इसलिए पत्थर तोड़ने का धन्धा खूब फलफूल रहा है। देखते-ही-देखते लखपति हो गये हैं ये ठेकेदार।

मुत्तरसु : गाड़ी रोको...ज़रा देखें तो जंगल में बसे इन लोगों का जीवन भी। **(गाड़ी रुकती है, सब उतरते हैं। दृश्य कटकर मज़दूरों पर चला जाता है। आदमी, औरतें, बच्चे सब पत्थर तोड़ रहे हैं। दो बच्चे तोड़े हुए पत्थर की गिट्टियों को टोकरी में भर रहे हैं...किनारे पर एक ट्रक खड़ा है...जिसमें ये गिट्टियाँ भरी जा रही हैं। मज़दूरों के सूखे शरीर, फटे कपड़े, दीन-हीन चेहरे। कुछ नये लोगों को आता देखकर एक बार उनका हाथ थमता है लेकिन फिर पत्थर तोड़ने लगते हैं–इन्सान के रूप में मशीन की तरह। मुत्तरसु की नज़र सब पर से होती हुई एक तमिल-परिवार पर जाकर टिक जाती है।...आदमी औरत और करीब नौ-दस साल का एक लड़का। भावहीन चेहरा लेकिन पूरी लगन के साथ पत्थर तोड़ रहे हैं। मुत्तरसु उनके पास जाते हैं।**

मुत्तरसु : तुम क्या तमिल हो? **(अडैक्कलम के चेहरे पर आश्चर्य और प्रसन्नता का भाव। काम छोड़कर हाथ जोड़कर खड़ा हो जाता है...पत्नी-बच्चा भी। चेहरे पर गद्गदभाव...शब्द नहीं फूटते, सिर्फ़ स्वीकारात्मक भाव से गर्दन हिलाता है)** इधर कैसे आया?

अडैक्कलम : क्या बोलेगा...पेट के वास्ते...काम के वास्ते...

मुत्तरसु : **(चेहरे पर आश्चर्य का भाव)** कब से है इधर?

अडैक्कलम : आठ साल हो गया!

मुत्तरसु : कितना पगार मिलता?

अडैक्कलम : पचास रुपया।

मुत्तरसु : औरत, बच्चा भी तो काम करता...इनको कितना मिलता?

अडैक्कलम : सबको मिलकर पचास रुपये!

मुत्तरसु : क्या...? इसमें गुजारा हो जाता? **(चेहरे पर आश्चर्य पुत जाता है)**

अडैक्कलम : **(रुक-रुककर बताता है)** रहने को एक झोंपड़ी...खेती को थोड़ा ज़मीन भी...आधा पेट तो भर जाता...बस!

मुत्तरसु : **(चेहरे पर दुख का भाव)** आधे पेट के लिए पूरा परिवार रात-दिन खटता? जानते हो तुम जैसे ग़रीब लोगों की हालत सुधारने के लिए ही सरकार करोड़ों रुपया खर्च कर रही है।

अडैक्कलम : **(यह बात नहीं समझता...सिर्फ़ रुपया शब्द समझ में आता है)** हम सबको पचास रुपया मिलता...थोड़ा पेट तो भरता...ठीक है।

मुत्तरसु : तुम जैसे लोगों के लिए सरकार की कितनी योजनाएँ हैं...संस्थाएँ हैं...कितने महकमे हैं...समाज कल्याण केन्द्र हैं...

अडैक्कलम : **(चेहरे पर नासमझी का भाव...जैसे ये सारी बातें उसकी सोच और समझ के बाहर की बातें हैं)** अपनी झोंपड़ी उधर...देखेगा आप?

मुत्तरसु : जानते हो, सरकार ने मज़दूरी भी तय कर रखी है...उससे कम मज़दूरी कोई नहीं दे रुकता...जुर्म है।

अडैक्कलम : **(उसी नासमझी के भाव से)** हमको मजदूरी देता...देता हमको मजदूरी।

मुत्तरसु : **(कुछ आश्चर्य कुछ गुस्से से)** अरे पर इतनी कम मज़दूरी देता! मालिक कौन है तुम्हारा? **(अडैक्कलम डरी हुई नज़रों से एक बार चारों ओर देखता है...हिचकिचाता है)** डरो नहीं, बताओ, मालिक कौन है तुम्हारा?

अडैक्कलम : **(एक बार फिर चारों ओर देखता है...फिर डरते हुए)** अग्रवाल साब...अच्छा आदमी हमको काम दिया...थोड़ा खाने को तो मिलता अभी...अपना गाँव में तो भूखों मरता...

(कैमरा मुत्तरसु के चेहरे पर फ़ोकस किया जाए...जैसे उसके दिमाग़ में कुछ कौंधता है। वह हाथ के इशारे से फ़ोटोग्राफ़र को बुलाता है...उसके आने पर आदेश देता है)

मुत्तरसु : आप इनकी तस्वीरें खींचिए तो...सब कुछ दिखाते हुए। **(कैमरा उन दृश्यों को फ़ोकस करे जो फ़ोटोग्राफ़र अपने कैमरे में उतार रहा है। काम करते हुए दीन-हीन चेहरे, फटे कपड़ों में लिपटे अधनंगे शरीर...दड़बे जैसी झोंपड़ी...नमक के साथ सूखी रोटी खाता एक बेहद बूढ़ा आदमी। दूसरी झोंपड़ी के बाहर एक आदमी अपनी आँखें धो रहा है...आँख लाल और सूजी हुई हैं। मज़दूर यू. पी. या बिहार का है)**

मुत्तरसु : क्या हुआ आँख में?

आदमी : **(एक क्षण भौचक भाव से देखता है फिर हकला-हकला कर बतलाता है)** तोड़ते बखत पत्थर का टुकड़ा गया रहा आँखिन में...बड़ा पिड़ात है।

मुत्तरसु : यहाँ तो कोई अस्पताल भी नहीं है...शहर जाकर दिखाओ...आँख खराब हो गई तो?

आदमी : ई तो मुला रोजइ का दुख...सहर जावे से तो पूरा दिन का मजूरी...कोऊ जावै नई दे...**(मुत्तरसु फ़ोटेग्राफ़र को फ़ोटो लेने का इशारा करता है। फ़ोटोग्राफ़र घूम-घूम कर और भी बहुत-सी तस्वीरें लेता है।**

दृश्य समाप्त

नया दृश्य

(तीनों गाड़ी में लौट रहे हैं।)

ऑफ़िसर : सर, बहुत बुरी हालत है इन लोगों की...बिल्कुल गुलामों की ही ज़िन्दगी जीते हैं ये लोग। शहर की हवा तो लगने ही नहीं देते ये ठेकेदार। आप जानते हैं...हर ठेकेदार चार-छः गुण्डे पाल कर रखता है...अगर कोई मज़दूर ज़रा सी भी गड़बड़ करे तो ठोक-पीट कर ठीक कर देते हैं...फिर अफ़सरों को भी खिला-पिला कर चुप रखते हैं...कोई इधर नज़र डालते ही नहीं। **(मुत्तरसु बोलता कुछ नहीं...सिर्फ़ सुन रहा है)** मई-जून के महीने में जब आग बरसती है तो ऐसे ही खुले में, धूप में झुलसते हुए ये पत्थर तोड़ते रहते हैं...दिसम्बर-जनवरी की कड़कती सर्दी में भी बिना कपड़ों के ऐसे ही खुले में काम करते रहते हैं...बड़ी बुरी हालत है बिचारों की।

(मुत्तरसु न कुछ पूछता है...न जवाब देता है। उसके चेहरे से साफ़ है कि उसके दिमाग़ में कोई चक्कर चल रहा है... वह किसी गहरे सोच में डूब गया है। कैमरा मुत्तरसु के चेहरे पर फ़ोकस करे। यह भी हो सकता है कि दिखाई सिर्फ़ मुत्तरसु का चेहरा दे और अफ़सर के संवाद पीछे से आते रहें। गाड़ी दूर जाती हुई दिखाई दे।)

दृश्य समाप्त

नया दृश्य

(मुत्तरसु तमिलनाडु में अपनी पार्टी के दो लोगों के साथ बैठा है। माहौल से लग रहा है जैसे किसी गम्भीर विषय पर बातचीत हो रही है।)

आदमी 1 : मैं खूब सोचकर ही बोलता मुत्तरसु...इस बार जीतने का कोई चान्स ही नहीं बनता...हाँ, हारना है तो ज़रूर खड़े होओ।

आदमी 2 : रामानुज ठीक ही बोलता। इस बार हवा बिलकुल बदली हुई है। लोग ऊब ही नहीं चुके, नाराज़ भी हैं हमारी पार्टी से। हारने से तो अच्छा है, खड़े ही मत होओ!

मुत्तरसु : बिना लड़े ही हथियार डालना कायरों का काम है...कायर नहीं है मुत्तरसु...लड़ेगा, आख़री दम तक लड़ेगा **(थोड़ा रुककर)** और जीतेगा भी **(माथे पर हाथ रखकर)** बस, थोड़ा ये चाहिए।

आदमी 1 : चुनाव दिमाग़ के बल पर नहीं जीता जा सकता...जनता के दम पर जीता जाता है और इस बार जनता साथ नहीं देने जा रही तुम्हारा।

मुत्तरसु : चुनाव मत लड़ो यह सुझाव तो तुम लोगों के पास है पर ऐसा कोई सुझाव नहीं जिससे जनता के मन को जीता जा सके।...बस नेगेटिव एप्रोच...कोई पाज़िटिव सुझाव नहीं...इस रवैये से राजनीति में तो दो क़दम भी नहीं चल सकता आदमी।

आदमी 1 : नेगेटिव-पॉजिटिव कुछ नहीं...सच्चाई को समझो!

आदमी 2 : और सच्चाई यह है कि लोग ऊब गए हैं हमसे और हमारी पार्टी से...अब भरोसा नहीं रहा हम पर। अब नए लोगों को

आजमाना चाहते हैं।

मुत्तरसु : आजमाना ही तो चाहते...भरोसा तो उन पर भी नहीं!...यानी कि मन तो भरोसे से बिल्कुल खाली...तो उस खाली मन में हमको फिर से जम जाना चाहिए।

आदमी : चाहिए तो ज़रूर, पर कैसे...? है कोई ठोस कार्यक्रम हमारे पास...खाली बातों से कुछ नहीं होता अब। (**हाथ झटक देता है**)

मुत्तरसु : कुछ है तभी तो बोल रहा...आप लोगों की तरह हाथ पर हाथ धरकर नहीं बैठा रहता मुत्तरसु...(**सबके चेहरों पर उत्सुकता का भाव और मुत्तरसु के चेहरे पर गर्व और सन्तोष का भाव**) मध्य प्रदेश से लौटने के बाद एक महीने से क्या कर रहा मैं? मालूम है कुछ? (**सबके चेहरे पर जिज्ञासा**) ऐसा ठोस कार्यक्रम बनाया है कि...हिलाकर रख देगा लोगों को...झकझोर देगा।...बात ऐसी करो जो सीधी लोगों के मन को छुए जाकर।

आदमी : (**हल्की सी खीज के साथ**) भूमिका बहुत हुई...असली बात बोलो।

मुत्तरसु : कभी अपने देश के बँधुआ मज़दूरों के बारे में सोचा आपने? (**चुनौती वाली मुद्रा में सबको देखता है**)

आदमी : सोचना क्या...सरकार कानून बना चुकी है कि कोई मज़दूरों को बँधुआ बनाकर नहीं रख सकता।

मुत्तरसु : बऽस!...कानून बन गया और आप खुश! यही तो...यही तो फरक है आप लोगों में और मुझमें।...जानते हैं, कानून बनने के बाद भी देश के कोने-कोने में कितने मज़दूर गुलामों की ज़िन्दगी जी रहे हैं...बिल्कुल बेजुबान जानवरों की ज़िन्दगी (**तीनों आदमी जैसे प्रभावित हो रहे हैं**) सारे आँकड़े इकट्ठे किये हैं, ब्यौरे इकट्ठे किये हैं...तस्वीरें इकट्ठी की हैं।...भाग न जाएँ इसलिए कोई-कोई ठेकेदार तो पैरों में बेड़ियाँ तक बाँधकर रखते हैं मज़दूरों के...लोग देखेंगे न तो हिल जाएँगे बुरी तरह। पूरी योजना तैयार कर ली है मैंने और इतना मैटर इकट्ठा किया है कि ठीक से प्रचार किया जाए तो एक क्या...चार-चार चुनाव जीते जा सकते हैं। (**मुत्तरसु के चेहरे पर विजय का भाव**)

आदमी 1 : हूँऽऽ...मुद्दा है तो बिल्कुल नया। अभी तक लोग ग़रीबी की बात करते रहे...बेरोज़गारी की बात करते रहे...इस पर तो कभी किसी का ध्यान ही नहीं गया।

आदमी 2 : और मुद्दा भी ऐसा जो ठीक आदमी के मन पर चोट करे।

आदमी 1 : मान गये मुत्तरसु तुमको (**थोड़े उत्साह में आकर**) तो फिर हो

जाए...भरो याचिका और आज से ही बँधुआ उद्धारक मुत्तरसु का प्रचार शुरू करते हैं...दीजिए अपनी सारी सामग्री।

(मुत्तरसु फ़ोटो देता है। बारी-बारी से दोनों देखते हैं...बहुत प्रभावित होते हैं)

आदमी 2 : इन तस्वीरों के साथ आँखों देखा हाल बयान करते हुए धुआँधार लेख छपवाने शुरू कर दो, ऐसे लेख जो मथकर रख दें आदमी के मन को!

मुत्तरसु : **(चेहरे पर परम सन्तोष और प्रसन्नता का भाव)** एक बात और...हमारे अपने ही क्षेत्र का—सेलम ज़िले का एक परिवार भोपाल से कुछ दूर एक ठेकेदार के यहाँ बँधुआ है। मैं मिलके आया उससे। कुल पचास रुपये में आदमी, औरत और बच्चा तीनों रात-दिन पत्थर तोड़ते उसके पास। उस परिवार को छुड़ाकर लाना होगा...जैसे भी हो। चुनावी-सभाओं में साथ रखेंगे उसे...दिखाओ कि क्या हालत बना रखी है इनकी। वो खुद बताए सबको अपनी दर्दनाक कहानी। तस्वीरों से कहीं ज़्यादा असर होगा आदमी का... ज़िन्दा आदमी का। आप में से कोई एक ज़िम्मा ले उसे लाने का।

आदमी 1 : **(जो इस विचार से और ज्यादा प्रभावित है)** लिया। चुनाव की घोषणा होते ही मैं पकड़ कर लाता हूँ।

आदमी 2 : ठीक है तो कल से ही बँधुआ-उद्धारक मुत्तरसु का काम शुरू। **(तीनों हँसते हैं)**

दृश्य समाप्त

नया दृश्य

(दृश्य एक जुलूस का। लोगों के हाथों में बड़े-बड़े पोस्टर हैं...जिनमें बँधुआ मज़दूरों की तस्वीरें बनी हैं। एक में पैरों में बेड़ी बाँधे एक मज़दूर काम कर रहा है...छोटे-छोटे बच्चे काम कर रहे हैं। आदमी न. एक और आदमी न. दो आगे-आगे नारे लगा रहे हैं।—"आज़ाद देश में गुलाम प्रथा अब बन्द हो (सब

लोग चिल्लाते हैं बन्द हो... बन्द हो"। "ठेकेदारों की जुलुम-ज़्यादती नहीं चलेगी... नहीं चलेगी।"

दृश्य समाप्त

नया दृश्य

(एक सभा का दृश्य। कैमरा भीड़ पर से गुज़रता है...काफ़ी संख्या में लोग बैठे हैं। मंच पर पाँच-छः नेता किस्म के लोग। मंच के एक ओर अडैक्कलम बीवी-बच्चे के साथ वैसे ही फटे चिथड़ों में बैठा भौचक भाव से यह सब देख रहा है। उसके चेहरे को फ़ोकस किया जाए। बच्चा ज़रूर प्रसन्न है...बाकी दोनों डरे-सहमे। कैमरा जितनी देर में इन सबको कवर करता है...मुत्तरसु के भाषण की आवाज आती रहती है...अन्त में कैमरा मुत्तरसु पर आकर टिक जाता है, जो माइक के सामने भाषण दे रहा है।)

मुत्तरसु : ..."शर्म की बात है हमारे लिए कि आज़ादी के पैंतीस साल बाद भी हमारे देश में गुलामों की संख्या कम नहीं हुई। कानून है...पर मानता कौन? कोई छू नहीं सकता उन ठेकेदारों को...लेकिन मुत्तरसु छुएगा...**(छाती ठोंककर)** छुएगा ही नहीं, बल्कि जड़ से उखाड़कर फेंक देगा उनको, जो आदमियों को जानवरों की तरह रखते हैं...अरे जानवरों की ज़िन्दगी तो फिर भी बेहतर होती है। जानवर को जो रखता है, प्यार भी करता है वो जानवर को, लेकिन इनकी **(हाथ से इशारा करता है)** ज़िन्दगी...ये खुद बताएगा अपनी ज़िन्दगी की बात...कैसे हमारे आदमी जान पर खेल कर छुड़ा कर लाए हैं इस परिवार को...आओ...आओ...लाओ इसे इधर **(आदमी 1 अडैक्कलम को पकड़ कर माइक के पास लाता है)** हाँ...बोलो-बोलो **(वह हाथ जोड़कर खड़ा हो जाता है–डर के मारे काँपने सा लगता है)**

आदमी 1 : डरो नहीं...यहाँ कोई ठेकेदार नहीं...बोलो **(पर उसके मुँह से कोई शब्द नहीं निकलता...डरा हुआ सा...भौचक्का सा इधर-उधर देखता रहता है...होंठ केवल थरथराकर रह जाते हैं। आदमी 1 पास आकर धीरे से कहता है।)** "बोला, जो बताया

सब बोल दो'' **(पर वह चुप खड़ा रहता है। एक बार कैमरा भीड़ पर भी जाता है।–सब उसे सुनने के लिए बहुत उत्सुक से नज़र आते हैं। मुत्तरसु थोड़ी देर प्रतीक्षा करते हैं, फिर खुद ही बोलने लगते हैं)** देखा आपने, नहीं बोला जा रहा...जानवरों की ज़िन्दगी जीते-जीते आदमी की ज़ुबान बोलना ही भूल गया...रोम-रोम में डर समा गया है...ज़बान तालू से चिपक कर रह गई है...मुझे इन बेज़ुबान, बेगुनाह आदमियों को नरक से निकालना है...लेकिन साथ चाहिए आपका...

(भीड़ में से नारे लगने लगते हैं...''बँधुआ मज़दूर उद्धारक मुत्तुरस ज़िन्दाबाद''...''और गुलामी नहीं चलेगी, नहीं चलेगी'' इस शोर-शराबे में ही दृश्य समाप्त होता है)

नया दृश्य

(अडैक्कलम पत्नी-बच्चे के साथ एक कमरे में बैठा है। हाथ में कुछ नये कपड़े लिये हुए एक कार्यकर्त्ता का प्रवेश...)

कार्यकर्त्ता : देखो, ये नये कपड़े हैं तुम्हारे लिये। खाना खाकर इन्हें पहन लेना। और हाँऽऽ तुम कुछ बोला नहीं वहाँ पर...कितना तो सिखाया तुमको। **(अडैक्कलम के चेहरे पर अपराध का भाव। डर कर हाथ जोड़ देता है)** अब सब बोलना...रो पड़ना बोलते-बोलते **(हाथ पकड़ कर हथेली दिखाते हुए)** ये हाथ दिखाओ और बताओ कि कैसे गड्ढे पड़ गये हैं पत्थर तोड़ते-तोड़ते **(वह सिर्फ़ गर्दन हिला देता है)** इतने में कोई केले के पत्ते पर रखकर कुछ खाना लेकर आता है।

कार्यकर्त्ता : अच्छा, अब तुम खाना खाओ...**(बाहर जाने लगता है फिर एकाएक कुछ याद आने से लौटकर)** और देखो, अपने इन पुराने कपड़ों को फेंकना मत। सभा में जाते समय मंच पर तो इन्हीं कपड़ों को पहनकर बैठना...लोग देखें तो कि कैसे चिथड़ों में रहना पड़ता था तुमको **(निकल जाता है। उसके निकलते ही तीनों खाने पर टूट पड़ते हैं। कुछ देर तक उनको खाते हुए दिखाया जाए)**

कट

(वही कमरा। तीनों नये कपड़ों में। बच्चा बहुत प्रसन्न है–बार-बार अपने कपड़ों पर हाथ फिरा रहा है।)

बच्चा : अहाऽ...मेरा कमीज! बाबा! **(या तमिल में बाप को जो कहते हों, उसी में सम्बोधित करे)** हम यहीं रहेंगे...रोज़ साम्मर, रसम, उपमा खाएँगे...अच्छे कपड़े पहनेंगे...पत्थर तोड़ने कभी नहीं जाएँगे!

अडैक्कलम : नहीं जाएँगे...भगवान मिला हमको...जब भगवान अपनी शरण में ले लिया हमको तो अब वहाँ क्यों जाएँगे? **(श्रद्धा से हाथ जोड़ देता है)**

पत्नी : मुत्तरसु सच्ची में भगवान **(हाथ जोड़ देती है)**

(कार्यकर्त्ता का प्रवेश)

कार्यकर्त्ता : चलो, जल्दी से अपने पुराने कपड़े पहन लो। सभा में चलना है।...**(अडैक्कलम से)** और देखो, आज तुम बोलना...सब बताओ...बताते-बताते रो पड़ो। बहुत ज़रूरी है तुम्हारा बोलना। तुमको इसीलिए तो यहाँ लाया...डरने की कोई बात नहीं...यहाँ कोई अग्रवाल नहीं है। अच्छा मैं जीप लाता हूँ। **(निकल जाता है।)**

दृश्य समाप्त

(इसके बाद मोण्टाज़ कुछ दृश्य जुलूसों और सभाओं के। सभा के एक दृश्य में कार्यकर्त्ता अडैक्कलम को माइक के सामने खड़ा करते हुए दिखाया जाए...उन्हीं फटे कपड़ों में हैं तीनों। कभी मुत्तरसु को हाथ उठा-उठा कर भाषण देते हुए दिखाया जाए। एक दृश्य नारे लगाते जुलूस का दिखाया जाए।)

नया दृश्य

(मुत्तरसु की जीत की खुशी में निकाला जा रहा जुलूस। खुली जीप में ढेर सारी मालाएँ पहने मुत्तरसु खड़ा है...लोग ढोल बजा रहे हैं...नारे लगा रहे हैं। आगे-पीछे गाते-नाचते जा रहे हैं। जुलूस मुत्तरसु की अपनी कोठी

के सामने आकर सभा में बदल जाता है। मुत्तरसु और कई नेतागण मंच पर बैठे हैं। भीड़ टूटी पड़ रही है। अडैक्कलम परिवार अपने कमरे से यह दृश्य देख रहा है।)

अडैक्कलम : अरे अपना भगवान तो मंच पर...मुझको भी जाना...

पत्नी : आज कोई लेने नहीं आया...अभी तुम भाग कर जाओ तो।

(अडैक्कलम तेजी से भीड़ की तरफ़ जाता है...धक्का-मुक्की करके मंच की तरफ़ जाने की कोशिश करता है पर लोग उसे धकिया देते हैं। आज वह नए कपड़ों में है, इसलिए उसे कोई पहचान ही नहीं पाता। आखिर वह एक कोने में चुपचाप खड़ा हो जाता है। पत्नी-बच्चा भी वहीं आ जाते हैं।)

पत्नी : तुम वहाँ गया नहीं?

अडैक्कलम : कोई जाने ही नहीं देता...धक्का देकर भगा देता!

पत्नी : **(अपार आश्चर्य से)** क्योंऽऽ?

अडैक्कलम : जानता नहीं...अब शायद हमारा काम न हो।

(कैमरा मंच पर जाता है। मुत्तरसु भाषण दे रहा है)

मुत्तरसु : हमारी पार्टी के अध्यक्ष महोदय की लगन...उनका त्याग और समर्पण जिसने हमेशा पार्टी को देश-हित के कामों में सक्रिय रखा...आज की यह विजय उन्हीं की साधना का परिणाम है। अब पार्टी ने बँधुआ मज़दूरों के उद्धार का बीड़ा उठाया है...संकल्प किया है हम लोगों ने कि अब देश का कोई भी मज़दूर बँधुआ नहीं रहेगा...वे अब आज़ादी की ज़िन्दगी जिएँगे...सम्मान की ज़िन्दगी जिएँगे **(कैमरा फिर अडैक्कलम परिवार पर। भीड़ का एक रेला उसे पीछे धकेल देता है...पीछे के लोग धक्का देकर उसे और पीछे धकेल देते हैं। कैमरा घसीट-घसीट कर इसे धकियाने के दृश्यों पर केन्द्रित रहे और वातावरण बँधुआ-उद्धारक मुत्तरसु ज़िन्दाबाद-जिन्दाबाद के नारों से गूँजता रहे।)**

दृश्य समाप्त

नया दृश्य

(मुत्तरसु अपने कमरे में। सामने चिट्ठियों का ढेर...जिन्हें वह पढ़ता जा रहा है। अडैक्कलम परिवार का प्रवेश। डरते हुए हाथ जोड़कर खड़ा हो जाता है।)

मुत्तरसु : आओ-आओ अडैक्कलम...अपने शहर में आकर खूब अच्छा लगा...खूब खुश हो न ? देखो नये कपड़ों में तुम्हारा बच्चा कितना अच्छा लगता।

अडैक्कलम : काम माँगता...आपका आदमी इधर से जाने को बोला...किधर जाएगा? आप कोई काम देओ न।

मुत्तरसु : अरे काम का क्या...इतनी फैक्टरी हैं—मिल हैं...राजमिस्त्री का काम है...जो पसंद आए ले लो। अब तो तुम आज़ाद हो—पूरी तरह...अपनी मरज़ी के मालिक **(हँसता है। अडैक्कलम खड़ा है चुपचाप।)** और देखो, आज यह कमरा खाली करके कोई झोंपड़ी ढूँढ़ लो। यह तो किसी और का कमरा है।

अडैक्कलम : पर झोंपड़ी तो नहीं...काम भी नहीं...किधर जाएगा? काम तो देओ **(जेब से सौ रुपये का नोट निकाल कर देता है)** जब तक तुम्हारे काम का, रहने का इन्तज़ाम न हो...ये सौ रुपया लो...इनाम तुम्हारा...खुऽश! बीवी-बच्चे को घुमाओ, खिलाओ...मौज़ करो...आज़ाद आदमी की तरह! अब किसी की गुलामी नहीं। **(रुपये लेकर सिर झुकाता है...बीवी-बच्चा भी सिर झुका देते हैं। फिर झिझकते हुए)** पर काम?

मुत्तरसु : फ़िकर मत करो! हमारी सरकार बहुत कुछ करने जा रही है तुम लोगों के लिए। काम ही नहीं, तनख्वाह भी खूब तगड़ी मिलेगी तुम लोगों को...एक महीने वाली तनख़्वाह एक दिन में मिलेगी कभी सोचा भी नहीं होगा तुमने **(फिर एकदम झिड़क कर)** अच्छा अब तुम जाओ...काम कर रहे हैं हम!

(तीनों निकल जाते हैं।) दृश्य समाप्त

नया दृश्य

(अडैक्कलम एक फ़ैक्टरी के आगे भर्ती की लम्बी लाइन के बीच में खड़ा है। थोड़ी देर में भीतर से एक चपरासीनुमा आदमी आता है।)

चपरासी : ठेकेदार साहब को आज टैम नहीं...अर्जेंट काम...सो भर्ती-वर्ती नहीं होगी...भागो सब यहाँ से।

(लाइन भीड़ में बदल जाती है...सबके चेहरे की हताशा-निराशा को दिखाते हुए कैमरा अडैक्कलम के चेहरे पर स्थिर हो जाता है। चेहरा सपाट-भावहीन सिर्फ आँखों में तराइयाँ।)

कट

(एक मिल के दरवाज़े पर काफ़ी भीड़ जमा है...फाटक पर ताला लगा है। अडैक्कलम किसी आदमी के सामने चिरौरी करते हुए...)

अडैक्कलम : हमको काम चाहिए...जो भी बोलेगा करेगा...पर काम देओ साब...दो दिन से भूखा...

आदमी : दिखता नहीं, मिल में तालाबन्दी हो रही...हम सब मज़दूर ही बेकार बैठे...सभी तो भूखे मर रहे...कहीं कोई काम नहीं...

(कैमरा मज़दूरों के चेहरों पर से होता हुआ अडैक्कलम के चेहरे पर टिक जाता है। वह धम्म से ज़मीन पर बैठ कर घुटनों में सिर छिपा लेता है। पत्नी पीठ पर हाथ फेरते हुए।)

पत्नी : मैं बोली तुमको...अपना भगवान के पास चलो। वो लाया हमको वो काम भी देगा। काम नहीं मिलता...भीख भी नहीं मिलती...कैसे रहेगा? तुम वहीं जाओ।

कट

(मुत्तरसु की कोठी के दरवाज़े पर बन्दूक लिये चौकीदार खड़ा है। अडैक्कलम परिवार आता है। डरते-डरते अडैक्कलम आगे बढ़ता है...हाथ जोड़कर गिड़गिड़ाते हुए)

अडैक्कलम : हमको भीतर जाना...साहब से मिलना...।

चौकीदार : (ऊपर से नीचे देखते हुए) भाग यहाँ से...आ जाते हैं जाने कहाँ के चोर उचक्के...

अडैक्कलम : नहीं-नहीं हम चोर नहीं...साहब तो हमको लाया...काम छुड़ाके लाया। पर इधर तो काम मिलता ही नहीं कहीं। बऽस, हम

काम दिलाने को बोलेगा साहब को...वो ज़रूर दिलाएगा...वो तो लाया हमको।

चौकीदार : **(खीजकर गुस्से में)** क्या लाया-लाया लगा रखी है? भागता है कि लगाऊँ दो धौल। **(बाँह पकड़ कर घसीटते हुए)** खबरदार जो फिर कभी यहाँ दिखा तो।

(वह एकाएक लड़खड़ा जाता है तो पत्नी आकर उसको थाम लेती है। कैमरा इन्हीं पर केन्द्रित रहे। चार क़दम चलकर वह धम्म से एक फुटपाथ पर बैठ जाता है। एकदम पस्त-पराजित।)

अडैक्कलम : करने को काम नहीं...रहने को झोंपड़ी नहीं...खाने को अनाज नहीं...साहब मिलता नहीं। **(गला रुँध जाता है)** भीख माँग कर कब तक रहेगा?...नहीं-नहीं, अब कल ही हम अपनी बस्ती में लौट जाएगा...वहीं पत्थर तोड़ेगा...पर अग्रवाल ने भी नहीं रखा तो...**(घुटनों में सिर रख कर फूट पड़ता है। पत्नी एक हाथ से उसकी पीठ पर हाथ फेरती है तो दूसरे से आँचल से अपने आँसू पोंछती है। इन तीनों पर से होता हुआ कैमरा फुटपाथ के पीछे की दीवार पर चला जाता है, जहाँ अभी भी एक चुनावी पोस्टर लगा है–जिस पर बड़े-बड़े अक्षरों में लिखा है–बँधुआ-मज़दूरों को आज़ाद कराने का मुत्तरसु का दृढ़-संकल्प। आज़ाद देश में अब बँधुआ-मज़दूरों की गुलामी नहीं रहेगी।) (कैमरा कुछ देर इसको फ़ोकस करे)**

दृश्य समाप्त

नया दृश्य

(वही पुरानी बँधुआ-मज़दूरों की बस्ती। अग्रवाल के सामने अपराधी से तीनों खड़े हैं...हाथ जोड़े, माफ़ी माँगते हुए)

अग्रवाल : **(फटकारते हुए)** नेता ने बुलाया था तुमको तो...अब यहाँ क्यों आया है...जा उसी के पास।

अडैक्कलम : **(कान पकड़कर)** अब नहीं जाएगा मालिक...बस, यहीं काम करेगा।

अग्रवाल : कोई काम नहीं है तुम लोगों के लिए...हरामखोर

अडैक्कलम : इस बार माफ़ी दे दो सरकार...नहीं तो भूखों मर जाएँगे (**आगे बढ़कर पैर पकड़ लेता है। पत्नी भी ज़मीन में सिर टिकाकर हाथ जोड़ देती है**)

अग्रवाल : क्यों, वो नेता तो हलवा-पूड़ी खिलाने ले गया था तुमको...खिलाया नहीं?...अरे ये अग्रवाल ही है जो पेट भरता है तुम सब लोगों का (**पाँच-सात मज़दूर जो आकर इकट्ठा हो गये हैं, उन्हें देखकर**) देख लो, तुम सब भी...लौटकर यहीं आया (**चेहरे पर विजय का भाव**) ठीक है, लग जाओ काम पर...लेकिन अब तुम्हें चालीस रुपया ही मिलेगा...कुछ तो सज़ा भोगनी ही पड़ेगी अपने किये की।

(**अडैक्कलम की आँखें छलछला आती हैं। पैर छोड़कर हाथ जोड़कर सिर झुका लेता है। पत्नी भी हाथ जोड़कर खड़ी हो जाती है।**)

दृश्य समाप्त

अन्तिम दृश्य

(**बुझा हुआ चेहरा और मरे हुए हाथों से अडैक्कलम और उसकी पत्नी पत्थर तोड़ रहे हैं। उनका बच्चा गिट्टियों को टोकरी में भर रहा है। पीछे से कोई करुण सी धुन बजती रहती है।**)

समाप्त

मोड़

•

वीणा शांतेश्वर

एक महीने के बाद जब वह परसों आया था तो बड़ी उमंग में था। यों तो बीस सालों से उनका मिलना-जुलना रहा है, लेकिन अब की बार इतिहास-भूगोल के बारे में यों बातें करता रहा मानो पहली बार मिला हो। उम्र पचास को पार करके दो वर्ष और बीत गए हैं, फिर भी यों दिखाई दे रहा था मानों असली जिन्दगी अब आगे शुरू करने जा रहा है। जो बीत गया वह सारा महत्त्वहीन था, आसानी से भुला देनेवाला था। वह अपने में यह विश्वास बैठाने की खटपट करने लगा था कि भविष्य एक सुन्दर सपना है। वास्तव में वह बीस साल छोटा दिखाई दे रहा था।

अस्वस्थ मन से वह सोयी जगह से ही मुड़ गई। दीवार पर टँगे आदम-क़द आईने में देखा। कहीं-कहीं पके हुए बाल, आँखों के नीचे काली रेखाएँ, माथे पर दो-चार शिकन...यह क्या; बीस सालों में क्या कभी उसने एक बार भी आईना नहीं देखा? इस तरह का परिवर्तन कैसे भला उसने ग़ौर नहीं किया? आज ही क्यों अहसास होने लगा है कि उसे चालीस वर्ष हुए हैं।

उम्र क्या अकेली आप ही की बढ़ती जाती है? परसों उतनी सारी बातें करने के बाद दबी आवाज में उसने जो आख़िरी प्रश्न पूछा था; उस समय बिलकुल बीस साल पहले जैसा ही तो दिखाई दे रहा था, भला कैसे?

वास्वत में उसकी चुस्ती देखकर ईर्ष्या होने लगती है। 'यह अंबेसेडर चुनूभाई सेठ को देने का इरादा है। काफ़ी पुरानी भी है। मेरे और तुम्हारे लिए एक बेबी आस्टिन काफ़ी है। चले जाएँगे उसमें बैठकर—दुनिया के उस पार...अब तो मुझे किसी बाप का भी डर नहीं। आइ एम ए ब्रेव मैन क्या कहती हो मिनी?'

'मिनी, रिटायर होने के दिन तो आ ही गए। अब पूना छोड़कर अपनी शिरसी की ओर ही कहीं एस्टेट लेकर घर बसाना ठीक रहेगा; रहेगा न? तुम हमेशा कहा करती थी न—जंगल में झोंपड़ी बनाकर रहने को जी चाहता है। चारों ओर नारियल के पेड़, आम के पेड़, तुम्हारी प्यारी चमेली भी हो। बीच में एक पोखर भी हो,

हँ, मुझे मछलियाँ पकड़ने के लिए जो चाहिए न! उसी के किनारे हमारी झोंपड़ी हो। उसमें मैं–तुम–द ओल्ड ब्वाय एण्ड हिज़ फ़ेरी क्वीन...तुम्हारे सारे सपने साकार होंगे। कैसा है आइडिया?'

शायद मेरी आँखों की थकावट–हार की थकावट–उसने भाँप ली होगी। सहसा बात काट कर संजीदगी से उसने पूछा था; 'क्यों मिनी? अभी तक मायूस चेहरा बना रखा है? क्या तुम्हें शक है कि इतना सारा सुख हक़ीकत है या झूठ? मैंने तुमसे कभी झूठ भी कहा है?...यों तो मुझे ही रंजीदा होना चाहिए। कितना खो दिया है जिन्दगी में! चौदहवें साल में ही शादी करके शांता मेरे घर आई थी, पैंतीस सालों तक मेरे साथ जीवन बिताया, हीरे-जैसे दो सपूतों को जन्म दिया, मेरे सुख-दुःख में साझीदार रही, मुझ पर अपना सब कुछ न्यौछावर कर के आख़िर मुझे अकेला छोड़कर चली गई...अब जाकर दो महीने गुज़रे?। कितनी यादें छोड़ गई है मेरे भाग में! मुझे अभी उसके ज़िदा रहने का ही भ्रम रहता है...न न, मिनी, अपने दुःख में ही डूबे रहकर अब मैं आगे तुमसे बेवफाई नहीं करूँगा। अपनी बची हुई सारी जिन्दगी तुम्हारी खुशियों के लिए न्यौछावर करूँगा। वरना, भगवान भला क्या कहेगा...' वास्तव में उसकी आँखें डबडबा आई थीं। आगे बढ़कर उन आँसुओं को पोंछने का मन हुआ था लेकिन न जाने क्यों हाथ सुन्न पड़ गए थे। वह चुप रह गई थी।

फिर दो ही क्षणों में उसकी बातों का रंग चढ़ने लगा था, 'क्या तुम्हें याद है मिनी? शुरू-शुरू में तुम हमेशा कहा करती थीं न–बचपन से ही कन्याकुमारी के प्रति तुम्हारे दिल में एक तरह का आकर्षण है, मेरे साथ वहाँ जाने को मन करता है। और फिर हमने दो-चार बार वहाँ जाने का प्रोग्राम भी बनाया था; लेकिन, अचानक किसी झंझट के कारण रद्द करना पड़ा था। अगले माह मैं पूरे पन्द्रह दिनों की छुट्टी लूँगा। कन्याकुमारी जाएँगे, सारी रात समुद्र के किनारे बालू पर घूमते रहेंगे! तुम्हारा जी भरने तक...'

'देखो तो मिनी, भाग्य का खेल कितना अजब है! बड़े वेतनवाली नौकरी के लालच में तुम अगले हफ्ते कनाडा जाने की तैयारी में लगी हो। छह महीनों से उसके लिए काफ़ी खटपट भी करती रही हो। तुम्हारा पासपोर्ट भी मिल गया है–लेकिन अब, सारा कैंसल करना पड़ेगा, समझी! अब तुम्हें कहीं दूर जाने की ज़रूरत नहीं रही। अगर मैं जाने दूँ, तब न? और आगे तुम्हें अकेली कहीं जाने नहीं दूँगा। जहाँ भी जाए, राजा-रानी की जोड़ी-जोड़ी... ।'

'मेरा तो कहना है मिनी कि अब तुम्हारा नौकरी छोड़ देना ही ठीक रहेगा। मेरे रिटायर होने पर तो हम दोनों ही अपने एस्टेट में ही चैन से रह जाएँगे। अब मुझ पर भी क्या ज़िम्मेदारी बची है? अपने राजू की तो नौकरी लगी। शादी हुई। वह मज़े में है। गिरिजा का भी रिश्ता तय हो गया है। इस महीने के आख़िर तक

उसके हाथ भी पीले हो जाएँगे। बेचारी शान्ता को यह एक शादी देखकर जाना चाहिए था। न मिनी?–फिर मैं बिलकुल स्वतन्त्र चिड़िया की तरह रह जाता तुम्हारे पीछे-पीछे उड़ान भरने के लिए!'

फिर तपाक से बिलकुल उसके पास सरकरकर कानों में फुसफुसाहट-जैसी दबी आवाज में वह बोला था; 'अच्छा तो हम सब-रजिस्ट्रार के दफ़्तर को कब चलेंगे मिनी?' एक पल के लिए रुका था, फिर थूक निगल कर कहा था; 'और फिर जाति का भी एक सवाल है न, कहीं कोई दुश्मन टाँग न अड़ा दे। रजिस्ट्रेशन करवाना ही ठीक रहेगा। यों अगर तुम चाहती हो तो बाद में किसी मंदिर-वंदिर जाकर...'

'मैं कल ज़रा गाँव की ओर जा रहा हूँ, उस प्लाट का ख़रीद-पत्र पूरा कर लेना है। क्या तुम जानती हो मिनी कि प्लाट का बेनामा तुम्हारे नाम पर लिखवाया जा रहा है। दो-चार दिन लगेंगे। तब तक तुम सारी तैयारी किए रहो, समझी?'

उसके उल्लास को याद करते-करते सामने वाले आईने में अपना प्रतिबिम्ब अचानक ओझल हो गया। शायद खिड़की के बरसाती छींटों के कारण शीशा धूमिल हो गया होगा।

उसके सवालों का सीधा-साफ़ जवाब देते नहीं बना था। उसने कितनी सहजता से पूछा था। हमेशा ऐसे ही जिन्दगी के पेचीदे सवालों को भी आसान बनाकर हल कर देता था। उसकी यह सुलभीकरण की सामर्थ्य कोई नयी तो नहीं थी। बीस सालों से अपना जाना-माना ही है। अपने को मुश्किल लगने वाले सन्दर्भों में पहले भी वह आँखों पर पट्टी बाँधकर उसके द्वारा बताए गए रास्ते पर चल चुकी है। अगर अब भी ऐसा ही किया जाएगा तो हर कोई मामला आसान होने में शक नहीं। पहले भी उसकी हर बात पर क्या हामी भरती नहीं थी?

'तुम क्यों इतनी फ़िक्र करती हो मिनी? क़िस्मत में बदा था कि एक दिन मेरा तुम्हारा इस तरह मिलन हो। सच है कि हम बड़ी देर से मिले। लेकिन मैं ऐसा नहीं समझता कि इससे हमारे प्यार में कोई कोताही हुई है। लोगों की नज़र में यह ग़लत है, पाप है–मानता हूँ। लेकिन मैं इसे हरगिज़ पाप नहीं मानता। मिनी, मैं तुमसे कितना–कितना प्यार करता हूँ। तुम्हीं बताओ? क्या इसे पाप कहें? ग़लत कहे?' उसकी आवाज़ में आँसू थे। वे इतने तेज़ थे कि उसकी बातों को नकारना संभव ही नहीं था।

'लोगों की बात पर हम क्यों अपना सिर खपाएँ मिनी? लोगों की ग़रज़ मुझे कभी नहीं रही है। इस मामले में मैं खुद अपनी बीवी की भी नहीं सुनता। समझ लो कि एक दिन उसे इसका सारा पता चल गया। तब मैं उसे साफ़-साफ़ कह दूँगा–हाँ मैं मीनाक्षी से बेशक प्यार करता हूँ। भले ही मीनाक्षी के साथ भाँवर न पड़े हों। हम दोनों की शादी भगवान की गवाही में हुई है। मैं तुम्हारा हाथ नहीं

छोड़ूँगा मिनी। मैं किसी से डरता नहीं। मुझ पर विश्वास करती हो नऽ...?' सीना तान कर खड़ी हुई उसकी भव्य आकृति, उद्वेग में निकला हुआ माथे का पसीना, आवाज़ में अटल विश्वास...भला वह कैसे विश्वास नहीं करती।

'तुम पूछती हो मिनी कि मैं तुमसे क्यों प्यार करता हूँ। भला क्या बताऊँ? अगर किसी मतलब से किया गया तो वह सच्चा प्यार कैसे होगा? प्यार के माने–इट जस्ट हैपेन्स...उससे मतलब या अंजाम का कोई सम्बन्ध नहीं।' उसका यह तर्क अपने को कभी ग़लत नहीं लगा था।

अपनी जिन्दगी में ऐसे भी दिन देखने में आए हैं जबकि उसके दिलेर होने का अहसास हुआ है।

'परसों तुमने जोग जाने की बात कही थी न; तब से उसी के बारे में सोच रहा हूँ। मिनी चाहे कुछ भी हो जाए पक्का इरादा करके छुट्टी ले ली है। शान्ता से कह दिया है कि दफ़्तर के काम पर बंबई जाना है। अब जोग-प्रपात के नीचे तुम्हारे साथ कानों के परदे फाड़ने वाली वह आवाज़ सुनते हुए जब भीगता खड़ा रहूँगा तो अहसास होने लगेगा कि इतनी परेशानी उठाना बेकार नहीं गया।' जोग के साए में जेब से छोटा सा काग़ज़ का टुकड़ा निकाल कर उसने पेंसिल से जो पंक्तियाँ लिखकर दी थीं वह आज भी गोदरेज की आलमारी में रेशम की साड़ी की तह में सुरक्षित हैं।

'ओफ़ मिनी, क्या डर गईं? रात के बारह बजे हैं न अब? सभी के खर्राटे भरने का वक्त, अचानक तुम्हारी याद हो आई। इस जाड़े में तुमसे गरम-गरम लिपटकर सोने का मन हुआ। उठकर सीधा चला आया...। मैं जानता था–ऐसी बरसात, अँधेरे, जाड़े में तुम्हें मेरी याद आती रहती है। देखो, मैं पागल सा बन गया हूँ तुम्हारी ख़ातिर...।' अन्दर आने तक भी सब्र नहीं था। दरवाज़े में ही उससे लिपट गई थी। उसके पागलपन पर बिलकुल शक नहीं था।

'नींद लगी मिनी? ज़रा इधर मुड़ो तो सही...मिनी; मुझे एक बात का हमेशा ताज्जुब होता है। बात यह है कि तुम्हारे सहवास में मुझे जो एक तरह का अजब सुख मिलता है–परमानंद, सच्चिदानंद, ब्रह्मानंद जो कहा जाता है न, शायद वही–मेरी बीवी के सहवास में कभी नहीं मिला। मुझे अहसास है कि सच्चे अर्थ में मैंने उससे प्यार किया ही नहीं। बीवी के बारे में मेरे दिल में जो भावना है वह सिर्फ सेन्स ऑफ ड्यूटी है। अगर किसी दिन वह तुम्हारे बारे में पूछेगी तो साफ़-साफ़ यह बात कह दूँगा...' उसकी सफ़ाई हमेशा मीनाक्षी को उससे भी कहीं ज्यादा साफ़ लगती थी।

'मेरे लिए शांता सिर्फ़ एक साधन मात्र है। यानी ज़िन्दगी का एक साधन। तुम वह नहीं हो। मेरे लिए तो यू आर एन एण्ड! मेरी ज़िन्दगी की आख़िरी मंजिल...'

'देखो मिनी, तुम नाहक परेशान हुआ करती थीं कि अगर तुम्हारा कहीं दूर

तबादला हो जाएगा तो हम यों हमेशा मिल नहीं पाएँगे। अब तुम्हें विश्वास हुआ कि नहीं। अगर तुम दुनिया के उस छोर भी चली जाओ तो मैं आदतन बराबर आता ही रहूँगा। यह लम्बा सफ़र, छुट्टी की झंझट, घरवालों का डर—कुछ नहीं।' सौ-पचास मील उस पार से जब वह सिर्फ़ अपनी भेंट के लिए ही आता तो उसके थके चेहरे को देखकर अहसास होने लगता था कि शायद जीवन की सार्थकता यही है।

'कभी-कभी मुझे क्या अहसास होने लगता है, जानती हो? इस तरह छिप-छिपकर मिलते रहने के बदले में सभी के सामने अपना रिश्ता बता दूँ। वह गैर-क़ानूनी होगा, जानता हूँ। लेकिन प्यार के लिए कौन साला भला कानून लागू करता है? हम घर बसाएँगे। बच्चे पैदा करेंगे। हमारा बेटा मेरी भाँति बहादुर बनेगा। तुम्हारे जैसी उसकी खूबसूरत बड़ी-बड़ी आँखें होंगी...। खुल्लमखुल्ला ज़िन्दगी बसर करेंगे। तुम क्यों घबराती हो? इससे मेरे बीवी-बच्चों के साथ बेइंसाफी भी नहीं होगी। पचास हज़ार का बीमा करवाया है उनके नाम पर। घर है। खेत हैं। नक़द है। यों तो मैं उन्हें पूरी तरह छोड़ता भी कहाँ हूँ। जब कभी तुमसे फुरसत मिलेगी जाकर मिल आया करूँगा...। क्या खयाल है?' उन बातों के ठोसपन में ऐसा विश्वास बैठ जाता था कि वह अपने-आपको बेहद धन्य समझने लगती थी। उस ठोसपन को आज़माने की ज़रूरत उसे कभी महसूस नहीं हुई थी।

परसों जो उसने पूछा था वह वास्तव में अहम प्रश्न ही था। लेकिन अनपेक्षित भी नहीं। बीस सालों से क्या इसी प्रश्न का इंतज़ार नहीं करती रही थी? यों तो लाज़मी नहीं कि इस प्रश्न का जवाब अपने को देना ही पड़ेगा। भला इसमें नए सिरे से सोचने की बात भी क्या है? यह प्रश्न और इसके जवाब में अपना हृदय पंख फैलाकर आसमान में उड़ान भरने लगता है, उड़ता ही जाता है—हज़ारों बार इसका रिहर्सल नहीं हुआ है—उसके मन में? जवाब देने की ज़रूरत ही नहीं। वह सभी प्रश्नों के जवाब खुद जानता है। यों तो उसके प्रश्न ही जवाब के रूप में होते हैं। उसने कभी कोई प्रश्न अपने सामने रखा ही नहीं। खुद वही जवाब भी बताकर अपना काम आसान बना देता है...

'देखो मिनी, मैं ज़रा मुसीबत में हूँ। जब से मेरे तुम्हारे रिश्ते का पता चल गया है, शांता एकदम डाइन बन गई है। आने-जाने वाले हर बूढ़े-बच्चे के सामने रो-धोकर हंगामा मचाने लगती है। चार लोगों में मेरी इज़्ज़त-आबरू का सवाल है। कुछ-न-कुछ कर-धरकर पहले उसे मनाना होगा। क्योंकि इसमें उस बेचारी का तो कोई दोष नहीं है। इसीलिए मुझे उसके बारे में बड़ा बुरा लगता है...लेकिन आई एम ए ब्रेव मैन मैं तुम्हारे पास बराबर आता रहूँगा। फ़र्क यही कि पहले की भाँति हमेशा शायद नहीं आ सकूँगा। न भी आ सकूँ तो भला क्या बिगड़ेगा? तुम बुरा न मानोगी तो बस है। क्योंकि उससे मेरा प्यार तो कम होगा नहीं। है न?' वह

थे उसके प्रश्न उत्तर। इसका काम सिर्फ हामी में सिर हिलाने भर का था।

'शांता बेचारी, मुझे ही भगवान मान बैठी है। कहती है कि अगर मैं तुम्हें छोड़ूँगा नहीं तो वह मर जाएगी। और वह है भी बदकर मरने वाली ही। बड़ी ज़िद्दी है। इस तरह नाहक एक जीव की हत्या करना क्या ठीक है मिनी? मैं जानता हूँ कि तुम तो इसे हरगिज़ पसन्द नहीं करोगी। मुझे डर है कि नन्हे-मुन्ने बच्चों को छोड़कर कहीं तालाब में डूबकर वह मर न जाए। ऐसा होना नहीं चाहिए न? लेकिन तुम कुछ फ़िक्र मत करो। मैं हमेशा तुमसे प्यार करता रहूँगा। बात यही कि तुम्हारे यहाँ आना—तुम्हारे साथ रहना वग़ैरह कुछ चौकसी के साथ, लोगों की नज़र बचाकर करते रहना पड़ेगा। मैं सब ठीक कर लूँगा। तुम फ़िक्र मत करो।'

इसने फ़िक्र करना छोड़ दिया था।

'मिनी, मेरी सिर्फ़ यही मंशा है कि शांता मरने न पाए। इधर धीरे-धीरे महसूस होने लगा है कि मुझे उसकी कितनी जरूरत है। इतने सालों में उसके बारे में कभी सोचा ही नहीं था। मेरे बच्चों को पैदा किया, पाल-पोसकर बड़ा किया और अगर वह मर जाएगी तो बच्चों को कितनी दिक्कत होगी? उसके दिल को तसल्ली देना मेरा फ़र्ज है। लेकिन तुम बिलकुल फ़िक्र मत करो मिनी। इसमें फ़िक्र करने की बात भी क्या है? तुम्हारी तो नौकरी है ही। कोई ज़िम्मेदारी भी नहीं। और समझ लो कि इतने पर भी अगर कोई मुसीबत आ भी जाए तो मैं जो रहूँगा न! मैंने तुमसे कभी का कह दिया है कि चाहे जो भी हो जाए मैं तुम्हारा हाथ कभी नहीं छोड़ूँगा। शांता का कहना है कि यह पाप है। ग़लत है। ग़लती की है। पाप किया है। लेकिन दी हुई बात से मुकर जाने वाली औलाद मैं नहीं हूँ। मैं बेशक आता रहूँगा तुम्हारे पास—जब कभी फ़ुरसत मिले। मिनी, ज़रा मेरी तरफ़ तो देखो। मेरी नज़रों से नज़र तो मिलाओ। अब बताओ—क्या तुम्हें मुझ पर शक होता है?'

नहीं, इसे कभी शक नहीं हुआ था।

बेशुमार रातें—पानी बरसता रहता था। चाँदनी छिटकी रहती थी। घना अँधेरा छाया रहता था। बदन चीरने लायक जाड़ा रहता था। अपने छोटे से घर के आँगन में वह बड़ी रात तक चुपचाप प्रेत बनकर खड़ी रहती थी। आधी रात के बाद लौटकर घर के अन्दर चली आती थी।

दफ़्तर के काम पर कभी-कभी उसे बाहर जाना पड़ता था। दफ़्तर की वेन, उसमें दाँत निपोरते रहने वाले दो एक सहयोगी मर्दमाने, होटलों में काले चश्मे के भीतर से कनखियों से घूरने वाले मैनेजर लोग; सड़कों पर आँखें फाड़-फाड़कर देखने वाले लोगों के बीच चलते-फिरते रहना, जब कभी बसों में सफ़र करना पड़ता है तो दिल में घबराहट रहती है कि अपनी बग़ल में कौन आकर बैठेगा और बैठकर बिन चूके ऊँघने लगता है तो न जाने किस करवट झोंका आकर टूट पड़ेगा। लौट कर जब घर आ जाती तो दो दिनों तक चादर तानकर सोई रहती थी। जब कभी

तनहाई से बेहद तंग आ जाती तो पड़ोसियों के बच्चे थे मन बहलाने वाले। मुन्ने को कैडबरीस् क्रिस्प् बहुत भाते हैं। आशा, लता की आँखें तो ड्राइंग-रूम के शो-केस में रखी गुड़ियों पर ही गड़ी रहती हैं। पप्पी को उसकी पीठ पर घुड़सवारी करने में बड़ा मज़ा आता है। अँधेरा होने पर बच्चों को उनके घरों तक छोड़ आती, खाना खाये बिना बिस्तर पर लुढ़क जाती और पड़ी-पड़ी सोचने लगती, 'उन बच्चों में आगे चलकर न जाने कौन होनहार बनेगा, किसकी आँखें चमकदार और बड़ी-बड़ी हैं' उसके अनजाने में ही पता नहीं कब भोर का तारा चमक जाता था।

वह जानता नहीं था ऐसी बात नहीं। यों तो वह बड़ा चालाक है। भले ही कभी-कभार ही आता हो लेकिन वह सब कुछ जान जाता था। 'मिनी, यों तो तुम्हारा त्याग बड़ा महा़न् है। पन्द्रह साल बीत गए हम दोनों को मिलते हुए। दोनों की आधी उम्र कट गई। तुमने मेरे लिए बहुत कुछ सहा है। एक दिन ऐसा भी ज़रूर आएगा जब मुझे तुम्हारे त्याग का क़र्ज ब्याज के साथ चुकाने का मौका मिलेगा...।' जब वह अपने सीने-से दबाकर बालों में उँगलियाँ फेरते हुए भर्राई आवाज़ में कहने लगता तो वह त्याग–क़र्ज़ा–सहनशीलता–ब्याज सब कुछ भूल जाती।

'मैं जानता हूँ मिनी आम औरतों की तरह पति और बच्चों के साथ बिना किसी के डर के घर बसाकर चैन से रहने को तुम्हारा भी जी चाहता है। अगर मेरा और तुम्हारा प्यार सच्चा है तो मुझे विश्वास है कि ऐसा दिन भी ज़रूर आएगा। तुम तो उसी भरोसे पर जिए जा रही हो। वह भरोसा एक दिन हक़ीक़त बन सकता है। भविष्य को किसने देखा है?'

'सॉरी मिनी। तुम इंतज़ार करती रहती हो, यह जानते हुए भी इस बार दो महीनों तक तुम्हारी तरफ़ आ नहीं सका। राजू को कॉलेज में दाख़िल करवाने की गड़बड़ी थी। इन दिनों शांता को ब्लड-प्रेशर की तकलीफ़ भी शुरू हो गयी है। घर बनवाने का काम भी चला हुआ है। सारे झंझटों से कैसे बहाने बनाकर आया हूँ, देखो। मैं जानता था कि तुम पलक-पाँवड़े बिछाकर इंतज़ार करती रहती हो। इसलिए भाग आया। तुम्हारे यहाँ आने में मुझे किसी बात का डर नहीं...आई एम ए ब्रेव मैन।'

'मिनी, अगर तुम ना़राज़ न होगी तो एक बात कहता हूँ। अगले इतवार को अपना महाबलेश्वर जाने का प्रोग्राम जो था न उसे स्थगित करेंगे। शांता ने अपने कुल देवता से कुछ मनौती की है मेरे प्रमोशन के लिए। अब मनौती चढ़ानी है तुम नाराज़ तो नहीं होगी न? मैं जानता हूँ तुममें बहुत समझदारी है। तुम्हारी-जैसी समझदारी, तुम्हारा-जैसा सहयोग, मैं शांता से आशा भी नहीं कर सकता...क्यों, बुरा लगा? तुम्हें महाबलेश्वर जाने का बड़ा चाव था न? बड़ी तैयारी भी कर रखी थी। तुम्हें बुरा लगने का मुझे अहसास है। मिनी, मैं कोई पत्थर तो नहीं हूँ...'

उसमें सच्ची सहानुभूति थी, सच्ची हमदर्दी थी; मिनी को वह कभी पत्थर

जैसा महसूस ही नहीं हुआ था।

भरी दुपहरी में ही मिनी की पलकें भारी होने लगीं। अलसायी आँखें, बोझिल सिर, बोझिल तनबदन। आँखों के सामने चारों ओर अँधेरा...कैसी-कैसी आकृतियाँ कौंध कर ग़ायब होने लगी हैं—तरह-तरह के लोग, वे लोग जब वह सड़क से गुज़रती तो छिप-छिपकर फुसफुसाते रहनेवाले; उससे टॉफी लेकर अपनी माँ के आँचल में जाकर छिप जानेवाले गैरों के बच्चे; उन सभी के बीच बड़ी-बड़ी आँखोंवाला, ऊँचे कद का कोई वीर सैनिक...

कोई कर्कश आवाज़ में रो रहा है।

कभी का बिछुड़ा अपने बाप का प्रेत तो नहीं?

कोई ठहाका मारकर हँस रहा है।

माथे पर सिन्दूर, जूड़ा भरकर फूल, नई साड़ी में सजकर अर्थी पर बाँधी गई, सभी से 'भाग्यवान' कहलानेवाली शांता की लाश तो नहीं?

शांता, वाकई तुम भाग्यवान थीं। तुम्हारा पति तुमसे बेहद प्यार करता था। क्या तुम जानती हो कि इस बात का पता तुम्हारे पति को कैसे लगा? मेरे जरिए, री, मेरे जरिए। आई वाज़ द मीन्स। बड़ा मज़ेदार है न! ह ह ह...

'अच्छा तो, अगर तुम ब्लड-प्रेशर से कूच न करती—अगर न कर जाती—खैर; अपने बस में भला क्या है? सभी भगवान की मर्ज़ी। तुम्हारा मरना भी भगवान की मर्ज़ी थी। तुम्हारी मौत एक साधारण घटना थी। लेकिन उसका परिणाम—हाँ, जब उसका कोई परिणाम हो तो वह साधारण घटना कैसे बनती ? वह एक कारण था। उसका परिणाम—'

'अच्छा तो मिनी, हम कब चलेंगे सब-रजिस्ट्रार के ऑफ़िस को?'

वह तपाक से उठी। दृढ़ क़दमों से चलकर टेबल के पास जा बैठी। दराज़ से सफ़ेद कागज़ निकालकर उस पर इतने इतमीनान से लिखा मानो छुट्टी का पत्र लिख रही हो, 'मुझे माफ़ करना। कनाडा का प्रोग्राम अब कैंसिल नहीं किया जा सकता। बड़ी देर हो गयी। कल ही मैं उसकी तैयारी के लिए बंबई जा रही हूँ। तुम्हारे लौटकर आने तक मैं नहीं रहूँगी। हमारे रास्ते मुड़ गए हैं। गिरिजा की शादी धूम-धाम से करना। उसे मेरा आशीर्वाद पहुँचाना। तुमसे ज़्यादा कहने की ज़रूरत नहीं—यू आर ए ब्रेव मैन।'

डाक पोस्ट करने के लिए नौकर के हाथ तुरन्त चिट्ठी भिजवा दी और अगले दिन की ट्रेन में रिज़र्वेशन के लिए वह खुद स्टेशन की ओर चल पड़ी।

(कन्नड़ से अनूदित : भालचन्द्र जयशेट्टी)

मोड़

कन्नड़ कहानी

●

लेखिका–वीणा शांतेश्वर
पटकथा–मन्नू भण्डारी

(मीनाक्षी का ड्राइंग-रूम। नायक दीवान पर लेटा कोई अख़बार या पत्रिका पढ़ रहा है। मीनाक्षी भीतर से चाय लेकर आती है। नायक उठकर बैठ जाता है। मीनाक्षी चाय बनाती है। नायक एकटक उसे देख रहा है, मुग्ध-भाव से)

नायक : कैसी अजीब बात है मिनी...अभी तुम्हारे घर आए कुल चौबीस घण्टे ही तो बीते हैं, पर लग रहा है, जैसे इसी तरह हम लोग साथ-साथ रह रहे हैं, बरसों से।...तुम्हें ऐसा नहीं लग रहा?

मिनी : चाय में चीनी?

नायक : अरे यह क्या...तुम भूल गईं? मुझे तो तुम्हारी...

मिनी : **(बात बीच में ही काटकर)** बढ़ती उम्र के साथ लोग या तो चीनी छोड़ ही देते हैं या कम कर देते हैं।

नायक : ओ हो!...तो तुम मुझे बढ़ती उम्र की याद दिलाना चाह रही हो...लेकिन मुझे तो कल से लग रहा है जैसे मेरी उम्र के दस साल कम हो गए—मैं तो अपने को बहुत यंग महसूस कर रहा हूँ। तुम्हें ऐसा नहीं लग रहा? **(मिनी जवाब नहीं देती। चाय का प्याला बढ़ा देती है। नायक एक क्षण ग़ौर से मिनी को देखता है।)** क्या बात है मिनी...तुम इतनी चुप क्यों हो? **(मिनी चुप)** नाराज़ हो मुझसे...पूरा हक़ है तुम्हें नाराज़ होने का...कितना सहा है तुमने मेरे लिए...कितना त्याग किया है...तुम क्या सोचती हो मुझे अहसास नहीं है इस बात

का?...पत्थर नहीं हूँ मिनी मैं...सच कहता हूँ, हर पल तुम्हारे दुख से दुःखी रहा हूँ...अपराध की भट्ठी में झुलसता रहा हूँ मैं...और कोई चाहे जाने न जाने, पर तुम ज़रूर जानती हो इस बात को **(मिनी चुप)** क्या तुम्हें भी विश्वास नहीं हो रहा मेरी बात पर?

मिनी : तुम्हारी किसी भी बात पर कभी अविश्वास किया है मैंने?

नायक : **(प्रसन्न होकर)** जानता हूँ...जानता हूँ...इसी विश्वास की डोर थामे-थामे तो चला आया हूँ तुम्हारे पास।...पिछले पाँच साल से मिलना-जुलना चाहे नहीं के बराबर रह गया था हमारा लेकिन मन से एक क्षण के लिए भी कभी अलग हुए हैं हम?...हो ही नहीं सकते—**(स्वर को बहुत कोमल और भावुक बना कर)** तुम तो मेरे मन में इतने गहरे तक धँसी हुई हो मिनी कि...यू आर ब्लड ऑफ माई ब्लड एण्ड सोल ऑफ माई सोल... तुमसे ज़्यादा अच्छी तरह इस बात को और कौन जानता है भला!

मिनी : चाय तुम्हारी ठण्डी हो गई शायद... दूसरा कप बना दूँ? **(उसका प्याला सरकाती है अपनी तरफ। नायक का ध्यान जाता है कि मिनी उसकी बातों में कोई भाग नहीं ले रही)** तुम कुछ बोलती क्यों नहीं...बहुत मायूस सी भी लग रही हो...क्या बात है? **(मिनी चुप)** ओह समझा! तुम्हें शायद विश्वास नहीं हो रहा कि सुनहले भविष्य का ये जो नक्शा मैंने तुम्हारे सामने फैला दिया, यह हक़ीक़त है या झूठ?...अरे मुझे खुद ही एकाएक कहाँ विश्वास हुआ था, लेकिन अब सारे संशय मन से निकाल दो **(मिनी सिर्फ़ पैनी नज़रों से उसे देखती है)** अपनी बची हुई सारी ज़िन्दगी तुम्हारी खुशियों के लिए ही न्यौछावर करूँगा मैं...तुम्हारी सारी अधूरी इच्छाएँ पूरी करूँगा...इतने वर्षों तक जो नहीं दे पाया, वह ब्याज समेत चुकाना है मुझे...चुकाऊँगा क़सर नहीं रखूँगा ज़रा भी **(मिनी का हाथ अपनी दोनों हथेलियों में दबा कर उसके चेहरे पर नज़रें गड़ा देता है...विभोर और प्यार भरी नजरें। मिनी धीरे से अपना हाथ खींच लेती है, जिससे उसका विरोध नहीं बल्कि उदासीनता प्रकट होती है। खाने की प्लेट आगे बढ़ाते हुए)**

मिनी : तुमने कुछ खाया नहीं?

नायक : शायद तुम सोच रही हो कि लोगों के डर से मैं कहीं बिदक

न जाऊँ! **(घोषणा सी करते हुए)** बिल्कुल नहीं...जानता हूँ, मित्र, परिचित परिवार...सभी तो कहेंगे कि पत्नी को मरे दो महीने हुए और बड़े-बड़े बच्चों के रहते दूसरा विवाह रचा कर बैठ गया...लेकिन तुम्हारे प्रति कितनी ज्यादती कर बैठा हूँ मैं, यह क्या मैं जानता नहीं...अब मैं किसी की परवाह नहीं करूँगा...वैसे भी मैं नहीं डरता किसी से, आइ एम ए ब्रेव मैन।

मिनी : **(नायक की बातों से एकदम अनछुई सी)** गर्मी कुछ ज़्यादा नहीं हो गई—मैं पंखा तेज़ कर देती हूँ **(उठ कर रेग्युलेटर घुमा देती है—वापस आकर बैठती है, नायक मिनी की इस उदासीनता और ठंडेपन को लक्ष्य करके पुरानी बातों का हवाला देना शुरू करता है)**

नायक : याद है मिनी, तुमने एक बार बम्बई का जुहू देखने की इच्छा प्रकट की थी और मैं सब कुछ छोड़ छाड़ कर कैसे तुम्हें लेकर उड़नछू हो गया था...आह, तुम्हारे साथ बिताए वे दिन...

फ़्लैश बैक

(करीब पन्द्रह वर्ष पूर्व का समय। दोनों आज की अपेक्षा युवा दिख रहे हैं। जुहू पर दोनों हाथ पकड़े घूम रहे हैं। पानी के भीतर तक जाते हैं...लहरों के आने पर मिनी नायक से लिपट जाती है।)

कट

(रेत में मिनी की गोद में सिर रखकर नायक लेटा है।)

नायक : मिनी, सच कहता हूँ तुम्हारे साथ इस तरह आकर मुझे एक क्षण के लिए भी तो नहीं लगता कि मैं कुछ ग़लत कर रहा हूँ...कुछ अनैतिक या पाप। **(मिनी को अपनी ओर खींचते हुए।)** अच्छा, तुम्हीं बताओ...प्यार को पाप के साथ कैसे जोड़ा जा सकता है?

मिनी : **(प्यार से उसके दोनों गालों को चपतियाते हुए)** हाँ, नहीं जोड़ा जा सकता...बिल्कुल नहीं जोड़ा जा सकता।

नायक : तुम्हारे मन में तो कभी किसी तरह का संशय नहीं उठता?

मिनी : **(इठलाते हुए)** क्यों उठेगा?...देखो, जब तुम मेरे साथ रहते हो तो न मुझे कोई संशय होता है, न डर...बस सिर्फ़ खुशी होती है...खूब-खूब सारी खुशी।

नायक : तुम्हारा यह अल्हड़ खुला रूप ही तो मुझे मुग्ध करता है...आम औरतों से कितनी अलग हो तुम!

मिनी : अच्छा-अच्छा, हो गई काफ़ी तारीफ़...अब उठो। देखो, ये गरजती-उफनती लहरें हमें बुला रही हैं...इनमें डूब कर...

नायक : हम एक-दूसरे में डूब जाते हैं...

मिनी : तो फिर यहाँ रेत में लेटकर अलग-अलग क्यों रहें? **(हाथ पकड़ कर घसीटती हुई ले जाती है।)**

कट

नया दृश्य

(कुछ महीने बाद का समय। नायक हाथ में पैकेट लिये मिनी के कमरे के बाहर खड़ा है। मिनी आती है।)

मिनी : **(आश्चर्य से)** तुम्हें कैसे मालूम पड़ा कि मैं आज जल्दी घर आ गई हूँ?

नायक : तुम्हारी मिनट-मिनट की खबर रहती है मेरे पास!

मिनी : **(हँसकर)** जासूसी करते रहते हो क्या मेरी?...और ये पैकेट क्या है? **(नायक पैकेट बढ़ा देता है। मिनी खोलकर देखती है तो साड़ी निकलती है। आनन्द और आश्चर्य से)** तुम्हें कैसे पता चला कि यह साड़ी मुझे पसन्द आई थी।

नायक : उस दिन घूमते समय तुम्हारी नज़र कुछ समय तक शो-केस में टँगी इस साड़ी पर टिकी रही थी। बऽस मैं समझ गया।

मिनी : **(बेहद गद्गद भाव से)** अरेऽऽ इस हद तक मन की बात समझ लेना तो बहुत ख़तरनाक भी हो सकता है।

नायक : हाँ, सँभलकर रहना **(दोनों हँस पड़ते हैं।)**

कट

नया दृश्य

(कुछ दिनों बाद। सर्दी की रात। नायक मिनी के घर

की कॉल बेल बजाता है। मिनी दरवाज़ा खोलती है. ..नायक को देखकर अवाक्।)

नायक : डर गईं? सर्दी की इस रात में तुम्हारे पास आने के लिए मन छटपटाने लगा तो निकल पड़ा...रात ग्यारह बजे इस तरह चले आना पागलपन लग रहा है न...(**मिनी को बाँह में भरकर भीतर ठेलते हुए**) पागल ही तो बना रखा है तुमने!

कट

(वही समय, वही घर। मिनी और नायक एक ही कम्बल में लिपटे हुए दीवान पर बैठे हैं। सामने कॉफी के दो प्याले रखे हैं।)

मिनी : बहुत कोशिश की लेकिन कुछ नहीं हुआ! आज मेरे तबादले के ऑर्डर्स आ ही गये। (**रुआँसे से स्वर में**) तुमसे अलग होकर कैसे रहूँगी मैं? (**कुछ देर दोनों चुप रहते हैं**)

नायक : (**अपने को साध कर**) तुम बिल्कुल परेशान नहीं होओगी। तुम जहाँ भी जाओगी, मैं तुमसे मिलने इसी तरह बराबर आता रहूँगा। तुमसे मिले बिना रहा जाएगा मुझसे (**मिनी की पीठ सहलाता है...दुलराता है, फिर भी मिनी के आँसू निकल आते हैं। उन्हें पोंछते हुए**) नहीं-नहीं, मिनी सिर्फ़ हँसती-खिलखिलाती है...रोती नहीं। और करने दो तबादला तुम्हारे डिपार्टमेण्ट वालों को...मैं बहुत जल्दी ही अपनी मिनी के लिए एक नया एपॉइण्टमेण्ट लेटर भेज कर उसे वापस यहाँ बुला लूँगा...एक बहुत ऊँची और स्थायी नौकरी पर। (**उसकी तरफ़ देखकर मुस्कराता है...मिनी के चेहरे पर प्रश्नवाचक भाव उभर आता है। कुछ देर चुप रहकर थोड़ी गम्भीरता से**) मैंने तय कर लिया है कि अब बहुत जल्दी ही मुझे अपने सम्बन्धों को कोई रूप दे देना चाहिए। मानता हूँ कि यह ग़ैर-कानूनी होगा, पर प्यार के लिए कौन साला कानून लागू करता है। उसके बाद हम खुल्लम-खुल्ला ज़िन्दगी बसर करेंगे...नहीं डरता मैं किसी से...

मिनी : (**शंका और संशय के भाव से**) लेकिन...

नायक : (**बीच में ही**) लेकिन-वेकिन कुछ नहीं...एक दिन धीरज से बैठकर शान्ता को समझाना होगा अब...उसे इस सच्चाई को स्वीकारना ही होगा। (**कुछ क्षण रुक कर**) बिना कुछ देखे-सोचे माँ-बाप ने शादी कर दी...और इतने वर्षों से इस सम्बन्ध को

एक तरह से ढो ही रहा हूँ। यह भी सच है कि शान्ता एक सीधी सरल, सच्ची औरत है, जिसकी दुनिया मुझसे शुरू होती है और मुझ पर ही खतम हो जाती है...लेकिन **(बेहद दुख-परेशानी और मजबूरी के साथ)** लेकिन क्या कॉमन है हम दोनों के बीच, कुछ भी तो शेयर नहीं कर सकता मैं उसके साथ...एक छत के नीचे दो अजनबियों की तरह ही तो रहते हैं हम लोग! **(खीज और गुस्से से)** पर आख़िर कब तक...और क्यों? **(क्षणिक विराम)**...शान्ता मेरी ज़िन्दगी के लिए सिर्फ़ साधन है... जस्ट ए मीन्स पर तुम! तुम तो मेरी ज़िन्दगी हो...मेरी पूरी समूची ज़िन्दगी...**(निर्णय सुनाने के ढंग से)** और अब मैं अधिक दिनों तक अपनी ज़िन्दगी को नकार नहीं सकता।

(नायक इस सारे संवाद को तोड़-तोड़ कर बोलता है...पर बहुत ही नाटकीय ढंग से।)

मिनी : क्या यह ठीक होगा? **(काफ़ी देर सोचने के बाद वह यह प्रश्न पूछती है...उसके मन में जैसे संशय है)**

नायक : ग़लत क्या है इसमें?...शान्ता के साथ भी बेइन्साफ़ी नहीं करूँगा मैं! घर, खेत, नक़द सब उसके नाम रखूँगा...उसे निभाऊँगा...अपनी ज़िम्मेदारी से मुँह मोड़ने वाला आदमी नहीं हूँ मैं।

मिनी : **(इस उलझी हुई परिस्थिति से परेशान सी)** पता नहीं क्यों, कभी-कभी लगता है मैंने बहुत ग़लत क़दम उठा लिया है...मुझे शायद लौट जाना चाहिए–

नायक : **(मिनी के दोनों हाथ पकड़कर)** नहीं मिनी, नहीं! ऐसी बात तुम भूलकर भी मत सोचना...तुम लौट गईं तो मैं जिऊँगा किसके सहारे। जानता हूँ, तुम्हारे मन में भी सपना होगा घर का...बच्चों का...मैं अब उसे पूरा करना चाहता हूँ, करूँगा...क्योंकि वह मेरा अपना सपना भी तो है। बस, तुम ज़रा सा–

मिनी : **(बीच में ही)** वह बात नहीं है, लेकिन **(बहुत असहाय सी नज़रों से देखकर)** मेरी कुछ भी समझ में नहीं आता कि मैं क्या करूँ?

नायक : **(मिनी के दोनों कन्धे पकड़कर उसे पूरी तरह आश्वस्त करते हुए)** तुम्हें कुछ भी सोचने समझने की ज़रूरत नहीं है...बस, अपने को पूरी तरह मुझ पर छोड़ दो और मैं जैसा कहता जाऊँ, वैसे करती चलो।

मिनी : छोड़ ही तो रखा है **(उसके कन्धे पर सिर टिका देती है)**

फ्लैश बैक समाप्त

(नायक और मिनी उसी तरह बैठे हैं। नायक के साथ बहुत गहरे से जुड़ी, उसकी हर बात पर विश्वास करने वाली भोली, खुश-मिजाज मिनी की तुलना में यह मिनी बहुत गम्भीर और उदासीन दिखाई देती है।)

नायक : कहाँ तक याद दिलाऊँ मिनी...तुम्हारे साथ बिताए दिनों की पूरी एलबम बनी हुई है मेरे मन में...कोई भी दृश्य ज़रा सा भी तो धुँधला नहीं हुआ है...होगा भी कैसे...कितना गहरा तो प्यार था हमारा तुम्हीं बताओ, भूल सकी हो तुम कुछ भी?

मिनी : चाय का दूसरा प्याला बनाऊँ?

नायक : तुम छोड़ो न चाय-वाय! मेरी बात सुनो...पूरी योजना बनाकर लाया हूँ मैं। देखो अगले महीने गिरिजा की शादी कर दूँगा...रिश्ता तो शान्ता ही पक्का कर गई थी!...कितना अच्छा होता शादी भी वह अपने हाथों ही करके जाती **(एकाएक शान्ता की याद उभर आती है)** कितनी उमंग थी इस शादी की उसके मन में...वैसे मैं भी उतनी ही धूमधाम से शादी करूँगा...इस फ़र्ज़ में ज़रा भी कोताही नहीं करूँगा...आख़िर शान्ता घर और बच्चों के लिए ही तो सारी ज़िन्दगी अपने को होम करती रही...इससे शान्ता की आत्मा को बड़ी शान्ति मिलेगी। **(कुछ देर को नायक चुप—मिनी ग़ौर से उसका चेहरा देखती रहती है। नायक सहज होकर फिर वर्तमान में लौट आता है—)** अच्छा छोड़ो,...उसके बाद मैं जल्दी ही रिटायरमेण्ट ले लूँगा...अब नहीं करनी नौकरी...अब तो सारा समय बस, तुम्हारे साथ ही गुज़ारना है।...नौकरी के साथ ही पूना भी छोड़ दूँगा मैं... **(हिक़ारत से)** ये ऑफ़िस के लोग, पूना के लोग...जीना हराम कर देंगे...यों मैं किसी से नहीं डरता लेकिन नहीं चाहता कि तुम्हें अब किसी भी टेंशन में गुज़रना पड़े। यों भी नई ज़िन्दगी नई जगह से ही शुरू करेंगे हम लोग **(हँसता है)** शिरसी में एक एस्टेट खरीदने की बात पक्की कर ली है मैंने—यहाँ से रात को सीधे वहीं जाना है, खरीद-पत्र तैयार करने **(मिनी की ओर ज़रा सा झुककर धीरे से जैसे कोई रहस्य बता रहा हो)** एस्टेट का बेनामा तुम्हारे ही नाम से तैयार करवाया है मैंने **(अपनी बात की प्रतिक्रिया देखने के लिए गौर से मिनी का चेहरा देखता है...मिनी वैसे**

ही भाव-शून्य...उसे उकसाने के लिए) तुम हमेशा कहा करती थीं न कि जंगल में झोंपड़ी बनाकर रहने को जी चाहता है। चारों ओर नारियल के पेड़ हों, आम के पेड़ हों, तुम्हारी प्यारी चमेली भी हो...बीच में एक पोखर भी हो और उसी के किनारे हमारी कॉटेज हो...सब कुछ वैसा ही बनाना है मुझे...और उसमें रहेंगे मैं और तुम...द ओल्ड ब्वॉय एण्ड हिज़ फ़ेयेरी क्वीन **(हँसता है)**–पुरानी एम्बेसेडर बेच रहा हूँ...हम दोनों के घूमने के लिए नई बेबी-ऑस्टिन लूँगा! नई ज़िन्दगी में सब-कुछ नया। **(नायक की बातों में उत्साह जैसे छलका पड़ रहा है पर मिनी सिर्फ़ सुन रही है)** देर से ही सही लेकिन तुम्हारे सारे सपने पूरे करने हैं...वचन-बद्ध हूँ मैं। **(मिनी चुप। नायक अपनी ही योजना और उसकी कल्पना में डूबा हुआ)** याद है मिनी, कितना मन था तुम्हारा मेरे साथ कन्याकुमारी जाने का...दो-तीन बार प्रोग्राम बनाया भी, लेकिन हमेशा किसी न किसी झंझट के मारे नहीं निकल सका। कितना तो बँधा हुआ था तब मैं...शान्ता कितने तो प्रपंच फैला कर रखती थी...अब उसका दिल तोड़कर आना भी तो मुश्किल था लेकिन अब एक महीने बाद...**(दोनों हाथ फैलाकर)** मैं बिल्कुल आज़ाद परिन्दा! सबसे पहले तुम्हें कन्याकुमारी ले चलूँगा...सारी रात समुद्र के किनारे बालू पर घूमते रहेंगे...तुम्हारा जी भरने तक...

(भीतर से आया आती है और पूछती है खाना क्या बनेगा?)

मिनी : **(नायक से)** बोलो, क्या खाना पसन्द करोगे तुम?

नायक : जो भी तुम खिला दोगी। **(मिनी आया को दो-तीन चीज़ें बताती है...कर्नाटक में खाई जाने वाली चीज़ों के नाम। आया चली जाती है।)**

नायक : बस, दो महीने बाद...

मिनी : मैंने बताया न...मुझे कैनेडा जाना है, बहुत जल्दी। कितनी खटपट करने के बाद यह मौक़ा मिला है...बहुत अच्छी नौकरी है।

नायक : **(मिनी के दोनों हाथ पकड़कर अनुनय करते हुए)** नहीं मिनी...कैनेडा तुम क्यों जाओगी अब...नहीं जाने दूँगा मैं...देखो, तुम्हें सुखी बनाने के लिए अब मुझे भी खटपट करने दो...बहुत कुछ करना है तुम्हारे लिए...जितनी तुम्हें तक़लीफ़ दी, उस सबकी भरपाई करना है मुझे...वरना मैं अपने को माफ़ कैसे करूँगा? **(आँखें छलछला आती हैं और आवाज़ भर्रा जाती है। मिनी इस बार**

उसको देखती है तो उसके चेहरे पर भी एक बहुत ही कोमल सा भाव तैर जाता है...आँखें पनीली हो जाती हैं)

मिनी : पुरानी बातें करके क्यों बेकार अपने को परेशान कर रहे हो।

नायक : परेशानी तो अब तभी दूर होगी जब...सुनो, तुम कनाडा नहीं जाओगी इतनी बात तुम्हें मेरी माननी होगी...मैं कुछ नहीं सुनूँगा...और कनाडा ही क्यों...मैं अब तुम्हें नौकरी भी नहीं करने दूँगा...बहुत कर ली नौकरी...अब तो मैं तुम्हें अपनी हथेलियों पर रखूँगा...

(उसके इस दुलार से एक बार जैसे भीतर तक हिल जाती है, फिर अपने को संयत करके, प्रसंग बदलने के लिए) यहाँ बहुत उमस और घुटन है, बाहर बैठते हैं।

कट

(मिनी के घर का लॉन! नायक और मिनी आमने सामने कुर्सियों पर बैठे हैं। बात का समापन करने के अन्दाज़ में)

नायक : तुम चाहे कुछ मत कहो पर मैं क्या जानता नहीं, मेरी बात तुम नहीं टाल सकतीं...आज तक नहीं टाली तो अब क्या टालोगी?...और विदेश ही जाना है तो दोनों चलेंगे, साथ-साथ...अकेले तो मैं तुम्हें अब कहीं जाने ही नहीं दूँगा **(मिनी उसकी बातें सुनकर एक गहरी साँस लेती है और आँख मूँद लेती है)** और सुनो, **(चेहरा मिनी के पास लाकर)** शिरसी से लौटते ही हम रजिस्ट्रार के दफ़्तर चलेंगे...सबको हम चाहे गिरिजा की शादी के बाद ही बताएँ...अब तुम जानती हो न ये नाते-रिश्तेदारों के दकियानूसी विचार—सो थोड़ा टाल देंगे लेकिन शादी में मैं अब एक दिन की भी देर नहीं करना चाहता...(मिनी चुप) वैसे तुम चाहो तो मैं अभी भी सबके सामने कह सकता हूँ...जो करना है, उसके लिए डरना कैसा...मैं नहीं डरता... आई एम ए ब्रेव मैन। कहो तो अभी तुमको अपने घर में ले जाकर खड़ा कर सकता हूँ कि लो, यह मेरी पत्नी है...**(मिनी चुप)** बोलो?...बोलती क्यों नहीं?

मिनी : नहीं, रहने दो।

नायक : मैं क्या जानता नहीं, तुम बेवकूफ़ी का कोई काम नहीं कर

सकतीं...तुम्हारी इस समझदारी के आगे ही तो मरता रहा हूँ हमेशा...तो बस तैयार रहना, शिरसी से लौटते ही...**(हाथ पकड़ कर ज़ोर से दबा देता है।)**

दृश्य समाप्त

नया दृश्य

(मिनी अपने कमरे में लेटी है। सामने हैंगर में नायक का कमीज़ टँगा हुआ है...नीचे उसकी अटैची रखी है। कमीज़ को देखते-देखते मिनी फिर अतीत में चली जाती है।)

फ़्लैश बैक–दृश्य न.1

(क़रीब दस वर्ष पहले। मिनी लॉन में कुर्सी पर बैठी कुछ पढ़ रही है। आया कुछ चिट्ठियाँ लाकर देती है। उत्सुकता से उलटती-पलटती है...एक लिफ़ाफ़े को देखकर चेहरे पर हल्की सी मुस्कान। जल्दी से खोलकर पढ़ती है। साउण्ड्ट्रैक पर नायक की आवाज़ सुनाई देती है।)

मिनी मेरी,

मैंने ही तो ज़िद करके अपने साथ महाबलेश्वर चलने के लिए तुम्हें राजी किया था। तुम ज़रूर सारी तैयारी करके इन्तज़ार कर रही होओगी और मैं हूँ कि आना तो दूर तुम्हें पत्र तक नहीं लिख सका। क्या बताऊँ...पंडितजी को मकान शुरू करने का मुहूर्त भी उसी दिन का निकालना था...और मुहूर्त के नाम पर भूमि-पूजन, हवन, दावत क्या कुछ तो झमेला नहीं किया शान्ता ने। मकान बनवाने का बड़ा उत्साह है शान्ता के मन में। मैं जानता हूँ तुम तो अपनी सहनशीलता और समझदारी के बल पर इस प्रोग्राम के रद्द होने को बिल्कुल सहज भाव से ले लोगी और अपने रोज़मर्रा के कामों में लग जाओगी लेकिन मैं...इतना छटपटा रहा हूँ आने के लिए कि क्या बताऊँ? पर शान्ता के उत्साह और अपनी ज़िम्मेदारी के आगे बिल्कुल बेबस हो जाता

हूँ। पर इतना तय समझो कि जैसे ही यहाँ के झंझटों से छुट्टी मिलेगी, दौड़कर तुम्हारे पास आ जाऊँगा। यह विश्वास तो है ही कि तुम मुझे ग़लत नहीं समझोगी।

बहुत-बहुत प्यार के साथ

सदैव तुम्हारा ही

(मिनी के चेहरे का क्लोज़ अप...पत्र पढ़ने के बाद जिस पर उदासी फैल गई है।

कट

दृश्य नं. 2

(दो महीने बाद। ऑफ़िस से लौटकर मिनी पर्स टेबल पर पटकती है। सामने पड़े लिफ़ाफ़े पर नजर पड़ते ही बड़ी उत्सुकता से खोलकर वहीं कुर्सी पर बैठकर पढ़ने बैठ जाती है। साउण्ड ट्रैक पर नायक की आवाज़)

प्रिय मिनी,

तुम ज़रूर मेरा इन्तज़ार कर रही होओगी पर यहाँ दो महीनों में तो न जाने क्या कुछ घट गया! पता नहीं कैसे तो शान्ता को हमारे सम्बन्धों का पता लग गया और उसने तो वो तूफ़ान मचा दिया कि बस! हर आने-जाने वाले के सामने अब वह यही रोना लेकर बैठ जाती है और अपने भाग और मेरे करमों को कोसती रहती है। ऐसे में बात को ऑफ़िस तक तो पहुँचना ही था...पहुँची। कैसी-कैसी तो बातें कर रहे हैं सब लोग। दूसरों के जीवन में झाँकना कितनी घिनौनी हरकत है...पर लोगों को तो इसी में रस आता है। मुझे अपनी ज़रा भी चिन्ता नहीं, पर तुम्हारे नाम के साथ ज़रा सी भी बेहूदा बात बर्दाश्त नहीं कर सकता मैं। अपने सम्मान से कहीं ज्यादा मुझे तुम्हारे सम्मान का ख्याल है, उस पर मैं कैसे ज़रा सी भी आँच आने दे सकता हूँ? लेकिन तुम बिल्कुल भी चिन्ता मत करना...मैं सब ठीक कर लूँगा। यों भी मैं ऐसी बातों की न परवाह करता हूँ...न डरता हूँ। जानती तो हो...आई एम ए ब्रेव मैन। हाँ, अभी तुम कुछ समय के लिए पत्र लिखना बन्द कर दो तो ठीक रहेगा...मैं तो लिखता ही रहूँगा।

तुम्हारा

(पत्र पढ़कर मिनी की आँखें छलछला आती हैं और जैसे ही वह आँखें बन्द करती है, गालों पर आँसू बह निकलते हैं।)

कट

दृश्य न. 3

(क़रीब साल भर बाद। पलंग पर लेटी लेटी मिनी पत्र पढ़ रही है। साउण्ड ट्रैक पर नायक की आवाज़)

मिनी,

कितना समय हो गया, घर बनवाने के चक्कर और दूसरी झंझटों में तुम्हें पत्र तक न लिख सका! ओफ़! घर-परिवार की ये बढ़ती ज़िम्मेदारियाँ...खैर!

देखो, आज तक मैं ही तुम्हारे पास आता रहा हूँ, पर इस बार तुमको आना है मेरे घर! चौंक गईं? गृह-प्रवेश का आयोजन कर रही है शान्ता, बहुत धूमधाम से। मित्र-परिचित, बन्धु-बांधव सभी आ रहे हैं तो तुम कैसे नहीं आओगी? वैसे भी कितना समय हो गया है तुमसे मिले हुए—इसी बहाने सही, कम से कम मिलना तो होगा! और देखो, इस बार मैंने भी तय कर लिया है कि मैं सबसे तुम्हारा परिचय करवाऊँगा। डरने की क्या बात है? मेरे इतने पुरुष मित्र हैं, तो एक महिला-मित्र नहीं हो सकती? तो बस तुम आ रही हो!

प्रतीक्षा में तुम्हारा—

(पत्र लिये-लिये ही आँखों से आँसू बहने लगते हैं)

फ्लैश बैक समाप्त

(मिनी वैसी ही अपने पलंग पर लेटी है...बस, पत्र हाथ में नहीं है और कपड़े बदले हुए हैं। पर आँखों में नमी है। उठकर आँखें पोंछती है। सामने हैंगर पर लटका कमीज़ दिखाई देता है तो चेहरे पर वितृष्णा का भाव।)

कट

(मिनी वाश-बेसिन पर मुँह धो रही है। पोंछती है। इस समय चेहरे पर एक खास तरह की दृढ़ता का भाव...जैसे उसने कोई निर्णय ले लिया है।)

कट

(दूसरा दिन! मिनी अपनी राइटिंग टेबल पर बैठी अपने अभी-अभी लिखे पत्र को पढ़ रही है। साउण्ड ट्रैक पर उसी की आवाज़)

'आज तक मेरी ज़िन्दगी के निर्णय तुम्हीं लेते रहे थे और मैं उन्हें सिर्फ मानती रही थी। तुमने जब जिस रास्ते पर खड़ा कर दिया मैं आँख मूँद कर उसी पर चल पड़ी लेकिन अब हमारे रास्ते मुड़ गये हैं। कैनेडा का प्रोग्राम कैन्सिल नहीं हो सकता...उसी सिलसिले में मैं आज ही बम्बई जा रही हूँ...तुम्हारे लौटने पर मिलूँगी नहीं। उसकी शायद अब ज़रूरत भी नहीं।
आशा है तुम्हें बुरा नहीं लगेगा। आख़िर यू आर ए ब्रेव मैन।

(पत्र पढ़कर लिफ़ाफ़ा बन्द करती है। आया आकर सूचना देती है कि टैक्सी आ गई है।)

मिनी : देखो कमला...कल जब साहब आएँ तो उन्हें यह चिट्ठी, उनकी अटैची और कपड़े दे देना! मेरा बैग टैक्सी में रखो।

(दोनों साथ-साथ निकल जाती है।)

कट

नया दृश्य

(सीधी सड़क पर दौड़ती हुई टैक्सी थोड़ी दूर जाकर मिनी को पूरी तरह झकझोरती हुई झटके से एक मोड़ लेती है। यहीं कहानी का टाइटिल आया 'मोड़'। टाइटिल न भी देना चाहें तो टैक्सी को झटके से मोड़कर दूर होता हुआ दिखाया जाए।)

समाप्त

कान्ता

•

पोपटी हीरानन्दाणी

मुझे वह अच्छी लगी। मैंने सुना था कि पुरुष को वही स्त्री अच्छी लगती है जो रंग की गोरी तथा शरीर से इकहरी हो। छोटी आयु की तथा स्वभाव की चंचल हो। पर उसमें तो ऐसी कोई भी बात नहीं थी। वह गेहुँए रंग की और शरीर में कुछ भरी भरी सी थी। हाँ, सुडौल अवश्य थी। उसकी आयु अनुमानतः तीस वर्ष की थी। स्वभाव में चंचलता के स्थान पर गम्भीरता थी।

लोकल ट्रेन के थर्डक्लास कम्पार्टमेंट में वह ठीक मेरे सामने बैठी थी। उसके हाथों में आधा बुना हुआ स्वेटर था। ऊन को वह बड़ी तेजी से सलाइयों पर चला रही थी। लोअर परेल स्टेशन आया तो वह खड़ी हुई और साड़ी का पल्ला सँभालती हुई उतर गई।

दूसरी बार फिर मैंने उसे देखा। बम्बई में जोर की वर्षा हुई थी। गाड़ी ग्राण्ट रोड स्टेशन से कुछ पहले ही रुक गई। वहाँ पटरियाँ कुछ ऊपर होने के कारण पानी पटरियों तक नहीं चढ़ा था। सब वहीं उतरने लगे तो वह भी उतर गई।

उस समय वह पंज़ाबी वेशभूषा में थी। कुरता और सलवार, गले में दुपट्टा। किसी युवती का शरीर सुडौल हो, तो पंजाबी वेशभूषा उसे एक नया ही रूप दे देती है। और दुपट्टा? बिना किसी प्रयोजन के गले में लटकता रहता है, किन्तु रंग और कोमलता के कारण पहननेवाली के सौन्दर्य को द्विगुणित कर देता है।

वह नीचे तो उतर गई, परन्तु आगे पानी ही पानी था। आगे कैसे बढ़े? कुछ क्षण सोचकर उसने अपना दुपट्टा सँभालकर कमर पर बाँध दिया। चप्पल उतारकर उस हाथ में ले ली जिसमें वह पहले से ही अपना पर्स सँभाले हुए थी। फिर दूसरे हाथ से सलवार को कुछ ऊँचा उठाकर वह पानी में चलने लगी।

मैं भी उसके पीछे-पीछे चलने लगा। मैंने पैरों में गमबूट पहने हुए थे जिस कारण पानी में चलने से 'छप-छप' की आवाज होने लगी। परन्तु उसने एक बार भी मुड़कर यह नहीं देखा कि पीछे से कौन आ रहा है? कोई उसे इस प्रकार सलवार को ऊँचा कर चलते हुए देखकर हँस रहा है या नहीं। इस बात का लेशमात्र भी ध्यान नहीं था।

दूसरी तरफ पहुँचने पर उसने सलवार ठीक कर चप्पल पहन ली और अपनी ही धुन में चलती रही। बस स्टाप पर पहुँची ही थी कि एक बस में सवार होकर चली भी गई।

वह तो चली गई। लेकिन मैं वहीं खड़ा-खड़ा सोचता रहा—"कौन है यह?"

मैं चालीस वर्ष का कुँवारा पुरुष था। सैकड़ों ही लड़कियाँ देखी थीं—मोरनी-सी चाल वाली, मोर जैसी लम्बी व सुन्दर गर्दन वाली, मृग जैसी बड़ी-बड़ी और मासूम नयनों वाली, सुरबाला-सी आकर्षक मुखाकृति वाली तथा बल खाती कमर वाली! किन्तु मेरा मन इस प्रकार कभी किसी के पीछे नहीं दौड़ा, जैसे अब दौड़ रहा था।

उसे देखने के बाद, बस एक ही प्रश्न बार-बार मेरे मस्तिष्क में उठता था—"कौन है यह?" पंजाबिन जैसी स्वस्थ, बंगालिन जैसी आँखें, मद्रासिन जैसी चोटी और सिन्धिन जैसी आकर्षक आकृति! "आखिर कौन है यह?"

एक दिन मैं शीघ्रता से लोअर परेल स्टेशन पर पहले उतरकर खड़ा हो गया। जैसे ही वह ट्रेन से उतरकर चलने लगी तो मैं भी उसके पीछे हो गया। मेरी प्रसन्नता एवं आश्चर्य की सीमा न रही, जब मैंने उसे अपने ही ऑफिस के एक ब्रांच ऑफिस में प्रवेश करते हुए देखा।

मैं भी किसी बहाने अन्दर चला गया। वह अन्दर जाकर बिना किसी से बात किए ही अपनी कुर्सी पर जा बैठी। मुझे बहुत सन्तोष हुआ कि वह हमारे एक ब्रांच ऑफिस में ही तो है न!

मैंने जोड़तोड़ बैठाकर तथा कह-सुनकर अपना स्थानान्तरण भी उसी ब्रांच ऑफिस में करा लिया। अब वह मेरे अधीन काम करनेवाले क्लर्कों में से एक थी।

मैंने जानपहचान बढ़ाने का प्रयत्न किया। पर यह ऐसा सरल काम नहीं था। बहुत प्रयत्न करने पर भी उसने केवल 'हाँ' और 'ना' कहने तक का ही सम्बन्ध रखा।

अपनी सूझबूझ से इतना तो वह जान गई थी कि मैं उसे चाहता हूँ। यह जान लेने के बाद वह मुझसे और दूर-दूर रहने का प्रयत्न करने लगी थी। इसी बात ने मुझे आश्चर्य में डाल दिया। यद्यपि मैं अपनी समझ से इतना तो जान गया था कि वह मुझसे नफरत नहीं करती फिर भी न जाने क्यों वह अधिक सचेत होती जा रही थी।

मैंने विवाह के पचड़े में न फँसने का निश्चय कर लिया था। इस कारण ही चालीस वर्षों तक कुँवारा ही था। पर उसे देखने के बाद, उसे अपनी पत्नी बनाने को उतावला हो रहा था। पहले मैं, किसी को, किसी की प्रतीक्षा करता देखकर उस पर हँसता था। पर अब ट्रेन में चढ़ते-उतरते समय, ऑफिस आतेजाते समय मेरी आँखें उसकी प्रतीक्षा करती थीं। न जाने मुझ पर किस जादू का प्रभाव हो गया था। पर जिसने वह जादू किया था, उसका सम्बन्ध तो केवल ऑफिस के काम तक ही सीमित था, बस!

एक दिन वह ऑफिस नहीं आई। मैं बेचैन हो गया। दूसरे दिन उसने अस्वस्थता पत्र भेज दिया। मेरी व्याकुलता और बढ़ गई। तीसरे दिन भी जब वह नहीं आई तो मेरा हृदय मेरे अधिकार में नहीं रहा। मस्तिष्क ने उसे बहुत समझाया लेकिन हृदय ने भला कभी मस्तिष्क की बात मानी है? मैंने उसका पता मालूम कर लिया और ऑफिस बन्द होते ही उसके घर की तरफ चल दिया।

कुछ हिचकते हुए मैंने दरवाजा खटखटाया। दरवाज़ा उसी ने आकर खोला। मुझे देखकर वह कुछ असमंजस में पड़ गई। लेकिन जल्दी ही सँभलकर कहा—"ओ आप हैं? आइए-आइए?"

"स्वास्थ्य कैसा है अब?" मैंने घर में प्रवेश करते हुए पूछा।

"आज कुछ ठीक हूँ।" उसने संक्षिप्त उत्तर दिया।

"आशा है, कल ऑफिस आओगी? हाँ...स्वास्थ्य ठीक न हो, तो न आना।" मैंने हिचकते हुए कहा।

"अब ठीक हूँ, कल आने की कोशिश करूँगी।" उसने कहा।

अन्दर से एक वृद्धा की आवाज आई—"अरे मुन्नी! कौन है?"

"माँ! मेरे ऑफिस के साहब हैं।"

अच्छा तो यह उसकी माँ है? मैंने मन ही मन कहा। एक बच्ची अन्दर से दौड़ती हुई आई और मुझे देखकर वापस अन्दर दौड़ गई।

उसके चेहरे पर मुस्कराहट थी, परन्तु वह नहीं, जिसे देखने की मेरी अभिलाषा थी। उसकी बातचीत में एक गम्भीरता थी, जिसने मुझे खुलकर बातचीत नहीं करने दी। मैं बातचीत का क्रम अधिक समय तक बनाए नहीं रख सका। चाय पीकर कुछ देर बैठकर मैं चला आया।

"यह लड़की मेरे काम की नहीं है।" मस्तिष्क ने हृदय को अपना निर्णय सुना दिया। पर हृदय भला कब माननेवाला था? वह तो हर समय उसके ही सम्बन्ध में सोचता था।

धीरे-धीरे उसने मेरी तरफ कदम बढ़ाये। एक कदम बढ़ाकर वह कुछ समय वहीं ठहर जाती थी। फिर सोचसमझकर दूसरा कदम उठाती थी। पहले वह केवल अपनी मधुर मुस्कान से मेरा स्वागत करती थी और मैं 'हलो! कैसी हो?' से उसके स्वागत का स्वागत करता था। इस कुशलक्षेम से बढ़कर, ऑफिस के काम के सम्बन्ध में बातचीत का क्रम बना। अब तो कभी-कभी कोई छोटा-सा व्यक्तिगत प्रश्न भी एक-दूसरे से पूछ लेते थे। प्रत्यक्ष रूप में हम अब भी एक-दूसरे से दूर थे परन्तु हृदय की गणना के अनुसार हम एक-दूसरे के अत्यन्त निकट आ चुके थे।

अवकाश का दिन था। वह मुझे रास्ते में मिल गई। उसके हाथ में उसी बालिका का हाथ था, जिसे मैंने उसके घर पर देखा था। मैंने आगे बढ़कर कहा—"गुड मार्निंग

मिस बालाणी! कहाँ जा रही हो?"

"इसे जूते चाहिए थे, इसलिए किसी दुकान पर ले जा रही हूँ?"

"कितनी सुन्दर है!" मैंने यूँ ही कह दिया।

बालाणी और मैं दोनों साथ-साथ चल रहे थे। उसने पहले मेरी तरफ देखा और फिर बालिका की तरफ देखते हुए वह झिझककर बोली–"मेरी बच्ची है यह।"

लगा मैं आसमान से गिर पड़ा हूँ, यह तो मिस बालाणी है! क्या मेरे साथ दिल्लगी कर रही है? मैंने आश्चर्य से पूछा–"क्या कहा? तुम तो..."

वह बीच में बोल उठी–"हाँ, मैंने कहा कि यह मेरी बच्ची है।"

मैंने हँसते हुए कहा–"ऐसी दिल्लगी करना कब से सीखा है? कह तो ऐसे रही हो जैसे तुम मिस बालाणी नहीं..."

उसने गम्भीर होकर धीमे स्वर में कहा–"इस समय मिस बालाणी हूँ, परन्तु कभी विवाह तो किया था।"

मैं हक्का-बक्का हो गया–"क्षमा करना तुम्हारी बात मेरी समझ में नहीं आई। अच्छा बाई-बाई...।" कहकर मैं शीघ्रता से आगे बढ़ गया।

यह लड़की है या कोई पहेली? 'अभी मिस ही हूँ, पर कभी विवाह किया था!' उफ ऽऽऽ इस पहेली को भी मैं ही मिला? वह भी इस प्रकार?

दूसरे दिन जब मैं ऑफिस गया तो उससे दृष्टि बचाने लगा। उसने भी मेरी दृष्टि का पीछा नहीं किया। परन्तु विचारों में वह हर क्षण, हर पल विद्यमान थी।

यूँ दो दिन बीत गये। तीसरे दिन वह जब घर जाने को थी, तो मैं उसके पास गया–

"घर जा रही हो?"

"हाँ" उसने सिर झुकाए ही उत्तर दिया।

"क्या थोड़ी देर के लिए मेरे साथ चलकर कहीं चाय पी सकती हो?" मेरे स्वर में एक प्रकार से निवेदन था।

उसने फाइल बन्द कर रख दी। पत्रादि मेज के खाने में रखकर बन्द करने लगी। मैं वहीं खड़ा था। उसने मेरी तरफ देखा और फिर उठ खड़ी हुई। मेरी तरफ बिना देखे ही धीमे स्वर में कहा–"आप कुछ कहना चाहते हैं?"

"यहाँ नहीं, कहीं बैठकर शान्ति से बातें करेंगे।"

"घर जाने में देर हो जाएगी।" उसने हिचकते हुए कहा।

"अधिक-से-अधिक आधा घंटा।"

उसने क्षण भर के लिए मेरी आँखों में देखा और फिर अपना पर्स हाथ में उठाते हुए बोली–"चलिए।"

रेस्टोरेण्ट में हम दोनों शान्त थे। मैं कई बार उसकी तरफ देख रहा था, किन्तु वह खिड़की से बाहर देख रही थी। उसके होंठ शान्त थे किन्तु विचारों के प्रतिबिम्ब

उसके चेहरे पर साफ दृष्टिगोचर हो रहे थे। चेहरे पर कई-कई रंग आ जा रहे थे। मेरे मन में आया कि ऐसा प्यारा चेहरा दोनों हाथों में भर लूँ। नहीं...सीने से लगाकर उसके हृदय की समस्त उलझनें मैं ले लूँ।

अचानक वह मेरी तरफ देखकर मुस्कराने लगी, जैसे कह रही हो—"तुम क्यों चिन्ता करते हो? मैं अपना सारा बोझ स्वयं उठाने में समर्थ हूँ।"

चाय आ गई थी। मैंने प्यालियों में चीनी डालकर घुमाते हुए, अपनी हिचक को छिपाते हुए पूछा—"बच्ची का पिता कहाँ है?"

वह चौंकी नहीं, शायद उसे इसी प्रश्न की आशा थी और कदाचित वह उत्तर भी सोच बैठी थी—"मुझे छोड़कर वह कहीं चला गया है।" उसने दूसरी ओर मुँह फेरकर कहा।

"कहाँ?" मेरी दृष्टि एक क्षण के लिए भी उसके चेहरे से दूर नहीं हुई थी।

"यह जानने की मुझे आवश्यकता नहीं।" उसने खिड़की से बाहर देखते हुए गम्भीरता से कहा।

"तुमने विवाह किया था?" मैंने अपना सारा साहस जुटाकर पूछा।

वह गम्भीर तथा स्थिर दृष्टि से मेरी तरफ देखती रही। उसके होंठ कुछ काँपे। चाय का प्याला उठाते समय एक क्षण के लिए उसका हाथ भी काँपा। उसकी बायीं आँख के कोने पर पानी भर आया और दायीं आँख से तो एक आँसू निकल ही पड़ा। उसने अपनी आँखें बन्द कर लीं। निचले होंठ को काटते हुए उसने कहा—"मन्दिर में भगवान की मूर्ति को साक्षी मानकर उसने मेरा हाथ पकड़ा था और...।"

आँसू उसके गालों पर बहने लगे थे। उसने आगे कहा—"मैंने फूलमाला उसके गले में डालकर उसे अपना बनाया था।" अटक-अटककर उसने अपना वाक्य पूरा किया।

परन्तु ऐसा करते हुए उसका चेहरा लाल हो गया और गला रुँध गया। अपना रूमाल निकालकर उसने आँखें पोंछीं और नाक साफ की। गिलास में से दो घूँट पानी पीकर वह चुप होकर बैठ गई। उसके होंठ अब भी थरथरा रहे थे और उसकी लाल-लाल आँखों में पानी अब भी तैर रहा था।

पाँच मिनट बीत गये। चाय ठंडी हो गई थी। परन्तु हम दोनों में से किसी ने एक घूँट भी नहीं भरा था। वह मेरे सामने ही बैठी थी परन्तु ऐसा लग रहा था कि वह मेरी उपस्थिति भूल गई है।

मैंने सोचा, 'फिर ऐसा अवसर शायद नहीं मिले' इसलिए थोड़ा खाँसकर उसका ध्यान अपनी ओर आकर्षित करते हुए पूछा—"फिर क्या हुआ?"

उसने चीनी की प्याली में से एक चम्मच भरा और खाली किया। फिर भरकर खाली करते हुए कहा—"आप लोगों (पुरुषों) की जाति बहादुर है न?" कुछ व्यंग्यात्मक मुस्कराकर फिर कहा—"इसलिए वह संसार भर से डरने लगा। बच्ची के जन्म से पूर्व ही वह मुझे छोड़कर कहीं चला गया।"

"तुमने उसकी तलाश नहीं की?" मैंने पूछा। उसकी आँखों में आत्मसम्मान था। उसने कुर्सी की पीठ पर अपना सिर रखते हुए कहा–"जिसने मुझे इस शोचनीय स्थिति में छोड़ दिया, उसके पीछे भला मैं क्यों जाऊँ?"

मुझे अधिक कुछ पूछने का साहस नहीं हुआ। चाय का आधा कप एक ही घूँट में पी गया और जैसे संकेत से कहा–"अब चलें?"

वह उठ खड़ी हुई।

मैंने मुस्कराने का प्रयत्न किया–"क्षमा करना वचन से अधिक समय तुम्हें रोक लिया।"

उसने मेरी तरफ देखा और फिर आगे बढ़ी। मैं उसके पीछे था।

सारी रात मैं सो न सका। बेचैनी में पल-पल बीतने लगा। कभी करवटें बदलता तो कभी उठकर टहलने लगता। मैं इस गुत्थी का हल ढूँढ़ना चाहता था, किन्तु हर हल के साथ कोई नई गुत्थी सामने आ खड़ी होती थी।

दूसरे दिन हमेशा की तरह ऑफिस गया। दिन भर मैंने उससे कोई बात नहीं की। उसने भी यह अनुभव नहीं किया कि कल की कही और सुनी हुई बातें ही बार-बार मेरे मन में आ जा रही हैं।

मैं किसी ऐसे अवसर की ताक में था कि उससे अपने मन की बात कह सकूँ। पर ऑफिस में तो ऐसा अवसर मिलना सम्भव नहीं था।

दो दिन पश्चात ही ऐसा अवसर मिल गया। मैं लंच समय में बाहर नहीं गया था क्योंकि कुछ काम में व्यस्त था। वह बाहर गई थी, किन्तु शायद पर्स भूल गई थी, जो कुछ देर बाद लेने के लिए वह लौटकर आई। पर्स लेकर वह ज्यों ही जाने लगी तो मैंने उसे आवाज दी।

वह आई। आकर मेरे सामने कुर्सी पर बैठ गई। ऑफिस में इस समय कोई नहीं था। केवल एक चपरासी था, जो बाहर स्टूल पर बैठा ऊँघ रहा था।

मैंने कहा–"कान्ता! मैं तुमसे कुछ कहना चाहता हूँ। कहना चाहिए या नहीं...मैं..."

उसने कहा–"आप कहिए, कहने में क्या हानि है?"

मेरा साहस बढ़ा–"कान्ता! तुम बच्ची को किसी अनाथाश्रम में क्यों नहीं भेज देतीं?"

उसकी आँखों में क्रोध उतर आया, लेकिन उसने अपने को रोक लिया। अपने निचले होंठ को काटते हुए कहा–"जिस बच्चे की माँ जीवित हो उसे अनाथाश्रम में क्यों ठूँस दिया जाए? ऐसा बच्चा भला अनाथ ही कैसे हुआ?" उसके स्वर में क्रोध, धैर्य और गम्भीरता, तीनों थे।

वह अनुचित नहीं बल्कि सर्वथा उचित ही कह रही थी। जिस बच्चे की माँ जीवित हो, वह अनाथ तो कहला ही नहीं सकता। परन्तु मैं तो अपनी समस्या का समाधान चाहता था, ऐसा समाधान जो मुझे रुचिकर हो।

मैंने अपनी सहानुभूति की भावना, हृदय का सम्पूर्ण प्यार और मन का सारा साहस इकट्ठा किया। अत्यन्त प्रेम से कहा—"कान्ता! यह तो तुम जानती ही हो कि मैं तुम्हें चाहता हूँ। मैं तुमसे विवाह करना चाहता हूँ। हाँ, तुम्हें स्वीकार न हो तो और बात है। परन्तु स्वीकार होने की स्थिति में शशि की कोई व्यवस्था...।"

उसने अपनी पलकें झुका लीं। एक क्षण के लिए चेहरे पर आभारी होने के चिह्न उभरे परन्तु दूसरे ही क्षण वहाँ दृढ़ता छा गई। उसके स्वर में कोमलता और दृढ़ता का विचित्र मिश्रण झलकने लगा—"आपके प्रस्ताव के लिए धन्यवाद! मैं अत्यन्त आभारी हूँ। परन्तु मैंने निश्चय कर लिया है कि शशि मेरे साथ ही रहेगी।"

मैंने अपनत्व के स्वर में कहा—"कान्ता! इस बात पर तुम्हें निष्पक्ष होकर सोचना चाहिए। मनुष्य सामाजिक प्राणी है, वह समाज के रीति-रिवाज एवं नियमों को हँसी में नहीं उड़ा सकता। ऐसी स्थिति में सभी लड़कियाँ ऐसा ही करती हैं।"

उसने नम्रता से कहा—"मैं एक माँ हूँ। पशुओं में भी माँ अपने बच्चे का त्याग नहीं करती है।"

"पर कान्ता! पशुओं का कोई समाज नहीं होता।"

उसने भावुक होकर कहा—"समाज ने, स्त्री पर पवित्र रहने का बन्धन डाला है। उस बन्धन का मोह, स्त्री से बच्चे का त्याग चाहता है। पर क्या, यह त्याग पाप नहीं है? तो फिर समाज ने स्त्री के लिए यह पाप करना क्यों आवश्यक समझा है?"

"मैं आपकी पत्नी बनना चाहती हूँ। आपके साथ रहकर गृहस्थ-जीवन का आनन्द लेना चाहती हूँ। परन्तु उसके लिए मुझे अपने बच्चे को दंड देना होगा? स्वयं को पवित्र प्रमाणित करने के लिए यह त्याग करना पड़ेगा? नहीं...मैं ऐसा नहीं कर सकती।" उसका गला रुँधने लगा था।

"लेकिन समाज अवैध बालक को कैसे स्वीकारेगा?" इस वाक्य को मैंने इतने दिनों तक मन में रोके रखा था, पर अब उसे कह बैठा।

उसने एकाएक शेरनी का सा रूप धारण कर लिया—"अवैध बच्चा? बच्चा कैसे अवैध हुआ? पिता अवैध हो सकता है, माँ अवैध हो सकती है, पर बच्चे को यह दोष कैसे लग सकता है? उसका अपराध ही क्या है?" वह उठ खड़ी हुई।

मैं उसके इस प्रश्न के लिए तत्पर नहीं था। फिर क्या उत्तर देता? दुर्योधन के दरबार में जब द्रौपदी के प्रश्नों का उत्तर भीष्म पितामह अथवा महात्मा विदुर भी नहीं दे सके थे, तब भला मैं, स्त्री की इन सत्य युक्तियों का क्या उत्तर दे सकता था? लगता है कि स्त्री का पक्ष सुने बिना ही पुरुष केवल धर्मादेश ही देता रहा है।

वह चली गई। मैं उसे रोक न सका। मेरे मन में विचारों का द्वन्द्वयुद्ध आरम्भ

हो गया। एक ओर कुछ विचार समाज से डरकर कान्ता से दूर भाग रहे थे तो दूसरी ओर कुछ विचार कान्ता की तरफ दौड़ते हुए समाज से दूर भाग रहे थे। दोनों पक्ष शक्तिशाली थे। यह द्वन्द्व प्रायः रोज होता था। आरम्भ में तो प्रथम पक्ष ही अधिक शक्तिशाली रहा, लेकिन फिर धीरे-धीरे दूसरे पक्ष की विजय होने लगी।

अब ऑफिस में बातचीत का क्रम पूर्व की भाँति प्रायः 'हाँ' या 'ना' तक ही रहने लगा। धीरे-धीरे उसने मेरे साथ मुस्कराने का सम्बन्ध भी तोड़ दिया। शायद यही उचित भी था।

परन्तु हमारे विचारों को कौन रोके? दिनभर ऑफिस में काम करते हुए, एक दूसरे को देखते हुए ऐसा किया भी कैसे जा सकता है?

मैं प्रयास करता था कि उसकी तरफ नहीं देखूँ, किन्तु उसकी छवि तो हर समय मेरे हृदय में विद्यमान रहती थी। हमारी राहें विपरीत हो गई थीं। फिर भी वह मेरे सपनों की राह पर सदा खड़ी रहती थी। हमारा आपस में कोई भी सम्बन्ध नहीं रहा था, पर मेरे हर विचार में वह समाई रहती थी।

एक दिन चपरासी ने ऑफिस बन्द होते समय एक पत्र लाकर मुझे दिया। "क्या है?" मैंने पत्र खोलते हुए पूछा।

वह कान्ता का पत्र था। वास्तव में पत्र एक नहीं दो थे। एक पत्र ऑफिस के नाम था जो उसका त्यागपत्र था और दूसरा पत्र मेरे नाम व्यक्तिगत था, 'आपकी विवशता मैं समझती हूँ। जैसे मैं आपकी विवशता को अनुभव करती हूँ वैसे ही आप भी मेरी विवशता को समझते होंगे। यही आशा है।'

मैं जल्दी-जल्दी काम समेटकर, बस पकड़कर उसके घर गया। दरवाजे पर ताला था।

कुछ दिन बाद ऑफिस की तरफ से एक पत्र भेजा गया कि 'आकर अपना वेतन ले जाओ।' लेकिन पत्र वापस आ गया। पत्र लेनेवाला वहाँ कोई नहीं था। मुझसे मिलना न चाहने के कारण ही शायद उसने मकान बदल लिया था और वेतन लेने भी नहीं आई थी।

दिन बीतकर सप्ताह बने सप्ताह बदलकर महीने और इस प्रकार एक बरस बीत गया। पहले दिन भावुकतावश उसके घर चला गया था। पर फिर उस तरफ गया ही नहीं। मैंने सोचा, मिलने से बात नहीं बनेगी तो नहीं, उलटा बिगड़ जाएगी!

अचानक डेढ़ बरस बाद डाक से एक पत्र मिला। लिखावट उसी की ही थी।

मेरा शरीर काँपने लगा। आश्चर्य, डर, प्रसन्नता, आशंका और न जाने क्या-क्या विचार मन में आने लगे। मैंने सँभलकर पत्र पढ़ना चाहा। पर नहीं—ठहरिए...उसके पत्र आने की प्रसन्नता को तो अनुभव कर लूँ! शायद यह

पत्र मेरी आशाओं को परिपूर्ण कर दे...या शायद उन पर पानी फेर दे! मैं इस क्षण भर की प्रसन्नता को कैसे गँवा दूँ?

जब पत्र पढ़ा तो लगा जैसे मेरे हाथ से कुछ गिर गया हो!

उसने लिखा था, 'मेरा पत्र पाकर आपको अत्यन्त आश्चर्य तो होगा। सचमुच मैंने आपके संसार से निकल जाना चाहा था। आपके मन में मेरे लिए प्यार का किंचित् अंश मात्र भी यदि शेष है, तो उस अंश के अधिकार से यह पत्र लिख रही हूँ। मुझे फेफड़ों का 'कैंसर' है। टाटा हास्पिटल में रूम नम्बर 13 में हूँ। क्या मेरे पास आ सकेंगे?'

मैंने अविलम्ब निर्देशिका उठाई। फोन नम्बर देखा, फिर टाटा हास्पीटल फोन किया...

"टाटा हास्पिटल?"

"..........."

"हास्पिटल में विजिटिंग आवर्स क्या हैं?"

".........."

"पाँच बजे से सात बजे तक?...बहुत-बहुत धन्यवाद।"

मैंने घड़ी देखी, साढ़े-चार बज चुके थे। मैंने अपनी फाइलें बन्द कर दीं और बाहर आकर टैक्सी रोककर हास्पिटल की तरफ चल दिया।

कमरे में वह अकेली ही थी। मुझे देखकर आश्चर्य से मेरी ओर देखने लगी। शायद उसे आशा नहीं थी कि मैं इतनी जल्दी उसके पास पहुँच जाऊँगा।

मैं कुर्सी खींचकर उसके पास बैठ गया। कमरा काफी हवादार था। पर कान्ता को कैन्सर है, इस विचार मात्र से ही मैं व्याकुल हो रहा था।

"कैसे हैं?" उसने मुस्कराते हुए पूछा।

वास्तव में ऐसा प्रश्न मुझे पूछना चाहिए था, लेकिन मुझसे बोला ही नहीं जा रहा था। जैसे तैसे कहा—"ठीक हूँ...पर यह सब तुम्हें कैसे हुआ?"

उसकी आँखों में सावन की घटाएँ उमड़ आईं। घटाएँ, जिनका सारा पेट पानी से भरा होता है।

मुझे अपनी तरफ देखता हुआ देखकर उसने आँखें झुका लीं। पर मेरे प्रश्न का कुछ तो उत्तर देना ही था। उसने कहा—"मैं?" फिर एक हल्का-सा ठहाका लगाया—"मैं एक-दो दिन की ही मेहमान हूँ। इसीलिए आपको आने के लिए लिखा।" कहकर वह फिर मुस्कराने लगी।

मेरा सारा शरीर काँपने लगा। मेरे सम्पूर्ण अस्तित्व ने उसके जीवन को पकड़ना चाहा। "तुम मत जाओ, ईश्वर के लिए तुम मत जाओ। तुम मेरी आयु लेकर जीवित

रहो कान्ता!"

प्रत्यक्ष में कहा—"क्या अकेली हो? माँ जो कहा हैं?"

उसने अपना मुँह दूसरी ओर कर लिया। अब वह अपने आँसुओं को रोक न सकी। मैं समझ गया कि उसकी माँ का देहान्त हो गया है। फिर भी विश्वास के लिए पूछ ही लिया—"क्या उनका स्वर्गवास हो गया?"

उसने 'हाँ' में सिर हिलाया। उसकी आँखों में फिर घटाटोप बादल उमड़ आए और बूँदें गालों पर गिरने लगीं।

मैं कुर्सी से उठकर पलंग पर उसके पास बैठ गया। उसने मेरी ओर करवट बदली और मेरे हाथ से लिपटकर रोने लगी। उसकी आँखों से झर-झर आँसू बहने लगे। उसकी आँखें और नाक, उसके होंठ और गला, उसका शरीर और उसका बिस्तर सब सिसकने लगे। मुझे कुछ सूझ नहीं रहा था। इस स्थिति के लिए स्वयं को जिम्मेदार समझकर फटकारूँ या उसे सान्त्वना दूँ! यह मेरी प्रियतमा है...मेरा प्यार...मैंने इसे उस समय छोड़ दिया, जिस समय इसे मेरे साथ की नितान्त आवश्यकता थी। इसका दोष केवल इतना ही था कि यह अपनी ममता का त्याग नहीं कर सकती थी। इसलिए मैंने इसे त्याग दिया था। माँ के पवित्र प्यार का अपमान किया और अपने ही प्यार को यह दंड दिया!

मैंने उसकी पीठ और सिर पर हाथ फेरा। विनम्र होकर कहा—"कान्ता! मुझे क्षमा कर दो। क्षमा के योग्य तो मैं नहीं हूँ..."

उसने रोना बन्द किया। अब वह लम्बी-लम्बी साँसें लेने लगी। आँखें बन्द कर वह मेरी बाँह पर लेटी रही।

अचानक उसने अपना सिर मेरी बाँह पर से हटाकर तकिए पर रखा और मेरी तरफ देखने लगी।

उसकी आँखों में कोई प्रश्न देखकर मैंने पूछा—"क्या है कान्ता?"

उसने हिचकते हुए कहा—"क्षमा कीजिएगा, आपकी पत्नी...मेरा तात्पर्य है कि आपने...।"

"नहीं कान्ता! मैंने विवाह नहीं किया।"

उसने एक लम्बी साँस ली जैसे मन पर से कोई बोझ हट गया हो। मेरा हाथ अपने सीने पर रखकर फिर आँखें बन्द कर लीं। फिर आँखें खोलकर मेरी ओर देखते हुए कहा—"आपने समाज की ओर से निश्चित किए गए एक कटु नियम की ओर संकेत कर मुझे ठुकरा दिया था..."

मैंने उसके होंठों पर अपना हाथ रख दिया—"बस कान्ता बस...अब तुम मेरी हो और मैं तुम्हारा।"

उसने मेरे हाथ को अपने होंठों से चूमा—"मैंने तो विष पिया है, प्याला भरकर। किन्तु एक साँस में नहीं, घूँट-घूँटकर...।" उसके स्वर में कम्पन था।

"पहले की बातें भूल जाओ कान्ता! स्वयं को दुखी मत करो।" मैंने उसके मुँह पर प्यार से हाथ फेरते हुए कहा।

"दुखी! मैं तो अब बहुत ही खुश हूँ। आप मेरे पास हैं...भला मुझे और क्या चाहिए? ओह...कदाचित् सदा ऐसा ही रहे!"

मैंने उसका हाथ अपने हाथ में लेकर चूम लिया। फिर झुककर अपने होंठ उसके होंठों पर रख दिए।

उसने चंचलता से कहा—"मैं भला क्या आप से दूर थी? कभी नहीं। आपकी छवि एक पल के लिए भी मुझसे अलग नहीं थी।" उसने अपनी बाँहें मेरे गले में डाल दीं। मुँह पर लाली दौड़ आई थी—प्रभात समय क्षितिज वाली नूतन तथा गुलाबी-गुलाबी लाली!

मेरी आशाओं की पूँजी मेरे सामने थी। मेरे जीवन का सबसे प्रिय स्वप्न सत्य हो रहा था। मेरे जीवन का सर्वथा मधुर गीत इस समय गूँज रहा था। पर यह सब कुछ...कल ही समाप्त हो जाएगा?

अचानक उसने पूछा—"एक बात पूछूँ?"

मेरा सारा अस्तित्व प्यार बनकर उसके सामने झुका—"पूछो" मैंने सिर झुकाते हुए कहा।

वह एकटक मेरी आँखों में देखती हुई गम्भीर हो गई—"देखिए, शशि को मेरे साथ या मुझे शशि के साथ आप स्वीकार नहीं कर सके। मेरे जाने के बाद क्या शशि को आप सँभालेंगे?"

यह उसका तर्क था या आज्ञा, निवेदन था या ये तीनों मिश्रित थे? लेकिन क्या उसकी इस आज्ञा को न मानने का साहस था मुझमें?

"शशि को मैं सँभालूँगा, कान्ता! जैसे तुमने उसे सँभाला है वैसे ही मैं भी उसे माँ और बाप दोनों बनकर सँभालूँगा।"

मेरा हृदय भर आया। मैंने कहना चाहा—"पर तुम मुझे छोड़कर मत जाना! तुम चली गईं तो मैं जलता रहूँगा, पल-पल तड़पता रहूँगा।"

मैंने धीरे से उसका सिर उठाकर अपनी गोद में रख लिया। उसने मुस्कराती आँखों से मेरी ओर देखा। फिर चुपचाप लेट गई। उसके ललाट पर शान्ति और शीतलता छा गई।

कान्ता इस संसार से चली गई।

अब शशि मुझे 'डैडी' कहती है। लोग मुझे सदाचारी और सहृदय पुरुष समझते हैं। पुरुष जिसने एक अनाथ बच्ची को अपनाया है। लेकिन मैं स्वयं को कायर और घृणा योग्य व्यक्ति समझता हूँ...एक भीरु और डरपोक पुरुष हूँ मैं!

(सिन्धी से अनूदित : राधाकृष्ण चाँदवाणी)

कान्ता

सिन्धी कहानी

•

लेखिका—पोपटी हीरानन्दाणी
पटकथा—मन्नू भण्डारी

(लोकल ट्रेन के किसी स्टेशन के बाहर नायक खड़ा बड़ी उत्सुकता से किसी की प्रतीक्षा कर रहा है। गेट से भीड़ निकल रही है और वह बड़े ध्यान से हर व्यक्ति की ओर देख रहा है। जैसे ही एक महिला आती है, उसके चेहरे का भाव बदल जाता है। कुछ दूर तक वह उस महिला के पीछे-पीछे चलता है, पर महिला बिना एक बार भी पीछे मुड़े अपनी ही मस्ती में जल्दी-जल्दी चली जा रही है। कुछ दूर चलने के बाद नायक खड़ा हो जाता है और वह उसकी आँखों से ओझल हो जाती है। नायक के चेहरे पर कुछ असहायता...कुछ निराशा का भाव)

कट

(बरसात होने की वजह से सड़क गीली है और एक जगह उसके कुछ हिस्से में पानी भी भरा हुआ है। आज सलवार कुरते में वही महिला पानी देखकर एक मिनट को रुकती है...चप्पल उतारकर हाथ में लेती है, दूसरे हाथ से सलवार को ऊँचा किये सँभल-सँभलकर क़दम आगे बढ़ाती है। गमबूट में नायक उसके पीछे चल

पड़ता है। डगमगाती नायिका को सहारा देने के लिए बार-बार हाथ बढ़ाता है...पर संकोच के मारे कुछ कर नहीं पाता! नायिका इस सबसे बिल्कुल अनजान सूखी सड़क पर आ जाती है—चप्पल पहनकर जल्दी-जल्दी चलने लगती है, मानो, कहीं जाने के लिए लेट हो रही हो। नायक के चेहरे पर फिर हताशा का भाव।)

कट

(आज नायिका साड़ी में कुछ ज़्यादा ही आकर्षक लग रही है। हमेशा की तरह अपनी ही धुन में वह तेज-तेज चली जा रही है...थोड़ा-सा फ़ासला रखकर नायक उसका पीछा कर रहा है। आज वह भी रुकता नहीं, चलता ही रहता है। अचानक नायिका के हाथ से एक किताब गिर जाती है...वह उसे उठाने के लिए लपकता है लेकिन उससे पहले ही नायिका उसे उठाकर चल देती है। नायक भी चल देता है, मानो आज तो वह जानकर ही रहेगा कि वह कहाँ काम करती है। नायिका एक ऑफिस नुमा बिल्डिंग में घुसती है तो नायक रुक जाता है। उसके चेहरे के तनाव एकाएक ढीले हो जाते हैं।)

नायक : ओफ़! मेरे ही ऑफ़िस की बिल्डिंग में! (चेहरे पर मुस्कान फैल जाती है। जल्दी से वह भी उसी बिल्डिंग में घुस जाता है।)

दृश्य समाप्त

नया दृश्य

(रात का समय! नायक अपने कमरे की बाल्कनी में बैठा सिगरेट पी रहा है। चेहरे पर ऐसा भाव जैसे कहीं खोया हुआ है! मित्र का प्रवेश)

मित्र : यह क्या?—तू तब से यहीं बैठा है...जैसा का तैसा? (नायक

चुप) बात क्या है यार, जब से आया हूँ, देख रहा हूँ कि तू बहुत खोया-खोया रहता है। (**पास आकर**) ऐ, हुआ क्या, ऑफिस का कोई चक्कर-वक्कर है क्या?

नायक : नहीं-नहीं, ऐसी कोई बात नहीं।

मित्र : अब तू न बताना चाहे तो तेरी मरजी...वरना इस तरह गुमसुम रहकर सिगरेट फूँकने वाला तो तू है नहीं (**नायक केवल मुस्कराता है**) वाह! बड़ी मीठी मुस्कान फूटी।...कोई इश्क-विश्क का चक्कर तो नहीं लगा लिया जान को?...वैसे उसकी उम्र तो तू बहुत पीछे छोड़ आया...यों भी निहायत प्यूरिटन किस्म का दकियानूसी आदमी...लेकिन लक्षण सारे कुछ उसी तरह के हैं। हो तो बता दे...कुछ गुर थमा दूँगा वरना दो दिन बाद तो मैं चला ही जाऊँगा।

नायक : इसमें माहिर है क्या तू?

मित्र : (**हँसकर**) देख, शादी चाहे न की हो, लेकिन प्रेम तो हर तीसरी लड़की से किया है। तेरी तरह बंजर मामला नहीं है अपना...तेरा तो आज तक कभी किसी लड़की पर ध्यान ही नहीं गया...अच्छी से अच्छी लड़की पर भी नजर ही नहीं जमती तेरी तो?

नायक : कहूँ कि अब जमी है किसी लड़की पर तो?

मित्र : (**उछलकर**) क्याऽऽ?...बता-बता कौन है?...ज़रूर कोई ऊँची ही चीज होगी। (**नाटकीय अन्दाज में**) गोरा रंग...छरहरा बदन...तीखे नाक-नक्श–

नायक : नहीं ऐसा कुछ नहीं है...गेहुँआ रंग, थोड़ा भारी शरीर–सब कुछ साधारण लेकिन फिर भी कहीं कुछ है...बता नहीं सकता क्या है–लेकिन...

मित्र : बात कहाँ तक पहुँची?

नायक : शुरू ही नहीं हुई?

मित्र : तो तू खयाली पुलाव ही पकाए जा रहा है?

नायक : कोई पाँच-छह दिन पहले ट्रेन में वह मेरे ही डिब्बे में बैठी थी...पता नहीं क्यों, मैं उस पर से नज़र ही नहीं हटा पा रहा था।...उतरकर उसके पीछे-पीछे भी गया...और तब से रोज जल्दी उतरकर मैं उसके इन्तजार में गेट पर खड़ा हो जाता हूँ। जब तक वह आ नहीं जाती तब तक एक अजीब सी बेचैनी महसूस करता हूँ। आ जाती है तो कुछ दूर तक उसके पीछे-पीछे जाता हूँ। उसने तो शायद कभी पलटकर भी नहीं देखा कि

कोई उसका पीछा कर रहा है...लेकिन मैं उसी क्षण से दूसरे दिन का इन्तज़ार करने लगता हूँ। मन मार कर ऑफिस तो जाता हूँ पर काम में मन ही नहीं लगता। इस उम्र में मुझे खुद यह सब बहुत बेतुका और अजीब लगता है।

मित्र : धत्तेरे की...बहुत ही फुस्स मामला निकला यह तो...तू बस, ऐसा फुसफुसिया प्रेम ही कर सकता है—हुँ ऽऽ!

नायक : मैं भी सोचता था कि दो-चार दिन में यह फितूर उतर जाएगा लेकिन आज जैसे ही पता लगा कि वह तो मेरे ही ऑफ़िस के एक डिपार्टमेंट में काम करती है तो लगा कि मात्र संयोग ही नहीं है यह...जैसे एक संकेत है कि मुझे आगे बढ़ना चाहिए। अपना तबादला उसी डिपार्टमेंट में करवा लेना चाहिए। और यह काम तो देखना मैं तुरन्त करवा लूँगा।

मित्र : बढ़ो-बढ़ो पार्टनर...थोड़ी स्पीड से बढ़ो। **(पीठ थपथपाता है)**

दृश्य समाप्त

नया दृश्य

(ऑफिस का कमरा। अपने कुछ ऊँचे ओहदे के कारण नायक की मेज़-कुर्सी एक तरफ़ अलग लगी है। कमरे के दोनों ओर तीन-तीन, चार-चार लोग बैठे हैं... आखिरी कुर्सी पर वही स्त्री (कान्ता) बैठी है। इसी कमरे में जुड़ा हुआ मैनेजर का कैबिन है।)

नायक : **(हाथ में पैन लिये...सामने एक फ़ाइल खुली है। वह बार-बार कान्ता की ओर देखता रहता है, जो पूरी तरह किसी फ़ाइल में डूबी है। एकाएक फ़ाइल बन्द करके)** मिस बालाजी, आपने टण्डन-ब्रदर्स वाले पेपर्स तैयार कर लिये हों तो ज़रा फ़ाइल इधर लाएँगी!

(कान्ता उठकर आती है और चुपचाप फ़ाइल पकड़ा देती है)

नायक : कम्प्लीट? **(कान्ता बिना बोले सिर हिला देती है)** व्हेरी प्रॉम्प्ट। मुझे ऐसे प्रॉम्प्ट लोग ही अच्छे लगते हैं। **(बिना होंठ हिले केवल साउण्ड ट्रैक पर "और आप तो मुझे यों भी बहुत अच्छी लगती हैं।")** मैं फ़ाइल देखता हूँ, तब तक आप बैठिये। प्लीज़ सिट

डाउन।

कान्ता : **(धीरे से)** आप इसे देखिए, तब तक मैं दूसरी फ़ाइल देख लेती हूँ। **(मुड़कर चली जाती है)**

नायक : **(खीज के साथ फ़ाइल के पन्न पलटने लगता है। बीच-बीच में कान्ता की ओर भी देखता जाता है। थोड़ी देर बाद)** मिस बालाजी! **(कान्ता आकर सामने खड़ी हो जाती है)** आपने सारे केस को अच्छी तरह स्टडी करके बहुत अच्छा नोट तैयार किया है **(कान्ता चुप)** लगता है आप जितनी प्रॉम्प्ट हैं उतनी ही एफ़िशियेण्ट भी **(कान्ता चुप। एकटक कान्ता का चेहरा देखते हुए)** अच्छा यह बताइये, आप यहाँ कब से काम कर रही हैं?

कान्ता : दो साल से!

नायक : और देखिए, मैंने आज तक आपको कभी देखा तक नहीं। **(हँसकर)** मुझे मालूम होता कि इस सेक्शन में मुझे इतना अच्छा असिस्टे **(शब्द बदल देता है)** सहयोगी मिलेगा तो मैं पहले ही ट्रान्सफर करवा लेता अपना। बैड-लक। **(कान्ता के चेहरे पर एक नामालूम सी मुस्कराहट)** अच्छा चलिए अब इन्हें जवाब भी दे ही दिया जाए। आप बैठिए, मैं डिक्टेशन देता हूँ।

कान्ता : **(धीरे से)** जी, मुझे शॉर्टहैंड नहीं आता...मैं स्टैनो को भेज देती हूँ। **(मुड़कर चली जाती है। नायक गुस्से से फ़ाइल को मेज़ पर दे मारता है)**

कट

(वही कमरा...सब कुछ वैसा ही, केवल नायक की कुर्सी खाली है और घड़ी चार बजा रही है। एकाएक कान्ता अपनी दोनों कोहनियाँ मेज़ पर टिका कर... अँगूठों से अपनी दोनों कनापटियाँ दबाने लगती है। चेहरा उतरा हुआ है)

पास बैठा साथी : क्या बात है मिस बालाजी? तबीयत कुछ...

कान्ता : दर्द से सिर फटा जा रहा है।

साथी : तो आप घर क्यों नहीं चली जातीं?

कान्ता : मिस्टर मलकानी आ जाते तो...

साथी : देखिए, वो तो अभी मैनेजर के कमरे में घुसे हैं। अब तो वो

छुट्टी के बाद ही निकलेंगे। आप जाइए आने पर मैं बता दूँगा।

(कान्ता जल्दी से कागज़ समेट कर दराज़ में रखती है। पर्स उठाकर निकल जाती है)

दृश्य समाप्त

नया दृश्य

(नायक कान्ता के घर की कॉलबेल बजाता है। कान्ता ही दरवाजा खोलती है। आश्चर्य से)

कान्ता : अरे आप?...आप कैसे आए?

नायक : क्यों तुम तीन दिन से बीमार हो...तुम्हें देखने नहीं आ सकता...नहीं आना चाहिए?

कान्ता : नहीं-नहीं, अन्दर आइए। **(दोनों भीतर आते हैं।)**

नायक : तबीयत कैसी है तुम्हारी?

कान्ता : आज तो ठीक हूँ...कल शायद ऑफिस आ सकूँ।

नायक : अगर आराम की ज़रूरत हो तो एकाध दिन की छुट्टी और ले लो। **(भीतर से कान्ता की माँ आती है पीछे-पीछे चार साल की एक बच्ची भी आती है।)**

कान्ता : अम्मा, मेरे ऑफिस के साहब हैं। **(नमस्ते का आदान-प्रदान)** चाय पिलवाओगी! **(अम्मा लौटती है...बच्ची वहीं रह जाती है तो वापस लौटकर उसे एक तरह से खींचते हुए भीतर ले जाती है। दोनों चुप।)**

नायक : यह तो तुम्हारा अपना घर है...यहाँ भी क्या तुम इतनी ही चुप-चुप रहती हो। **(कान्ता हल्के-से मुस्करा देती है। अम्मा चाय रख जाती है। कान्ता चाय बनाने लगती है।)** एक बात पूछूँ?...आफिस में इतना गुमसुम-सी क्यों रहती हो तुम? मैंने तुम्हें कभी किसी से बात करते ही नहीं देखा।

कान्ता : काम के अलावा क्या बात की जाए किसी से ऑफिस में?

नायक : क्यों जिन लोगों के साथ रोज़ हम छह-सात घंटे गुजारते हैं, उनके साथ तो हँसी-मज़ाक, गपशप सभी कुछ हो सकता है...बल्कि अपना सुख-दुख भी शेयर करते हैं हम अपने साथियों के साथ।

कान्ता : **(एक गहरी साँस लेकर)** शायद!...लेकिन पता नहीं क्यों मुझे अपने में सिमटा रहना ही अच्छा लगता है...आदत हो गई है अब तो।

नायक : लगता है, जैसे जोर-जबरदस्ती करके आदत बनाई है तुमने...बल्कि कहूँ बहुत चौकस रहती हो तुम कि तुम्हारी गम्भीरता का यह खोल न उतर जाए कहीं...बताओ, कुछ गलत कह रहा हूँ मैं?

(इस बार कान्ता सीधी नजरों से नायक को देखती है...पैनी नजरों से, मानो तौल रही हो कि इस आदमी के साथ कितना खुला जा सकता है।)

कान्ता : अगर कोई खोल आदमी को सुरक्षित रखता हो तो क्या बुराई है?

नायक : चाहे उस खोल के भीतर फिर दम ही घुट जाए।

(कान्ता फिर उसी नजर से नायक को देखती है। उसकी नजर में पता नहीं ऐसा क्या आकर्षण है कि नायक एकदम मुग्ध हो जाता है। कान्ता इसे भाँप लेती है–प्रसंग बदलने के लिए)

कान्ता : यह क्या, आपने कुछ खाया नहीं।...मैं बाजार नहीं जा पाई और घर में अम्मा के बनाए इन लड्डुओं के सिवा और कुछ है नहीं...आप नहीं खाएँगे तो उन्हें बहुत बुरा लगेगा।

नायक : और तुमको नहीं लगेगा? **(पहली बार कान्ता हँसती है। बड़ी मोहक हँसी)**

कान्ता : समझ लीजिए, माँ की आड़ लेकर मैं अपनी ही बात कह रही हूँ।

नायक : बिना आड़ लिये अपनी बात कहना भी सीखो। **(दोनों हँसते हैं।)**

दृश्य समाप्त

नया दृश्य

(ऑफ़िस का कमरा। लंच टाइम शुरू होते ही कान्ता को छोड़कर बाकी सब लोग बाहर निकल जाते हैं।

मैनेजर के कमरे से नायक निकलता है...चारों ओर नज़र डालकर)

नायक : **(हँसते हुए)** लंच टाइम शुरू होते ही सब ग़ायब। अगर किसी ने आधा सेन्टेन्स लिखा होगा तो उसे भी पूरा नहीं किया होगा उसने...कमाल है भाई! **(कान्ता केवल मुस्कराती है)** अच्छा तुम तो लंच भी रोज़ कमरे में बैठ कर ही करती हो...बाहर जाने से भी परहेज़ है क्या?

कान्ता : लंच ही तो करना है...कहीं भी बैठकर कर लो...क्या फ़र्क पड़ता है?

नायक : चलो तो आज मैं भी यहीं बैठकर लंच करूँगा...पर एक शर्त है **(कान्ता नायक की ओर देखती है)** तुमको मेरी मेज़ पर आना पड़ेगा साथ देने के लिए।

कट

(दोनों मेज़ के आमने-सामने बैठे हैं। कान्ता लंच बॉक्स खोलती है)

नायक : चलिए आज घर का बना खाना तो मिलेगा...वरना रोज़-रोज़ उस नौकर के हाथ का बेस्वाद खाना।

कान्ता : **(अपना डिब्बा उसके सामने सरकाते हुए)** आप कहें तो मैं आपके लिए भी रोज़ खाना ले आया करूँ?

नायक : आरे वाह! नेकी और पूछ-पूछ! **(कान्ता हँसती है)** इसी तरह हँसती रहा करो? कितनी अच्छी लगती हो, हँसती हुई!

कट

(कान्ता और नायक लिफ्ट से नीचे उतर रहे हैं)

नायक : यदि ऑफ़िस से निकलकर आदमी एक कप गरमागरम कॉफ़ी पी ले तो घर उतना ही तरोताज़ा पहुँच सकता है जितना सवेरे घर से निकलते समय रहता है। **(कान्ता जवाब नहीं देती, केवल मुस्कराती है)** कुछ ग़लत कह रहा हूँ?

कान्ता : निमन्त्रण देने के बड़े नायाब तरीके हैं आपके पास!

नायक : नायाब तो और भी बहुत कुछ है...बस कोई देखे तो **(दोनों हँस पड़ते हैं)**

कट

नया दृश्य

(इतवार का दिन। कान्ता बाज़ार में उसी बच्ची को लिये एक दुकान के सामने खड़ी किसी की प्रतीक्षा कर रही है। हाथ में खरीदे हुए जूतों का डिब्बा है। नायक आता है।)

नायक : हलो कान्ता...किसके इन्तजार में खड़ी हो यहाँ?

कान्ता : अपनी पड़ोसन के इन्तजार में **(बच्ची की ओर इशारा करके)** इसे जूते दिलवा दिए—वे आएँ तो इसे साथ भेजकर फिर मैं शॉपिंग करूँ...महीने भर का सामान खरीदना है।

नायक : बड़ी प्यारी बच्ची है...उस दिन तुम्हारे घर में भी देखा था...कौन है यह?

कान्ता : **(एक क्षण झिझकती है, फिर दृढ़ स्वर में)** मेरी बेटी है यह...शशि।

नायक : **(मुस्कराकर)** मजाक अच्छा कर लेती हैं आप मिस बालाजी...या कि माँ बनने...

कान्ता : मजाक नहीं, यह मेरी बच्ची है। **(चेहरे का भाव देखकर पसोपेश में पड़ जाता है।)**

नायक : लेकिन तुम तो मिस बालाजी...**(मिस शब्द पर ज़ोर देकर)**

कान्ता : हाँ आज मिस बालाजी हूँ लेकिन कभी शादी की थी...

(नायक के चेहरे पर तरह-तरह के भाव। वह कुछ भी कहता-पूछता उसके पहले पड़ोसिन अपने दो बच्चों के साथ आ जाती है...शशि उछलकर उनके पास चली जाती है...वे लोग चले जाते हैं। नायक और कान्ता एक-दूसरे को देखते हुए खड़े हैं...एक विचित्र सा भाव नायक के चेहरे पर)

नायक : बाजार करने से पहले एक कप चाय पी लें कहीं बैठकर?

कान्ता : **(बहुत सहज भाव से)** मैं जानती थी कि यही प्रस्ताव आएगा अब।...चाय की आड़ मत लीजिए, सच-सच कहिए न कि आपके मन में बहुत खलबली मच रही है सब कुछ जानने की।

कट

नया दृश्य

(रेस्त्रां में बैठे हैं। बीच में चाय रखी है।)

नायक : बच्ची के पिता कहाँ हैं?

कान्ता : मुझे छोड़कर कहीं चला गया!

नायक : कहाँ?

कान्ता : मालूम नहीं...और न जानने की मैंने कभी कोशिश की।

नायक : **(आश्चर्य और कुछ न समझने के भाव से)** क्यों?...और छोड़कर गया क्यों—झगड़ा हुआ था कभी?

कान्ता : साथ रहते तब तो झगड़े की नौबत आती...वह तो पहले ही चला गया। **(कान्ता के चेहरे पर व्यथा की हल्की सी झलक...वह निरुद्देश्य चम्मच में चीनी भरती है...उलटती है। दोनों की चाय यों ही पड़ी है)**

नायक : तुमने शादी की थी उससे?

कान्ता : मन से तो की थी...रस्म से नहीं। बस, मन्दिर में भगवान के सामने उसने मेरा हाथ पकड़ा था **(आँखों में आँसू आ जाते हैं)**

नायक : फिर क्या हुआ...वह चला क्यों गया?

कान्ता : **(व्यंग्य और कटुता के साथ)** आप लोगों की...पुरुषों की जाति बहुत बहादुर होती है न...इसीलिए वह सबसे डरने लगा, मुझसे मुँह छिपाने लगा और बच्ची के जन्म से पहले ही भाग गया!

नायक : तुमने उसकी तलाश नहीं की?

कान्ता : नहीं, जिसने मुझे इस शोचनीय स्थिति में छोड़ दिया...उसके पीछे मैं भला क्यों जाती? **(चेहरे पर दृढ़ता और साहस। नायक एकटक देखता है।)**

नायक : और उस पर भी तुमने बच्ची को जन्म दिया...वरना ऐसे में तो अक्सर लड़कियाँ...

कान्ता : मैं उन लड़कियों में से नहीं हूँ जो अपनी पवित्रता का सर्टिफिकेट लेने के लिए बच्चे की बलि चढ़ा देती हैं। **(दोनों चुप)**

नायक : माफ करना कान्ता, मैंने अनजाने में ही तुम्हारा कोई घाव कुरेद दिया शायद!

कान्ता : नहीं...अच्छा है कभी-कभी इसका मवाद निकलता रहे तो कुछ

सुकून ही मिलता है **(एक क्षण रुककर)** लेकिन शायद आपको बहुत धक्का लगा...मुझे पहले ही बता देना चाहिए था...

(कान्ता नायक के चेहरे को ऐसे देखती है, मानो कुछ उम्मीद कर रही हो लेकिन नायक कुछ भी नहीं कह पाता। कुछ देर दोनों के बीच मौन छाया रहता है।)

नायक : अब चलें?

कान्ता : **(चेहरे पर हल्का सा तनाव)** चाय तो पड़ी ही रह गई।

नायक : अब रहने दो...इन बातों से मैं तुम्हें और आहत नहीं करना चाहता।

कान्ता : **(व्यंग्य से)** आहत करने के भी तो कैसे-कैसे और कितने तरीके होते हैं। **(उठ कर चल देती है–नायक भी पीछे-पीछे चल पड़ता है)**

दृश्य समाप्त

नया दृश्य

(बिना संवाद का एक दृश्य। आधी रात का समय। एकदम अँधेरा...नायक सिगरेट पीता हुआ कमरे में चक्कर लगा रहा है। ठसाठस भरी एक ऐश-ट्रे पर फोकस किया जाए। उसके हाव-भाव उसकी परेशानी और मानसिक उथल-पुथल को स्थापित किया जाए।)

दृश्य समाप्त

नया दृश्य

(कान्ता ऑफ़िस में अपनी कुर्सी पर बैठी है। नायक की खाली कुर्सी। मेज पर जमी हुई सारी चीजें जैसी की तैसी पड़ी हैं...सिर्फ नायक ग़ायब है। एक क्षण देखती रहती है...चेहरे पर हलकी सी परेशानी...बाहर निकलती है तो चपरासी आता दिखाई देता है।)

कान्ता : साहब आज भी नहीं आए?

चपरासी : नहीं साब, कोई खबरीज नई। शाम को जाकर मालूम करूँगा।

(कान्ता अपनी कुर्सी पर लौट आती है। एक फ़ाइल खोलती है फिर उसे बन्द करके दूसरी खोलती है...फिर उसे भी बन्द करके सरका देती है। काम में मन नहीं लग रहा—बेहद उखड़ी-बिखरी मानसिक स्थिति। अचानक फ़ोन की घण्टी बजती है...लपक कर उठाती है।)

कान्ता : ...हूँ...हूँ हाँ, समझ गई—ठीक है, पाँच बजे पहुँच जाऊँगी।

दृश्य समाप्त

नया दृश्य

(किसी पार्क में कान्ता और नायक)

नायक : कान्ता, मैं तुमसे कुछ कहना चाहता हूँ...पता नहीं, कहना भी चाहिए या नहीं। **(कान्ता चुप—चेहरे पर उत्सुकता)**...तुम जानती हो, तुम मेरे बहुत-बहुत निकट आ चुकी हो...बल्कि मेरी ज़िन्दगी का हिस्सा बन चुकी हो **(कान्ता के चेहरे पर लाली उभर आती है)** मुझे नहीं मालूम तुम मेरे बारे में क्या महसूस करती हो।

कान्ता : सब बातें क्या कहकर ही बताई जाती हैं।

नायक : दो दिन से मैं ऑफिस नहीं गया...सिर्फ अपने और तुम्हारे बारे में ही सोचता रहा...और मुझे लगा कि अब कोई निर्णय ले ही लेना चाहिए। **(कान्ता के पास सरककर उसका हाथ पकड़कर मनुहार भरे स्वर में)** मैं चाहता हूँ कि हम लोग अब शादी कर लें...मुझे उम्मीद है कि तुम्हें भी कोई आपत्ति नहीं होगी **(कान्ता के चेहरे पर सुर्खी फैल जाती है...आँखें झुक सी जाती हैं।)**...बस, तुमको थोड़ा सा मेरा साथ देना होगा **(कान्ता की नजरें ऊपर उठती हैं, नजरों में प्रश्नवाचक भाव। नायक बहुत हिचकिचाते हुए...तोड़-तोड़कर बात कहता है)** मैं सोचता हूँ कि...शशि की कोई व्यवस्था...

कान्ता : व्यवस्था...कैसी व्यवस्था? **(चेहरे पर तनाव उभर आता है)**

नायक : मेरा मतलब है कि यदि अभी हम इसे किसी अच्छे से अनाथाश्रम में रख दें...

कान्ता : **(झटककर हाथ खींच लेती है)** क्यों?...मेरे रहते माँ के रहते

शशि अनाथाश्रम में क्यों रहेगी?...मैं माँ हूँ उसकी, मेरे साथ रहेगी वह...आज तक–

नायक : **(बात काटकर)** नहीं-नहीं, तुम गलत मत समझो। मैं तुम्हारी भावनाओं को खूब अच्छी तरह जानता हूँ...लेकिन सिर्फ एक साल के लिए यदि उसे हम...फिर गोद लेकर हम उसे अपने परिवार में मिला लेंगे–तुम्हारे साथ ही रहेगी फिर वह।

कान्ता : **(चेहरा तमतमाने लगता है। आवाज़ में एक खास तरह की दृढ़ता और पैनापन)** लेकिन क्यों? माँ के रहते पहले बच्ची को अनाथाश्रम भेजूँ और फिर...अपनी ही बच्ची को गोद लेने का नाटक मैं क्यों करूँ?...जब ऐसे हालातों में भी मैंने कभी नहीं छिपाया...माँ बनकर ही उसे पाला है तो अब क्यों छिपाऊँगी...?

नायक : कान्ता प्लीज़ **(फिर हाथ पकड़ता है)** इतने आवेश में मत आओ...ज़रा ठंडे दिमाग से सोचो **(अनुनय भरे स्वर में)** थोड़ा व्यावहारिक होकर...मेरी नजर से **(कान्ता बोलती कुछ नहीं, सिर्फ उसे देखती है)**...देखो, हम कितना ही नकारें...लेकिन...मेरा एक परिवार है...एक समाज है–उनके सबके सामने–

कान्ता : परिवार और समाज मेरा भी है लेकिन मुझमें अपने कामों और उसके परिणामों को स्वीकार करने का साहस है...एक औरत होकर भी **(एक-एक शब्द पर जोर देकर कहती है और चेहरा फिर तमतमाने लगता है)**

नायक : **(कान्ता का रुख देखकर हिचकिचाता है लेकिन फिर हिम्मत करके कह देता है)** देखो, हम चाहे न मानें...मानते भी नहीं लेकिन लोगों की नज़रों में तो शशि आख़िर एक अवैध बच्ची ही है।

कान्ता : **(एकदम भभक जाती है)** अवैध बच्चे नहीं होते मिस्टर मलकानी...अवैध या तो माँ होती है या बाप...और माँ-बाप के गलत कामों की सजा बच्चे को क्यों दी जाए **(एकदम खड़ी हो जाती है)** कम से कम मैं नहीं दूँगी...आप पुरुष लोग **(गुस्से और नफरत से चेहरा विकृत हो जाता है। तमतमाती हुई निकल जाती है। बौखलाया हुआ नायक देखता रहता है।)**

कट

नया दृश्य

(करीब दो साल बाद। पहले दृश्य वाला दोस्त और नायक दोनों बैठे हैं।)

नायक : **(जैसे पूरी कहानी सुनाने के बाद नायक के चेहरे पर गहरी वेदना उतर आती है)** आज पूरे दो साल हुए हैं उस बात को जब वह मुझे धिक्कार कर निकल गई थी। एक हफ्ते बाद दफ्तर में उसका त्यागपत्र मिला। मैं दौड़ा-दौड़ा उसके घर गया लेकिन वे घर छोड़कर जा चुके थे—और किसी को कुछ मालूम नहीं था।...तब से कितना ढूँढ़ा...कहाँ-कहाँ ढूँढ़ा लेकिन कोई पता नहीं लगा...और मैं हूँ...**(आवाज़ भर्रा जाती है। सिर कुर्सी की पीठ पर टिकाकर आँखें मूँद लेता है।)**

मित्र : तू पहले ही काफ़ी दुखी है इसलिए कहना तो नहीं चाहिए लेकिन यार, तू इतना बॉडम निकलेगा, यह नहीं सोचा था। ...देखा तो नहीं पर सुनकर ही लग रहा है...must be a fantastic woman...और तू, समाज...संस्कार...**(हिकारत से)** धत्तेरे की...तू खुद नहीं जानता शायद कि किसे छोड़ दिया है तूने—

नायक : उसे क्या छोड़ा, अपने को ही तोड़ दिया है मैंने...टुकड़े-टुकड़े हो गया हूँ उसके बाद से मैं...बिलकुल चूर-चूर...

मित्र : और वह कितना टूटी होगी?...वह जरूर तुम्हें बहुत प्यार करने लगी थी...तेरे इस व्यवहार ने कितना तोड़ा होगा उसे भी पहले एक धोखा, और फिर—

नायक : **(अपने में खोया हुआ)** अब समझ पाया कि उसके भीतर जो साहस था, निर्भीकता थी...उसी के तेज से ऐसे दिपदिपाता रहता था उसका चेहरा कि पहली बार देखकर ही मुग्ध हो गया था...रोज़-रोज़ उसके पीछे-पीछे जाया करता था...लेकिन जब वह पास आई तो उसके साहस और तेज को झेल नहीं पाया मैं...**(कुछ क्षण रुककर)** पता नहीं कहाँ होगी, कैसी होगी वह, उसकी बच्ची **(गला भर्रा जाता है। दोस्त पास आकर कन्धा थपथपाकर तसल्ली देता है।)**

मित्र : चल थोड़ा बाहर टहलकर आते हैं...मन बहल जाएगा। **(खींचकर उसे उठाता है...और दोनों बाहर निकल जाते हैं।)**

दृश्य समाप्त

नया दृश्य

(नायक ऑफिस में बैठा हुआ डाक देख रहा है। एक लिफाफा उठाकर चौंक-सा पड़ता है...'उसकी' लिखाई। बड़ी धीरता से पत्र खोलता है। संक्षिप्त पत्र। साउण्ड ट्रैक पर कान्ता की आवाज़ सुनाई देती है।)

''मेरा पत्र पाकर आपको आश्चर्य तो होगा। सचमुच मैंने आपके संसार से निकल जाना चाहा था। आपके मन में मेरे लिए प्यार का किंचित मात्र भी यदि शेष है, तो उस अंश के अधिकार से ही यह पत्र लिख रही हूँ। मुझे फेफड़ों का कैन्सर हो गया है...अन्तिम स्टेज है। टाटा हॉस्पिटल में रूम नं. 13 में हूँ। क्या मेरे पास आ सकेंगे?'' (नायक के चेहरे पर परेशानी का भाव। जल्दी से टेलीफोन की डाइरेक्टरी पलटने लगता है–फिर जल्दी-जल्दी नम्बर मिलाता है। नम्बर नहीं मिलता...बार-बार घुमाता है। बेहद परेशान सा)

नायक : टाटा हॉस्टिपल ज़रा बताइये तो रोगियों से मिलने का समय क्या है? (घड़ी देखता है...तेज़ी से निकल जाता है)

दृश्य समाप्त

नया दृश्य

(अस्पताल का कमरा। कान्ता लेटी हुई। नायक आता है। साथ में फूलों का गुच्छा है लेकिन जैसे कुछ बोल नहीं पाता। कान्ता के चेहरे पर मुस्कान)

कान्ता : मैं जानती थी तुम जरूर आओगे...बैठो!

नायक : यह सब तुम्हें कैसे हुआ...कहाँ थीं तुम अब तक?

कान्ता : बस, अब कुल चार-छः दिन की मेहमान हूँ...इसीलिए तुम्हें आने के लिए लिखा था। (दुख और आवेग से नायक का सारा शरीर काँपने लगा। वह कान्ता के पलंग पर ही बैठ गया उसका हाथ लेकर।)

नायक : नहीं कान्ता नहीं, मेरे गुनाह की इतनी बड़ी सजा मत दो...मैं

तुम्हें जाने नहीं दूँगा...(**कान्ता कुछ नहीं कहती–पर उसकी आँखों से आँसू चू पड़ते हैं**) मुझे अपने पाप का प्रायश्चित्त तो करने दो कान्ता...तुम मेरी उम्र लेकर जिन्दा रहो...मैं तुम्हें मरने नहीं दूँगा कान्ता...आख़िरी दम तक इलाज करवाऊँगा तुम्हारा–

कान्ता : तीन महीने पहले अम्मा भी नहीं रहीं...एक तरह से अच्छा ही हुआ–...वरना वे इस आघात को सह नहीं पातीं।

नायक : तुम मेरे पास क्यों नहीं चली आईं...एक बार तो मुझे मौका दिया होता...

कान्ता : पास नहीं आई तो क्या हुआ...तुमसे दूर भी तो नहीं हो सकी, आख़िरी समय में तुम्हें ही तो याद किया (**आँखें छलछला आती हैं। नायक उसका सिर सहलाता है।**) देखो, मेरे साथ तो तुम शशि को स्वीकार नहीं कर सके लेकिन मेरे जाने के बाद शशि को तुम सँभाल लेना...उसका कोई नहीं है (**आँसू टपक पड़ते हैं।**)

नायक : शशि को मैं सँभालूँगा कान्ता...जैसे तुमने सँभाला था वैसे ही मैं भी सँभालूँगा...माँ और बाप दोनों बनकर सँभालूँगा...लेकिन तुम मुझे छोड़कर मत जाओ कान्ता...मुझे कौन सँभालेगा...(**आवेग में आकर उसके हाथों को चूमता है।**)

कान्ता : और देखो, शशि अवैध बच्ची नहीं है...वह...

नायक : (**बीच में ही रोककर**) मुझे और मत शर्मिन्दा करो कान्ता...अपने किए की बहुत बड़ी सजा तो मिल चुकी है मुझे। (**कान्ता नायक के दोनों हाथ लेकर अपनी छाती पर टिका लेती है...उसकी आँखें मुँद जाती हैं, चेहरे पर सुकून और शान्ति का भाव।**)

दृश्य समाप्त

नया दृश्य

(डॉक्टर का केबिन)

डॉक्टर : बच्ची आ गई है।...आपने इसकी जिम्मेदारी लेकर बहुत अच्छा किया...इसी की वजह से उनके प्राण जैसे अटके हुए थे...कल

रात को बहुत शान्ति से मरीं।...आज के जमाने में बिना किसी सम्बन्ध के एक बच्ची की जिम्मेदारी लेना...you are really great.

नायक : **(जो इतनी देर से आँसू भरी आँखों से बैठा है...किसी तरह अपने को साधकर...एकदम फूट पड़ता है।)** नहीं डॉक्टर नहीं, मुझ जैसा डरपोक...मुझ जैसा घटिया आदमी कोई नहीं होगा...मुझे नफरत हो रही है अपने से...आप भी नफरत करिए मुझसे...धिक्कारिये मुझे...मैं इसी लायक हूँ।

(मेज पर सिर टिका देता है। इतने में नर्स का हाथ पकड़े शशि आती है। डॉक्टर नायक की पीठ पर हाथ रखकर उसे उठाता है। शशि को देखकर वह लपककर उसे गोद में उठा लेता है...चुम्बनों की बौछार कर देता है–'मेरी बच्ची' कहकर उसे सीने से लगा लेता है। डॉक्टर और नर्स मुग्ध भाव से नायक को देखते रहते हैं।)

कट

(नायक शशि को सीने से चिपकाए चला जा रहा है...उसकी आकृति दूर-दूर होती जा रही है)

समाप्त

बूढ़ा सियार

•

अल्लम शेषगिरि राव

घड़ी रात के दस बजाने वाली थी। काली फिसलने वाली अलकतरे की तरह उस घने जंगल में अँधेरा चारों तरफ छाया हुआ था। कैम्प के तम्बू सिर्फ सफेद-सफेद दिखाई दे रहे थे। जंगली जानवरों से बचने के लिए कैम्प में मज़दूरों द्वारा जलाई गई अलाव की आग की लपटें दूर से ही दिखाई दे रही थीं। तम्बुओं में लालटेनें टिमटिमा रही थीं और दफ्तरवाले तम्बू में गैस की रोशनी जगमगा रही थी। अभी तक दशरथ रामय्या दफ्तर में काम कर रहे थे। इस तरह रोज रात के एक-एक बजे तक काम करने की आदत-सी बन गई थी।

पतिंगों की फड़फड़ाहट के सिवा चारों तरफ सन्नाटा ही सन्नाटा था। कहीं दूर पहाड़ों में से जंगली भेड़ मिमिया रही थी। दशरथ रामय्या जी को कुकुर खाँसी का दौरा उठा। कफ के निकलने तक खाँसते रहे और छाती को पकड़कर तम्बू में से बाहर निकल आए। 'खुँ-खुँ' करते हुए थूक दिया। हाँफना थोड़ा बन्द हुआ तो सोचने लगे कि अब घर चला जाऊँ। लेकिन अभी बहुत काम बाकी पड़ा हुआ था। फिर उन्होंने चिन्नय्या के तम्बू की तरफ देखा कि अब कितना बजा होगा।

जीप का ड्राइवर हेड क्वार्टर्स में जब रहता है तो ठीक रात के बारह बजे सब बत्तियाँ बुझाकर सो जाता है। चाहे कितना ही काम क्यों न हो। वह कहता है कि ऐसा करना उसका सैनिक सेवा अनुशासन का अनुभव है।

अब तक उसके तम्बू में लालटेन जल रही थी। शायद अभी बारह नहीं बजा होगा। 'ठीक है, एक घंटा और काम कर लूँगा।' सोचते हुए दशरथ रामय्या जी तम्बू में दाखिल होने लगे कि इतने में पैरों के जूतों की 'ठक' सुनाई दी और फौरन 'गुड नाइट बाबूजी' की आवाज़ आई। अचानक सैनिक चेतावनी जैसी आवाज को सुनकर चौंक उठे। लेकिन फौरन पहचान गए कि वह चिन्नय्या की ही आवाज है।

"हाँ आओ जी। क्या अभी सोए नहीं?" उन्होंने पूछा।

उनके तम्बू के सामने सावधान की मुद्रा में खड़े होकर चिन्नय्या ने सलामी दी।

"क्या रात में भी तुम्हारा फौजी सलाम? फौज से चले आने के बाद भी वही वर्दी, वही बोझ वाले जूते और सलामी का भी वही तरीका, अपनी इस आदत को क्या नहीं छोड़ोगे? आओ भाई, खाना खाओ?" कहा दशरथ रामय्या जी ने।

"अभी खाना खाकर आ गया हूँ बाबूजी। चुरुट पीने तम्बू से बाहर निकल आया हूँ। क्या आप अभी तक काम कर रहे हैं? यूँ ही आपकी तबीयत ठीक नहीं है। दमे के मरीज हैं। अरे भाई, सर्दी के दिनों में इतनी रात गए काम करने से तबीयत खराब हो जाएगी। घर जाकर आराम कीजिए। माँ जी अकेली तम्बू में डरती होंगी।"

"अभी कैसे जाऊँ? ढेर सारा काम पड़ा हुआ है। मरने तक की फुरसत नहीं। तबीयत की खराबी की वजह से काम बन्द करूँ तो क्या ऊपरवाले मानेंगे? इसके अलावा मैं रिटायर्ड आदमी हूँ। तरस खाकर फिर मुझे नौकरी दी गई है। अगर मैं ठीक से काम न करूँ तो वे नौकरी से अलग कर देंगे।"

"बाबूजी, आपकी उमर साठ से ज्यादा हुई होगी। कब तक आप इस तरह खपते रहेंगे?"

"मरते दम तक खपना होगा चिन्नय्या! मौत के होने तक जीना हो तो काम करना ही पड़ेगा। नहीं तो मेरा और मेरी घरवाली का गुजारा कैसे होगा? शहर में पढ़नेवाले मेरे लड़के को कौन देखेगा?" बोझिल दिल से वे तम्बू में गए। आँखों को पोंछते हुए अपने काम पर जुट गए। ठेकेदार के बिल में हजारों-लाखों रुपयों की तादाद नजरों में चुँधियाने लगी।

"क्या जिन्दगी है पंडित जी की!" हमदर्दी से लब बिचकाते हुए चिन्नय्या आग के पास गया। ओस के लगातार गिरते रहने की वजह से आग की लपटें धीमी होती जा रही थीं। कटहल के पेड़ से ओस की बूँदें 'टप-टप' गिरती हुई 'सूँ-सूँ' की आवाज़ निकाल रही थीं। बुझती हुई चिनगारियों को चिन्नय्या ने जूते से उकसाया। आसपास की पड़ी हुई छोटी-छोटी सूखी डंठलों और सूखे पत्तों को चुनकर लाया। आग में उन्हें डालकर कटहल के पेड़ के तने से लगकर बैठ गया। चुरुट निकालकर जलाई। फक्-फक् चुरुट का धुआँ छोड़ते हुए आग तापने लगा। चिट्-चिट् करती हुई ऊपर उठने वाली आग की चिनगारियों से कटहल के नीचे के पत्ते झुलसने लगे।

जंगली भेड़ की मिमियाने की आवाज अब भी आ रही थी। चारों ओर से धुआँ ही धुआँ हो गया। हवा के तीव्र झोंके चलने लगे। आग की चिनगारियाँ चिट्-चिट् की आवाज करती हुई ऊपर उड़ने लगीं।

चिन्नय्या ने अपनी बायीं तरफ की ओर के तम्बू में झाँककर देखा कि कोई जागा हुआ है। दशरथ रामय्या जी का परिवार उस तम्बू में रहता था।

'पंडिताइन जी सो रही होंगी। फिक्र की कोई बात नहीं है।' चिन्नय्या ने

सोचा। चुरुट फेंककर जेब से एक बोतल निकाली। ग्राइप वाटर की बोतल में भरकर लाई हुई देशी शराब की दो घूँट 'घट्-घट्' की आवाज़ से हलक के नीचे उतार ली। डकार लेते हुए बोतल की तरफ देखा। 'धत्, बहुत फीकी है।' झुँझलाते हुए बोतल की बची हुई दो-तीन बूँदें उसने आग में डाल दीं। सूँ-सूँ की आवाज करती हुई वे बूँदें खत्म हो गईं।

"चोर सालों ने पानी मिला दिया। ये सिविल साले ऐसे ही होते हैं...बगैर मिलावट के कोई चीज बेचते ही नहीं। फौज को हुकुम दो तो फौरन ऐसे लोगों को गोली से उड़ा देगी। अरे भाई! जरा-सा भी जोर नहीं पकड़ा! बिलकुल नशा नहीं चढ़ा। चोर साले!" कहते हुए खाली बोतल पीछे की झाड़ियों में फेंक दी। दोनों पैरों को आग की तरफ फैलाकर बड़ी मायूसी से फिर चुरुट जलाने लगा। पसीने से तर चेहरा आग की लपटों से लाल दिखाई देने लगा।

उस कैम्प में चिन्नय्या के नाम से उसे बहुत कम लोग जानते हैं। सब लोग उसे फौजी कहकर पुकारते हैं। इस तरह पुकारने से वह बहुत खुश होता है। द्वितीय विश्वयुद्ध में उसने सैनिक सेवा की थी। अब पेंशन पा रहा है। आर्मी से रिटायर्ड होने के बाद कुछ दिनों तक असम की तेल की खानों में भी उसने काम किया। फिलहाल मुस्तकिल तौर पर जीप ड्राइवर की शकल में कैम्प नम्बर 4 के असिस्टेंट इंजीनियर के पास कामकर रहा है। चिन्नय्या को सैनिक जीवन के प्रति श्रद्धा है, भक्ति है। उसकी नज़र में आदमी वही है जो फ़ौजी है। बाकी सिविलियन लोगों को पृथ्वी का बोझ समझता है। वह अपना सिद्धान्त पेश करता है कि फ़ौजी लोग मुल्क के लिए लड़ते-मरते हैं और सिविलियन लोग अपने पेट के लिए। फ़ौजी लोग बेगरज मुल्क की खिदमत करनेवाले हैं। सच्चे, सीधे-सादे, मुल्क पर निसार होनेवाले हैं! सिविलियन लोग बदमाश हैं।

आँधी ही क्यों न हो, इस उमर में भी सवेरे चार बजे उठकर कसरत करता है। छः बजे तक नहा लेना, जूतों में पालिश कर लेना और मूँछों को करारी बना लेना, यह सब पूरा करके नाश्ता करता है। भरकर एक 'मग' चाय पीता है। ठीक साढ़े छः बजे तैयार होकर इंजीनियर के सामने हाजिर हो जाता है। जाते वक्त जार्ज पंचम और सुभाषचन्द्र बोस की तस्वीरों के सामने खड़े होकर पैर के जूतों को ठोंककर सावधानी की मुद्रा में जोरदार सलामी दिए बगैर नहीं निकलता।

आग की लपटों की रोशनी में आसपास की झाड़ियों, कटहल के आधे हिस्से का तना, दस-बारह गज की दूरी पर जो पेड़ हैं, वे ही दिखाई दे रहे हैं। कटहल की परछाईं पड़ने की वजह से उसके पीछे दाईं तरफ के पंडित जी का तम्बू स्पष्ट नजर नहीं आ रहा है। चारों तरफ गहरा अँधेरा छाया हुआ है। रह-रहकर दफ्तर वाले तम्बू से दशरथ रामय्या जी की खाँसी सुनाई दे रही है।

बगल के तम्बू के दरवाजे से पंडिताइन जी ने चिन्नय्या से पूछा, "कहो

चिन्नय्या! खाना खा लिया? कैम्प से कब वापस आए?"

"नमस्ते माँ जी! आधा घंटा हो गया। जीप को शेड में रखकर अभी-अभी खाना खाकर चुरुट पी ही रहा हूँ। सुबह से अब तक घूम-घूमकर कमर में दर्द होने लगा तो इस पेड़ के सहारे बैठ गया!"

"रोटी किस चीज के साथ खाई? तुम्हारे लिए रायता रखा था।" झिड़कते हुए पंडिताइन जी ने कहा।

"नहीं, नहीं माँ जी! आप क्यों परेशान होती हैं? इस उमर में आप लोगों का खुद पेट भरना मुश्किल हो जाता है और क्यों दान-पुण्य की बातें सोचती हैं?"

बीच ही में उसकी बातों को काटते हुए पंडिताइन ने कहा, "रहने दे, दान क्या है? तुझको देना दान में थोड़े ही लिया जाता है।" इससे ज्यादा उनको अहसान जताना आता ही नहीं लेकिन उनके मन में चिन्नय्या के लिए बहुत प्यार, इज्जत और श्रद्धा है। सिर्फ उनको ही नहीं बल्कि उस कैम्प के सभी परिवारों को चिन्नय्या का बहुत बड़ा सहारा है। सबके परिवार अपने-अपने तम्बुओं तक ही सीमित हैं लेकिन पूरा कैम्प चिन्नय्या का परिवार है। उसके खयाल में यह 'मिलिटरी स्पिरिट' है! जब कैम्प में जाना होता है तो सुबह होते ही जीप निकालकर चलता है और आधी रात को घर लौटता है। जब कहीं जाना नहीं होता तब भी बेकार नहीं बैठता, सारे तम्बुओं की सफाई करवाना, छोटे-छोटे बच्चों को तालाब पर ले जाकर तैरना सिखाकर वापस ले आना वगैरह-वगैरह कामों को अपने जिम्मे लेता है। उसे जब शहर जाना होता है तो हर एक तम्बू में जाकर उन घरों की जरूरी चीजों की सूची बना लेता है और शहर से खरीदकर ला देता है। तभी तो बच्चे से लेकर बूढ़े तक उसकी बड़ी इज्जत करते हैं। इसलिए वह सिर्फ जीप का ड्राइवर नहीं है बल्कि वह फ़ौजी चिन्नय्या है !

पंडिताइन जी ने कहा—"चिन्नय्या! पंडित जी कहते हैं बड़े साहब तुझे बहुत चाहते हैं और तेरे बगैर अपना टूर तक रद्द कर देते हैं।"

और भी कुछ कहना वे चाहती थीं कि चिन्नय्या ने बीच में बोलना शुरू कर दिया—"हाँ माँ जी! जब तक ज़िन्दा रहें आप सब लोग हमें अच्छा कहें। और मरें तो ऐसा मरें जैसे फ़ौजी मौत मरे। सिविलियन लोगों की तरह सड़-गलकर न मरें। माँ जी यही मेरी ख्वाहिश है।"

"अरे, ऐसी खराब बात मुँह से क्यों निकाल रहे हो? खैर, तुम्हारे साहब सचमुच ही तुम्हें चाहते हैं या नहीं? जब टूर में साथ जाते हो तो तुम्हारे खाने-पीने का खयाल रखते हैं या नहीं?"

"हाँ माँ जी साहब कम उमर के हैं तो सही मगर बहुत ही अच्छे आदमी हैं। भगवान की तरह हैं वह! कभी-कभी गुस्सा तो होते हैं लेकिन उनका मन बड़ा नरम है। बिलकुल भोले-भाले हैं। सिविलियन लोगों में ऐसा अफसर और किसी

को नहीं देखा। सिर्फ मुझे ही नहीं, टूर में साथ आये सभी लोगों को खिलाने के बाद ही खुद खाते हैं।'' कहते हुए चिन्नय्या ने पंडिताइन के बगल में किसी को हिलते हुए देखा।

''कौन है माँ जी, आपके बगल में? मुन्नी है क्या?'' अँधेरे में दिखाई देनेवाली लड़की की सूरत को उसने देखा।

''हाँ बेटी है, चिन्नय्या! सवेरे ही दामाद बेटी को छोड़ गए हैं। उनकी छुट्टी नहीं है। बेटी के पाँव भारी हैं। सातवाँ महीना चल रहा है। आठवाँ लगते ही अपने जेठ के घर जचकी के लिए पहुँचाने की सोच रही हूँ। इन दिनों हमारे पास रहने के लिए दामाद को खत भेजा तो दामाद बेटी को आज ही छोड़कर लौट गए हैं।''

''यह क्या है बेटी! आधी रात गई और तुम अभी तक जागी हुई हो! और फिर देखो, तुम दुहरे बदन से भी हो। जल्दी सोना और काफी आराम करना चाहिए।'' घुड़की दी चिन्नय्या ने।

''देखो मुन्नी! अगर तुम्हारी कुछ खाने की इच्छा है तो मुझे बताना, मैं शहर जाता रहता हूँ। ला दूँगा। शरमाना नहीं।''

दफ्तरवाले तम्बू में दशरथ रामय्या जी का खाँसना सुनकर बोला।

''माँ जी! बाबूजी से कहिए इस उमर में कब खाते हैं, कब सोते हैं, कोई पता नहीं। बुढ़ापे में इतना काम नहीं करना चाहिए। हमेशा दफ्तर के हिसाब-किताब के झंझटों में ही डूबे रहते हैं। और ऐसे भी आदमी तन्दुरुस्त जवान नहीं हैं। दुबले-पतले कमजोर इन्सान हैं।''

''कहते-कहते गला थक गया है। कहने से सुनते थोड़े ही हैं। कहती हूँ कोई टॉनिक पियो, तन्दुरुस्ती तुम्हारी ठीक नहीं है। मगर एक नहीं सुनते। रात एक-एक बजे तक काम करते रहते हैं। मना किया तो कहने लगते हैं, हम नहीं तो क्या तुम्हारा बाप करेगा? और नाराज हो गये। अरे भई, कोई और सहारा तो नहीं हम लोगों का, फूटी कौड़ी तक नहीं। अगर पंडित जी यह नौकरी न करते तो हम लोगों को भूखों मरना पड़ता। चिन्नय्या! उनकी मेहनत देखते हुए आँखों में आँसू बहने लगते हैं।'' पंडिताइन के मुँह से और कोई बात न निकल सकी। जोर-जोर से रोने लगी।

''चुप रहो माँ जी, बाबूजी सुन लेंगे।'' लड़की ने समझाया।

जंग के मैदान में लाशों पर ट्रक चलानेवाले फ़ौजी चिन्नय्या का पत्थर जैसा दिल भी इस आधी रात में बूढ़ी औरत को बिलखती हुई देखकर पिघल गया।

''मत रो माँ, मत रो! आप उम्र में बड़ी हैं। और समझदार हैं। गर्भवती बेटी के सामने पारिवारिक परेशानियों की चर्चा करनी नहीं चाहिए।'' अपनी नम हुई आँखों को पोंछते हुए चिन्नय्या पंडिताइन की ओर सीधा न देख सका। काले-काले जूतों में दिखाई देनेवाली लपटों के अक्स को देखते हुए बात बदलते हुए उसने

कहा, "मुन्नी! आपके पतिदेव किस विभाग में काम करते हैं?"

माँजी को तसल्ली देनेवाली मुन्नी को चिन्नय्या की बात सुनाई नहीं पड़ी।

"चुप रहो माँ, तुम्हारी तबीयत ठीक नहीं है। सीने में दर्द हो उठेगा।"

पंडिताइन अपने दुःख को धीरे-धीरे पी रही थी। चिन्नय्या समझ नहीं पा रहा था कि उसे क्या कहना है। उसकी तबीयत किरकिरी हो गयी। वह सोने के लिए जाने लगा।

'घुर्र-घुर्र-घुर्र' पहाड़ों में से बाघ की जोरों से गुर्राने की आवाज सुनाई पड़ी।

सारा जंगल उस गुर्राहट से गूँजने लगा। तब तक सुनाई देनेवाली झींगुरों की आवाज थम गई थी। सन्नाटा छा गया था! पंडिताइन की बेटी ने अपनी माँ को जोर से थाम लिया।

"हाय भगवन्! बाघ की आवाज सुनाई दे रही है। कहीं इधर न आ जाय! चल, अन्दर चलें।" कहते हुए हड़बड़ाती हुई पंडिताइन चलने को हुई। जिन्दगी से डरनेवाली अब जान के लिए डरने लगी।

"बाघ क्या करेगा माँजी! कहीं बहुत दूर गुर्रा रहा है। बेचारा वह अपनी खुराक की खोज में निकल रहा होगा। अपने रास्ते चला जाएगा। आदमखोर बाघों के अलावा और कोई दूसरा बाघ इन्सानों से दूर भागता है। आदमखोर बाघ यहाँ आसपास में है ही नहीं, अरे क्यों इतना काँप रही हैं? ये बाघ भी क्या बाघ हैं? जब हम फौज में थे बर्मा में बड़े-बड़े बाघों को देखा, वो बाघ असल में बाघ होते हैं! एक रात को, बेटी, ट्रक लेकर आ रहा था, फिर क्या, बाघ बीच रास्ते पर बैठ गया। सीधा उसके ऊपर मैंने गाड़ी चढ़ा दी। एक ही झटके में"... कहते-कहते चिन्नय्या अचानक रुक गया।

"ब्लोव! ब्लोव! ब्लोव!"

भूखे शैतान की चिल्लाहट की तरह एक और आवाज सुनाई पड़ी। यह आवाज बाघ की गुर्राहट की तरह गहरी नहीं थी। कुछ भद्दी-सी थी। तब तक बड़ी हिम्मत से बातें करनेवाला चिन्नय्या भी वह आवाज सुनकर एकदम चौंक उठा।

"यह क्या है चिन्नय्या? यह कुछ नई आवाज-सी लग रही है। मैंने कभी नहीं सुनी।" पंडिताइन ने कहा।

बाघ की आवाज से ही डरनेवाली बेटी ने इस नई आवाज़ से और घबराकर माँ को कसकर पकड़ लिया।

"बूढ़ा सियार माँ जी, यह बूढ़ा सियार!"

"माने?"

"बहुत ही बूढ़ा सियार कंकाल जैसा होता है। बहुत ही चालबाज और मक्कार होता है। सुनी न, कितनी डरावनी है उसकी आवाज! जंगल के सारे जानवर इसको भूत की तरह देखते हैं। यह हमेशा बाघ के साथ घूमता रहता है। बहुत बूढ़ा होने

की वजह से यह अपने-आप शिकार नहीं कर सकता। इसलिए बाघ के पीछे-पीछे घूमता रहता है। बाघ के शिकार की छोड़ी हुई हड्डियों और गोश्त को खाकर जीता रहता है। अपने तौर पर जी नहीं सकता। सारे दिन दूसरे जानवरों की गतिविधियों का जायजा लेता रहता है और रात होने पर बाघ को ले जाकर मरवा देता है। बाघ को छोड़े हुए गोश्त से अपने बूढ़े पेट को भरने के लिए! बहुत धोखेबाज जानवर है!''

''ब्लोव! ब्लोव! ब्लोव'' बूढ़े सियार की आवाज दूर होती गई। उसके पीछे-पीछे बाघ की गुर्राहट भी दूर होती गई।

''आज रात को जंगल में बहुत बड़ा नुकसान होनेवाला है! सुनी न, उनकी आवाज! बूढ़ा सियार किसी जानवर के लिए बाघ को भड़काकर ले जा रहा है। बेचारे किसी की आयु खतम होनेवाली है। पेट के लिए कितना नीच काम करता है यह जानवर! उस जानवर को मरवाकर जूठन को खाने के लिए बाघ को लेता जा रहा है।''

चिन्नय्या का मन बहुत उदास हो गया।

''धत् तेरे की! सोने के पहले इसकी शनीचर जैसी आवाज सुनी! माँ जी! आप जाकर सो जाइए! बहुत रात गुजर गई है।'' कहते हुए चिन्नय्या अपने तम्बू की ओर चला गया। पंडिताइन अपनी बेटी को लेकर तम्बू के अन्दर चली गई। तम्बू के परदों को तानकर पत्थरों से दबा दिया।

चिन्नय्या ने घड़ी देखी फिर बत्ती बुझाकर चारपाई पर सो गया। कुछ देर के बाद दफ्तरवाले तम्बू से अपने तम्बू में जाते हुए दशरथ रामय्या जी के जूतों की खटखटाहट उसकी हलकी नींद में कुछ पूरी, कुछ अधूरी सुनाई पड़ी।

सवेरे के तीन बज गए थे। चारों ओर कोहरा छा रहा था। अलाव की लपटें ठंडी होने लगीं। अचानक शोर मच गया। इधर-उधर हड़बड़ाते हुए लोग दौड़ रहे थे। अगल-बगल की औरतें पंडितजी के तम्बू की ओर दौड़ने लगी थीं। तम्बू के अन्दर से रुक-रुककर कराहने की आवाजें सुनाई दे रही थीं।

''हाय भगवान! मैं क्या करूँ! अब कहाँ से यह तकलीफ होने लगी! हाय अब मैं क्या करूँ! बिटिया!'' पंडिताइन रोने लगीं। दशरथ रामय्या जी को कुछ भी नहीं सूझ रहा था कि क्या करना चाहिए। तम्बू के बाहर घूमते हुए आने-जानेवाले लोगों से पागल की तरह कुछ बातें कर रहे थे। बीच-बीच में औरत को डाँट रहे थे, ''चुप रहो। क्या दिमाग खराब है? उससे तुम्हारा रोना ज्यादा हो गया है।''

चिन्नय्या नींद से उठकर बाहर आया। दशरथ रामय्या जी से बात करनेवाली सिंह साहब की बीवी ने चिन्नय्या को देखते ही बुलाया।

''ए फ़ौजी! इधर आओ।'' चिन्नय्या के आते ही चारों ओर से सबने उसे घेर लिया। पंडित जी की बिटिया को समय से बहुत पहले ही—सातवें महीने में

प्रसूति का दर्द होने लगा। पहलौठे का बच्चा बहुत मुश्किल से होता है। फौरन शहर के अस्पताल में भर्ती कर देना चाहिए। नहीं तो बड़ी मुश्किल है! वहाँ की रहनेवाली सब औरतों ने अपनी-अपनी जबान में अपना-अपना खयाल जाहिर किया। इस जंगल में कोई भी मुसीबत आए तो बेमौत मरना होगा। और कोई चारा नहीं। न अस्पताल ही है और न कोई दवाई देनेवाला। रेलवे के निर्माण-कार्य में काम करनेवाले मर्दों से ब्याह करो तो औरतों की यही हालत होती है! एकदम से रेलवे अधिकारियों को अपनी तमिष भाषा के लहजे में स्टोर-कीपर कल्याण रामन् जी की दूसरी औरत ने झाड़ दिया।

"आप सब मर्द, क्या मुँह देखते रहेंगे या बिटिया को शहर के अस्पताल ले जाने का इन्तजाम करेंगे?" कहते हुए आग की लपटों पर पानी गरम करती हुई सुमति कुट्टियम्मा अपनी मलयाली भाषा में उस भीड़ में खड़े अपने मर्द के ऊपर चंडिका की तरह टूट पड़ीं।

"भई हल्ला मत करो! देखिए पंडित जी! आप माँ जी और बिटिया को शहर ले जाने के लिए तैयार कराइए! साहब से जीप माँगिए। अभी हम आपको शहर ले जाएँगे।" चिन्नय्या ने कहा।

"वाह भाई वाह! वह तो सरकारी जीप है! साहब से माँगना अच्छा होगा? और इतनी रात में?" कहते हुए दशरथ रामय्या जी झिझकने लगे।

"हम लोग भी सरकारी आदमी हैं बाबूजी! पहले आप तैयार हो जाइए! आप डरते हैं तो मैं ही जाकर साहब से माँग लूँगा।"

"भैया! भैया! तुम्हीं जाकर माँगो न! माँग कर पुण्य करो।" चिन्नय्या के दोनों हाथों को पकड़कर बड़ी खिन्नता से दशरथ रामय्या जी ने कहा।

"पंडित जी! यह क्या! रहने दीजिए।" कहते हुए अपने हाथ छुड़ाकर चिन्नय्या असिस्टेंट इंजीनियर रामाराव के तम्बू की ओर चलने लगा। इतने में पंडिताइन की आवाज सुनकर दशरथ रामय्या जी तम्बू के अन्दर गए।

"हे भगवान! जीप माँगने के लिए आप नहीं जा सकते थे क्या? चिन्नय्या को भेजा आपने। एकाउंटेंट होकर! अपने काम के लिए किसी और को भेजना चाहिए? आप ही जाइए! खुद क्या जीप माँगकर नहीं ला सकते?" कहते हुए पंड़िताइन तेजी से नागिन की तरह फुफकारने लगी।

"अरी थोड़ा अपनी जबान बन्द करो। क्यों गला फाड़ रही हो? नहीं जानती हो तो चुप रहो। औरतों को क्या पता है! साहबों की बात! दरअसल हमारे इंजीनियर साहब रावण जैसे हैं। सारे दिन घूम-घूमकर आके थककर सो गए होंगे! इतनी रात को उठाने से भाई क्या कहेगा? बाघ की तरह ऊपर टूट पड़ेगा! बहुत ही गुस्सेवाला है। बिगड़ गया तो आगे-पीछे न सोचकर नौकरी से निकाल बाहर कर देगा। तब हम दोनों को सड़कों पर बैठकर भीख माँगनी पड़ेगी। ऐसी बेकार की

सलाह न दो। जबान बन्द कर बैठो।" कहते हुए पंडित जी तम्बू के बाहर आए। चिड़चिड़ाहट से उधर से इधर घूमने लगे।

कॉलबेल की आवाज से नींद में उठकर असिस्टेंट इंजीनियर रामाराव अँगड़ाई लेते हुए बाहर आए। उन्होंने चिन्नय्या से पूछा, "क्या बात है? किसी की तबीयत खराब है क्या? क्या गड़बड़ है?"

"पंडित जी की बेटी को अचानक प्रसूति का दर्द होने लगा है। बहुत तकलीफ है बेचारी को! सर! एक महीने यहाँ रहने के लिए सुबह आई थी। सातवें महीने में ही उसे दर्द शुरू हो गया। शहर ले जाना पड़ेगा सर! नहीं तो बहुत परेशानी होगी! सबों का कहना है कि बगैर ले जाए कोई चारा नहीं।" चिन्नय्या ने कहा।

"तो अब क्या होगा बेचारी का!"

"सर! जीप चाहिए। शहर ले जाकर अस्पताल में भर्ती कराके आऊँगा।"

"जीप? यह तो सरकारी चीज है...ले जाने से..." रामाराव सोच में पड़ गये।

"सर! ऐसा क्या कहते हैं आप! जान पर पड़ी हुई है। पिकनिकों में, पार्टियों में, शराब की बोतलों के लिए कई बार सरकार की गाड़ियाँ चक्कर काटती रहती हैं!" और कुछ कहने को हुआ। गुस्से से गरम होता जा रहा था चिन्नय्या।

"हाँ, हाँ! ले जाओ। चाभियाँ मेज के ऊपर हैं। सवेरे आठ बजे हाजिर हो जाना। कैम्प है। पुल का मुआइना करना है। भर्ती कराने के बाद पंडित जी को अपने साथ लेकर आओ। ढेरों काम हैं।" कहते हुए रामाराव ने सिगरेट सुलगाई।

"सात बजे तक यहाँ हाजिर हो जाऊँगा सर!" कहकर तम्बू में दाखिल हुआ और चाभियाँ लेकर आया।

"देख चिन्नय्या, पूछो पंडित जी से—उन्हें कुछ पैसों की जरूरत तो नहीं? तकलीफ न करें।"

"बहुत अच्छा सर!" कहकर चिन्नय्या ने शेड के अन्दर से जीप निकालकर दशरथ रामय्या जी के तम्बू के सामने खड़ा कर दिया।

"तैयार है! तैयार है! आइए! जल्दी! चढ़िए!" कहते हुए चिन्नय्या ने खुद सामान वगैरह सब जीप में रख दिया। वहाँ की सब औरतों ने बेटी को जीप की अगली सीट पर बिठा दिया। पंडिताइन बिटिया को पकड़कर बगल में बैठ गई। दशरथ रामय्या जी ड्राइवर की बगल में बैठ गए।

औरतों ने तसल्ली दी, "डरने की कोई बात नहीं।"

"फौजीपन मत दिखाना! धीरे से जीप ले जाना।" होशियार किया सिंह साहब की बीवी ने।

"ठीक है भई ठीक!" चिन्नय्या ने जीप स्टार्ट कर दी। जीप की रोशनियाँ तीर की तरह अँधेरे को चीरती हुई आगे बढ़ रही हैं।

इंजीनियर रामाराव अपने तम्बू के सामने सिगरेट का कश लगाते हुए

चिन्नय्या के सामाजिक सेवा कार्य की मन ही मन में प्रशंसा करने लगे। चिन्नय्या किसी की तकलीफ को देख नहीं सकता! कमर कसकर आगे बढ़ता है। छह महीने पहले कॉलोनी में चेचक फैला। चिन्नय्या ने सबके तम्बुओं में जाकर बगैर छोटे-बड़े के भेदभाव के सबकी सेवा की! रात-दिन जागा। एक बार रामाराव खुद मलेरिया के बुखार में दो दिनों तक बेहोश पड़े रहे तो चिन्नय्या ने उनकी सेवा की। इसीलिए रामाराव के मन में चिन्नय्या के प्रति बड़ी इज्जत है।

'गरजे सनकी आदमी है! मुँहफट भी है। फ़ौजी आदमी है न!!' मन में सोचते हुए रामाराव कश खींचते रहे और दूर जाती जीप को देखते रहे। जीप ढलान के नीचे उतर गई। अब बत्तियाँ नहीं दिखाई देने लगीं। धीरे-धीरे ठंड बढ़ रही थी। तम्बू में जाकर रामाराव ने परदे बन्द कर दिए।

2

कैम्प से एक मील की दूरी पर वर्क-स्पाट है। घने जंगलों में नई रेल लाइन बिछा रहे हैं। हजारों मजदूर मेहनत से काम कर रहे हैं। सुबह से लेकर शाम तक बुलडोजर, डंपर तथा क्रेन बड़बड़ाते हुए काम करते हैं। वहीं पर एक बहुत बड़ा पुल भी बना रहे हैं। दिन भर धड़ाधड़ पहाड़ी पत्थर टूटते रहते हैं। हिन्दुस्तानी लोग, मलयाली लोग, सरदार लोग, बंगाली बाबू, एक क्या सभी जाति के लोगों को वहाँ पुल के काम में लगे हुए देख सकते हैं। उत्तर भारत से आए हुए ठेकेदारों ने कार्य-क्षेत्र के पास ही पड़ाव डाला है। रेलवे की कैम्प उससे सिर्फ एक मील की दूरी पर है! इधर से उधर और उधर से इधर ठेकेदारों की जीपें और रेलवे की जीपें बहुत तेजी से घूमती रहती हैं।

असिस्टेंट इंजीनियर रामाराव के जीप से उतरते ही ठेकेदारों ने बड़ी नम्रता से नमस्कार किया। 'आइए साहब' कहते हुए उनका स्वागत किया। सामने की सीट से रामाराव और पीछे की सीट से दशरथ रामय्या जी उतरे। दशरथ रामय्या जी के हाथ में दो लम्बी फाइलें थीं।

"पुल का निरीक्षण करके आऊँगा। मेरे लौटने तक सारे कागजात तैयार रखिए। ठेकेदारों के दस्तख़त लेने के बाद मैं भी दस्तखत करूँगा। चिन्नय्या! तुम उस बरगद के पेड़ के नीचे जीप खड़ी कर दो और कहीं जाकर आराम करो मेरे लौटने तक। बेचारे रात भर सोए नहीं होंगे।" कहते हुए रामाराव जी ठेकेदारों की दी हुई कॉफी पीकर अपने वर्क-स्पाट की तरफ चल दिए।

चिन्नय्या और दशरथ रामय्या जी ने भी ठेकेदारों की दी हुई कॉफी पी। इंजीनियर के जाते ही बगल के ठेकेदारों के दफ्तरवाले तम्बू में जाकर फाइलों को खोलकर हिसाब करना शुरू कर दिया।

"पंडित जी मुझे नींद आ रही है। मैं जीप में ही सोऊँगा।" कहते हुए जीप को बरगद के नीचे लगाकर पिछली सीट की गद्दी पर चिन्नय्या सो गया।

रात भर सोए नहीं थे इसलिए दशरथ रामय्या जी को भी नींद आने लगी। वे नींद को रोककर हिसाब जोड़ने लगे। तम्बू के पास काम करते हुए बुलडोजर की आवाज दिमाग को चाट रही थी।

इंजीनियर के निरीक्षण करके लौट आने में दुपहर के बारह बज गए। धूप खूब तेज थी। बेचारे दशरथ रामय्या जी को जाने कब नींद आई, टेबल पर लुढ़क गए थे।

"दशरथ रामय्या जी कागजों को निकालिए! दस्तख़त कर दूँ। फिर खाने का समय हो रहा है। जल्दी जाना है।" कहते हुए रामाराव जी सोए हुए दशरथ रामय्या जी के सामने वाली कुर्सी पर बैठ गए। लम्बी साँस छोड़ते हुए उन्होंने अपने चेहरे और बदन का पसीना पोंछ लिया।

दशरथ रामय्या जी नींद से उछलकर बैठ गए। आँखों को मलते हुए उन्होंने फाइलों के कागजों को रामाराव जी के सामने रखा।

फाइलों के कागजों को रामाराव ने उलट-पलटकर देखा! "बड़ा बिल कहाँ है? पुल का?" ताज्जुब से दशरथ रामय्या के नींद भरे चेहरे की ओर देखने लगे।

"नहीं बनाया सर!" सूखे हुए गले से बड़ी ही दीनता से दशरथ रामय्या ने कहा।

"क्या? नहीं बनाया?" रामाराव मारे गुस्से के एक पल कुछ बोल नहीं पाए। गर्द और धूप में आने की वजह से रामाराव का पसीने से तर चेहरा गुस्से से और लाल हो गया। उनकी आँखों से आग की चिनगारियाँ झड़ने लगीं।

"मैंने आपसे कहा था न बिल बनाने को! आप किस चक्कर में पड़े थे! बोलिए, बोलिए, क्यों नहीं बनाया बिल?" रामाराव चिल्लाने लगे।

"क्षमा कीजिए! बिटिया की रात भर की गड़बड़ के कारण कर नहीं पाया। रात में ही करने को सोचा था मगर..."

"चुप रहिए? आपके घर की गड़बड़ी से क्या मतलब? आपको पैसा दे रही है सरकार! आपकी लड़की की गड़बड़ी—बच्चा हो रहा है, नहीं हो रहा है—इसके क्या माने! क्या ताल्लुक! नालायक!" रामाराव जी बिजली की तरह गरज उठे।

इतने में वापस जाने के लिए चिन्नय्या ने जीप लाकर वहाँ खड़ी कर दी और साहब के बुलाने पर तम्बू के अन्दर आया। उसने सामने दशरथ रामय्या जी को काँपते हुए पाया।

"कल से आपको नौकरी से अलग कर रहा हूँ! अभी बाहर चले जाइए! फिर मुँह मत दिखाइएगा! बड़े साहब ने बार-बार कहा था कि उस बिल को दस्तख़त करके फौरन भेजो। अब तो हमारे ऊपर वे टूट पड़ेंगे! आप लोगों के रहने से क्या

फायदा? बूढ़ा आदमी समझकर नौकरी दी तो कामचोर हो गए!'' गुस्से से टेबल के ऊपर से फाइल उठाकर रामाराव ने दशरथ रामय्या के मुँह पर दे मारा।

बेचारे दशरथ रामय्या पहले से ही डर रहे थे, नौकरी से बरख्वास्त कर दिये जाने की बात सुनकर पूरे मर गए! उसके बाद फाइल के मुँह पर पड़ते ही चक्कर आकर नीचे गिर पड़े। बगल में खड़े हुए ठेकेदार साहब ने उन्हें बिठा दिया और मुँह पर ठण्डा पानी छिड़का।

यह सब देखकर फ़ौजी आदमी चिन्नय्या का खून खौल गया!

''तुम आदमी हो कि राक्षस?'' चिन्नय्या दाँत भींचते हुए मुट्ठी बाँधकर इंजीनियर के ऊपर चढ़ बैठा!

यह देखकर रामाराव दंग रह गए। उन्हें यकीन नहीं हुआ कि क्या यह मेरा ड्राइवर, चिन्नय्या ऐसा कह रहा है! एक पल तक चिन्नय्या की ओर देखते हुए संकट में आ गए।

''क्या बूढ़े को मारोगे? तुम इन्सान हो?'' चिन्नय्या एक बार फिर गरज उठा।

शोर सुनकर सब लोग इकट्ठे हो गए। रामाराव की आत्मा को चोट लगी। अपने पास काम करनेवाले ड्राइवर को, मामूली नौकर को सबके सामने इस तरह चिल्लाते देखकर वे बर्दाश्त नहीं कर सके।

''क्या चिन्नय्या! तुमने शराब पी है? तुम कौन हो इसमें दखल देनेवाले?''

''मैं कौन हूँ? पूछ रहे हो? तुम्हारी तरह जानवर नहीं हूँ! इन्सान हूँ! बेचारा बूढ़ा आदमी रात भर काम करता रहता है! कल रात भर बेचारा एक मिनट भी नहीं सोया। कोई काम न हो सका तो मारते हो? देखो, बेचारे को चक्कर आ गया। मर गया तो? तुम्हें पसन्द नहीं है तो नौकरी से निकाल दो। मारने का तुम्हें कोई अधिकार नहीं।'' कहते हुए चिन्नय्या के फ़ौजी मूड से टूट पड़ने से सब लोग अचम्भे से देखने लगे।

रामाराव चिन्नय्या के ऊपर लपके।

चिन्नय्या ने उँगली दिखाई।

''अच्छा नहीं होगा साहब! समझ लीजिए! कह रहा हूँ मैं पंडितजी नहीं हूँ अगर मेरे बदन पर हाथ पड़ा तो भुरता बना डालूँगा। मैं फ़ौजी आदमी हूँ।''

तभी दशरथ रामय्या जी होश में आए। वे उठकर दोनों के बीच में खड़े हो गए। कहने लगे, ''चुप रहो चिन्नय्या! तुम काहे को बोलते हो?'' फिर रामाराव जी की तरफ मुड़कर उनके दोनों हाथ पकड़ लिये, ''सर, आप चुप रहिए! आपके हाथ जोड़ता हूँ।''

''क्या तुम मेरा भुरता बनाओगे? अच्छा! देखो, मैं ही बनाता हूँ तुम्हें! बेवकूफ!''

रामाराव जी ने नरसिंह भगवान का रूप लिया! उत्तेजित होकर जमीन पर लात मारी। तम्बू के परदे को हटाकर बाहर गए और जीप पर चढ़कर स्टार्ट किया। उनके पीछे-पीछे दशरथ रामय्या जी धीरे-से जाकर जीप में बैठ गए।

"नीचों को मुँह लगाने से सिर पर सवार हो जाते हैं! यह कौन होता है बीच में दखल देनेवाला। बरखास्त करूँगा साले बदमाश को!" रामाराव ने एक्सीलरेटर दबाई। गहरा काला धुआँ उड़ाते हुए जीप कैम्प की तरफ दौड़ पड़ी।

कैम्प पहुँचते ही रामाराव ने डिक्टेशन देने के लिए स्टेनो को बुला भेजा। स्टेनो को डिक्टेशन देकर आदेश दिया कि शाम तक खास खबर स्पीड पोस्ट से जिला इंजीनियर साहब को खत भेज दे।

"निकाल बाहर करो! साला! बदमाश! जवाब देता है मुँह पर!" मन में ज्वार की तरह उफनने वाले गुस्से को पीते हुए बिना खाए रामाराव सो गए।

जब जागे तो बहुत रात हो गई। उन्होंने रसोइया का रखा खाना थोड़ा-सा खाया। सिगरेट सुलगाकर सोच में पड़ गए। नींद में बहुत हद तक उनका गुस्सा ठंडा पड़ गया। दुपहर के मामले को सोचते हुए सिगरेट के कश पर कश खींचने लगे।

यद्यपि चिन्नय्या का ऐसा हमला करना गलत था फिर भी सही नजरिये से सोचने से इन्साफ के मुताबिक ही लगता है! हाँ, इस तरह मुझे दशरथ रामय्या के ऊपर फाइल फेंकना चाहिए था? गुस्से के मारे मैंने ऐसा किया! क्या वह मेरी गलती नहीं है! मेरा ऐसा करना गलत नहीं है! फिर भी बीच में चिन्नय्या कौन है? उसने बीच में दखल क्यों दिया? बेचारे बूढ़े के बेहोश होने पर चिन्नय्या से देखा नहीं गया! उसका खून खौल उठा! जब ठीक समय पर बिल को तैयार न करने पर मुझे इतना गुस्सा आया तो अपने साथी आदमी के चक्कर आकर गिर पड़ने पर चिन्नय्या को...उसने मुझ पर हमला किया और मैं भी उत्तेजित हो गया हूँ। हाँ, चिन्नय्या का काम कानूनन गलत था। पर इन्साफ की नजर से देखने पर उस हालत में कोई भी आदमी उसी तरह करेगा। उसी तरह करना भी चाहिए। रामाराव ने मन ही मन फैसला किया।

उस रात को रामाराव ने चिन्नय्या को बुलावा भेजा। चिन्नय्या हमेशा की तरह धीरज से आ पहुँचा। वहाँ रामाराव और चिन्नय्या के सिवा और कोई नहीं था।

"आओ, बैठो, कुर्सी पर बैठो! वर्क-स्पाट से पैदल चलकर आये हो न?"

"कोई बात नहीं है सर! मुझे पैदल चलने की आदत है! फ़ौजी आदमी हूँ न! कितनी दूर है! एक ही मील तो है।"

"हाँ भई, तुम फ़ौजी हो! इसीलिए तो मुझे भुरता बना डालने की बात कही थी तुमने।"

"........."

"मैं तुम्हें बहुत इज्जत से देखता आ रहा हूँ चिन्नय्या, तुमने वह बात क्यों कही?"

"सर! मुझे ताने देने के लिए बुलाया है! एक बार फिर आप अच्छी तरह सोचिए! तब आप पर यह बात खुल जाएगी कि आपका किया काम गलत है या सही। पंडित जी को उस तरह फाइल से मारना क्या ठीक है? बेचारे बूढ़े कमजोर आदमी हैं बेहोश हो गए! अगर आपके पिताजी ऐसी हालत में होते तो...?"

"चिन्नय्या! तुम अच्छी तरह से जानते हो कि मैं गुस्सैल हूँ। भौंकता जरूर हूँ लेकिन काटता नहीं! मैं सिर्फ भौं-भौं करनेवाला कुत्ता हूँ। मैंने जो काम किया था वह गलत ही था! गुस्सा उतरने के बाद अगर तुम कहते तो क्या मैं मान नहीं जाता? क्या मैं इन्सान नहीं हूँ? खैर, जो हुआ सो हुआ। तुम भी गुस्से में बहुत कुछ कह गए। मैं भी कह गया। हाँ छोड़ो, वह सब भूल जाओ। दिल में किसी तरह की बात मत रखो। यही कहने के लिए मैंने तुम्हें यहाँ बुलाया। जाओ। बहुत रात हो गई। जाके सो जाओ।"

"गुड नाइट सर!" सलाम करता हुआ चिन्नय्या बाहर निकल आया। 'वाह कितना अच्छा इन्सान है! अपनी गलती को महसूस करने के बाद, छोटे-बड़े का कोई फर्क न मानते हुए मुझे, जो कि एक मामूली जीप ड्राइवर हूँ, बुलाकर अपनी गलती तसलीम कर ली! उम्र में छोटा है लेकिन भगवान है! सिविलियन लोगों में इसका जन्म भूल से हो गया!' मन ही मन रामाराव जी की तारीफ करता हुआ चिन्नय्या अपने तम्बू की तरफ चला।

3

उस दिन सुबह बगैर इत्तिला के जिला इंजीनियर साहब कैम्प में पधारे। सब लोगों ने उनका स्वागत किया। उनके लिए और उनके साथ आए हुए कर्मचारियों के लिए स्पेशल रहने और खाने का इन्तजाम कर दिया गया।

खाना खाते ग्यारह बज गए। दोनों इंजीनियरों ने नक्शों को सामने फैलाकर जाने क्या-क्या चर्चाएँ कीं। बड़े इंजीनियर साहब ने तारीफ की कि सब कैम्पों की अपेक्षा इस कैम्प में काम बहुत ही जोरों से और ठीक तरह से हो रहा है।

"रामाराव जी! आपका एकाउंटेंट दशरथ रामय्या और वो आदमी–जीप ड्राइवर–क्या नाम है उसका–हाँ–चिन्नय्या–इन दोनों को बुलवाइए।"

वह दशरथ रामय्या जो कभी बन-ठनकर नहीं रहते थे, अपनी दाढ़ी साफ बनाकर, धोती पर कमीज डालकर जाने कब का पुराना कोट पहनकर आए। बड़ी नम्रता से दोनों हाथ जोड़कर इंजीनियरों के सामने खड़े हुए।

चिन्नय्या फ़ौजी की सावधानी की मुद्रा में सलाम कर खड़ा हो गया। उसकी तरफ बड़े इंजीनियर ने दो-तीन बार अच्छी तरह ऊपर से नीचे तक देखा।

"यह फ़ौज का..." वे पूछने को हुए कि रामाराव ने बताया–हाँ सर! यह भूतपूर्व फ़ौजी आदमी है।"

जैसे उस बात को सुना ही न हो, ऐसी मुद्रा में बड़े इंजीनियर सामने खड़े दशरथ रामय्या को देखते हुए बोले–"सुनिए एकाउंटेंट जी! आपके असिस्टेंट इंजीनियर ने आपके काम की बड़ी तारीफ करते हुए रिकमेंड किया है। आपको और एक साल की एक्सटेंशन दे रहा हूँ। 'प्रुव यूअरसेल्फ टू बी ए वर्थी सन टू द कंट्री" कहने के बाद वे खड़े हुए और दशरथ रामय्या के हाथ से हाथ मिलाया।

"सब आप ही लोगों की कृपा है! छोटे साहब ने मेरी हालत को देखकर रिकमेंड किया होगा!" खुशी से काँपते हुए उनके मुँह से और बात नहीं निकली। उनकी आँखों से खुशी के आँसू टप-टप गिरने लगे।

"न, न, आप इसके काबिल हैं। यू डिज़र्व इट आइ से..." रामाराव जी ने मेज पर रखे पेपरवेट को हाथ से घुमाते हुए कहा।

"आप बहुत ही अच्छे हैं सर! बेचारे बूढ़े आदमी को आपने रोजी दी! वो दिन-रात काम करते रहते हैं सर!" बीच में चिन्नय्या कहने लगा तो जिला इंजीनियर साहब गुस्से से जल उठे!

"देखो, एक से बात करते वक्त बीच में बोलना नहीं चाहिए। यह अनुशासन के खिलाफ है। फिर तुम कहते हो कि मैं फ़ौजी हूँ!" चिढ़कर वे चिन्नय्या पर बरस पड़े। फौरन बात बदलकर फिर वे दशरथ रामय्या से बोले–"अभी पाँच ठेकेदारों के बिल रह गए। इस महीने के आखिर तक पूरा कर दीजिए। काफी देर हो गई। हाँ, रामाराव जी, मैं कहना भूल गया था–आपके कैम्प के लिए एक जनरेटर देने की बात मैंने की थी उसे चीफ इंजीनियर साहब ने मान लिया। और एक महीने के बाद आपके कैम्प में बिजली आ जाएगी।"

"धन्यवाद" रामाराव जी बोले।

"हाँ, सुनो, क्या नाम है तुम्हारा? चिन्नय्या है न! अब तुम बात करोगे। दरअसल तुम्हारे काम के लिए ही आया हूँ। इसके पहले ही आना चाहिए था। कलकत्ता जाने की वजह से नहीं आ सका। हाँ, तुम क्या काम करते हो?"

"मैं सर, जीप ड्राइवर हूँ।"

"एक हफ्ते के पहले छोटे साहब पुल के निरीक्षण करने के लिए गए थे तो क्या तुमने उस समय उनका भुरता बनाने की धमकी दी थी!"

"जी हाँ!"

बगल में बैठे हुए रामाराव झट से जीभ दबाकर घबरा गए।

"नहीं सर! वह मैं..."

"आप रुकिए! उसको बोलने दीजिए। क्या तुम मान रहे हो न?"

"जी हाँ।"

"वह गलत था न।"

"बिलकुल नहीं सर! छोटे साहब ने दशरथ रामय्या जी के मुँह पर फाइल दे मारी थी। वे बेहोश होकर गिर पड़े। उनका ऐसा करना क्या गलत नहीं? यह गलत है कि नहीं, छोटे साहब से पूछिए। मैंने तब बीच में दखल किया था तो वे मुट्ठी बाँधकर मेरी तरफ बढ़े थे। तो मैंने कहा कि अगर मेरे बदन से हाथ छुआ तो मैं आपका भुरता बना डालूँगा। सर, पर कोई भी मर्द मेरी हालत में होता तो वह क्या कहता।"

"तो तुम्हारे कहने का यह मतलब है कि साहब लोगों को चूड़ियाँ पहनकर रहना चाहिए। वह एकाउंटेंट और छोटे साहब का मामला था। तुमसे कोई मतलब नहीं रखता। है न! बेमतलब उन दोनों के मामले में दखल करना और अफसर को भुरता बना डालने की धमकी देना मोस्ट इनसबार्डिनेशन है! गलत है! मानते हो या नहीं?"

"कानूनन, गलत है साहब! लेकिन इन्सानियत की नजर से सही है?"

"आप क्या कहते हैं दशरथ रामय्या जी! आप इसे गलत नहीं कहते? उस वक्त आप वहीं पर थे," जिला इंजीनियर ने दशरथ रामय्या से पूछा।

अब तक खड़े हुए दशरथ रामय्या दो कदम आगे बढ़कर बहुत बड़े कसूर का बयान देते हुए से आँख फाड़कर कहने लगे, "गलत है सर! बहुत भारी गलती है। वह जो मामला था मेरे और छोटे साहब से सम्बन्धित था। मेरी गलती की वजह से छोटे साहब ने गुस्से से फाइल दे मारी। उनका ऐसा मारना क्या गलत था? नहीं, फिर भी इसका बीच में आना क्या मतलब रखता है? छोटे साहब ने मुँह पर मारा। अगर बच्चे गलती करते हैं तो माँ-बाप डाँटते ही हैं। दफ्तर के कामों के सिलसिले में किरानी और अफसरों के बीच में ऐसे छोटे-छोटे झगड़ों का होना गलत है। फिर छोटे साहब ने मेरे ऊपर फाइल फेंकी। लेकिन उनके दिल में मुझ पर कोई निजी वैर तो नहीं है न! बीच में इसे नहीं पड़ना चाहिए था। दाल-भात में मूसलचन्द!! बीच में जाकर मैंने रोक दिया। इसने फ़ौजी अकड़ छोड़ी नहीं! कितना इनसबार्डिनेशन!! छोटे साहब धर्मराज हैं धर्मराज? सो सब ठीक हो गया। वही अगर हमारे जमाने के अंग्रेज साहब होते तो गोली से मार दिया होता।" एक ही साँस में उन्होंने सारी बातें कह डालीं।

यह सुनते हुए फ़ौजी चिन्नय्या के पैरों तले जमीन खिसकने लगी। जो कुछ दशरथ रामय्या ने कहा उसे पागल की तरह सुनता रहा। आखिर इतना मात्र कह पाया, "तो पंडित जी मैंने जो कहा वह गलत था?"

"गलत है! बहुत ही गलत है!" उन्होंने अनायास अपना मुँह फेर लिया।

अब तक सुनते हुए रामाराव जी बड़ी बेचैनी से बीच में बोल पड़े, "क्षमा कीजिए साहब मैंने गुस्से में जल्दबाजी से चिन्नय्या के खिलाफ रिपोर्ट भेजी थी। लेकिन यह बहुत अच्छा आदमी है। गलती मेरी ही थी। इसके बाद सब मामला ठीक हो गया है। रिपोर्ट के बारे में मैं बिलकुल भूल गया हूँ। मैं इस मामले को वापस लेना चाहता हूँ।"

"नहीं भई, तुम नहीं ले सकते! मैं इसे बहुत गम्भीर मामला समझता हूँ। चिन्नय्या! आज शाम से तुम्हारी सेवाओं की और आवश्यकता नहीं है! इसी क्षण तुम अपना हिसाब ले लो। ठीक है, अब तुम जा सकते हो। दशरथ रामय्या जी! आप भी जा सकते हैं।" बड़े साहब ने जल्दी-जल्दी फैसला कर दिया।

"यस सर!" फ़ौजी अदा से सलाम करके चिन्नय्या बाहर चला गया।

रामाराव ने बड़े साहब से बहुत प्रार्थना की।

लेकिन बड़े साहब राजी नहीं हुए। "इनसबार्डिनेशन! आज आपके साथ हुआ कल मेरे साथ भी हो सकता है। मिस्टर राव! आप अभी बच्चे हो! इस तरह के बहस करनेवाले आदमियों को वहीं पर दबा देना चाहिए! नहीं तो हम काम चला नहीं सकते! टेकिट् ईजी!" कहते हुए उन्होंने स्टेनो के तैयार किए हुए चिन्नय्या के आर्डर पर हस्ताक्षर किया और जीप पर चढ़कर चले गए!

सूरज पश्चिम की पहाड़ियों में डूब गया। चिन्नय्या ने अपना बिस्तर बोरी बाँधकर अपने कन्धे पर लटका लिया। लालटेन और पानी की बोतल भी कन्धों पर डाल लिए। देखने में नौकरी से हटाया हुआ आदमी-सा नहीं लगता। लड़ाई में पड़ाव बदलनेवाले सिपाही की तरह दिखाई दे रहा है। चेहरे पर किसी तरह की फिक्र दिखाई नहीं दे रही है। असिस्टेंट इंजीनियर रामाराव जी को जीप की चाबियाँ देते हुए उसने आखिरी सलाम किया। रामाराव चिन्नय्या के चेहरे को देख नहीं सके। उन्होंने अपना सिर झुका लिया!

"क्यों साहब! आप क्यों दुःखी होते हैं? आप बच्चे हैं फिर भी भगवान हैं। एक बार आपने कहा, याद है? 'भौंकने वाला कुत्ता हूँ! धत् आप क्यों कुत्ता होंगे! आप बाघ हैं बाघ! आप जात के राजा हैं राजा! आपका दिल बहुत बड़ा है! आप से लगकर जीनेवाले हम जो हैं कुत्ते हैं! सियार! आपका जन्म सिविलियनों में भूल से हो गया!! चलता हूँ सर!' " कहते हुए चिन्नय्या वहाँ से चला आया। यह जानकर कि चिन्नय्या हमेशा के लिए चला जा रहा है, कैम्प के सभी लोग इकट्ठे हो गए। हँसते हुए चिन्नय्या सबों से हाथ मिला रहा है कुछ लोगों की नम भारी आँखों को देखकर कहता रहा कि ऐसे क्यों रो रहे हो? क्या मैं मरने जा रहा हूँ! वाह रे वाह!

"इतने अच्छे आदमी को नौकरी से हटा दिया। इन अफसरों को मौत नहीं आती!" अपनी टूटी-फूटी तमिष़ जुबान में अफसरों और रामाराव को गाली देती

हुई कल्याण रामन की दूसरी औरत ने चिन्नय्या को गिलास भरकर नमकीन लस्सी दी।

इतने में भुने हुए चूड़े की पोटली बाँधकर सिंह साहब की बीवी आई। चिन्नय्या की थैली में पोटली को रखती हुई छोटी बच्ची की तरह रो पड़ी, "भैया! हम लोगों को छोड़कर कहाँ जाता है?"

सामने वाले दरवाजे पर पंडिताइन और उनकी बेटी खड़ी हुई हैं।

"चिन्नय्या! अँधेरा हो गया। अब कहाँ जाओगे? आज रात को हमारे यहाँ खाना खाकर सो जाओ। कल सुबह होते ही चले जाना।" पंडिताइन ने चिन्नय्या के सामने जाकर कहा।

"नहीं माँ जी! अब यहाँ किसलिए रहें! चला जाऊँगा।" कहकर तम्बू के अन्दर जाकर खाट पर सोए हुए मुन्ने को देखा।

"मुन्ने! बड़े होकर इन सिविलियनों की तरह मत बनना! मेरी तरह फ़ौजी बनना। मुन्नी! इसे सेना में भर्ती करवा देना।" कहकर चिन्नय्या ने मुँह से छोटी-सी विसिल मारी।

"तुम्हें नौकरी से हटानेवालों को जरूर तुम्हारी बद्-दुआ लगेगी।" कहकर पंडिताइन अपने दुःख का घूँट पी रही थी।

पंडित जी की बेटी चिन्नय्या को जाते हुए देख नहीं पाई। खाट पर सोए हुए अपने बच्चे को देखनेवाली उसकी आँखों से टप्-टप् आँसू गिरने लगे।

दशरथ रामय्या का दूर-दूर कहीं पता न था। कहीं सियार की तरह खिसक गए।

चिन्नय्या कैम्प छोड़कर सड़क पर गया। पीछे बगैर देखे हुए चल रहा था। पीठ पर लालटेन और पानी की बोतल एक-दूसरे से टकराने से टक्-टक् की आवाज सुनाई दे रही थी। चारों तरफ सफ़ेद चाँदनी बिखरी हुई थी।

तम्बू के सामने खड़े हुए असिस्टेंट इंजीनियर रामाराव जी को सड़क पर चलनेवाला चिन्नय्या चाँदनी में साफ-साफ दिखाई दे रहा था।

इतने में घर्र्-घर्र्-घर्र् की बाघ की गुर्राहट सुनाई पड़ी।

"बाप रे! बाघ! चिन्नय्या तो जा रहा है!" कहती हुई तम्बू में से दौड़ती हुई पंडिताइन बाहर आकर देखने लगी।

चिन्नय्या चलता जा रहा था मानो उसने बाघ की गुर्राहट सुनी ही न हो।

उसकी हिम्मत को देखकर मुँह फाड़कर ताज्जुब से पंडिताइन देखती रही कि इतने में और एक खौफनाक भद्दी आवाज सुनाई पड़ी।

'ब्लोव! ब्लोव! ब्लोव!' बूढ़ा सियार बोलने लगा।

चलनेवाला चिन्नय्या अचानक रुक गया। चौंककर एक पल तक वैसे ही खड़ा रह गया। फिर जल्दी-जल्दी चलना शुरू किया।

पंडिताइन चिन्नय्या को देखती ही रह गई। बाघ से न डरनेवाला चिन्नय्या बूढ़े सियार से डर गया था। ढलान के नीचे उतरने के बाद चिन्नय्या फिर दिखाई नहीं दिया।

सोए तो थे पर रामाराव जी को नींद नहीं आई।

आधी रात के गुजरने के बाद दशरथ रामय्या जी पहुँचे। रात भर 'ब्लोव-ब्लोव-ब्लोव' की आवाज से बूढ़ा सियार जंगल में बोलता ही रहा।

(तेलुगु से अनूदित : डॉ. सी. तुलसी)

फ़ौजी चिन्नय्या

तेलुगु कहानी

•

लेखक—अल्लम शेषगिरि राव

पटकथा—मन्नू भण्डारी

(रात के दस बजे हैं। जंगल में तम्बुओं की एक बस्ती। यहाँ से क़रीब एक मील दूर पुल बन रहा है और उस पर रेल की नयी पटरी डलने वाली है। उसी सिलसिले में इंजीनियर और कई कर्मचारी यहाँ कैम्प लगाकर रह रहे हैं...परिवारों के साथ रिटायर्ड फ़ौजी चिन्नय्या जीप ड्राइवर है। कैमरा उसी के तम्बू को फ़ोकस करता है। चिन्नय्या एक छोटी बोतल से देशी शराब के दो घूँट पीता है। डकार लेकर बोतल की तरफ़ देखता है)

चिन्नय्या : धत्...बिल्कुल बेमजा, बेजान। चोर सालों ने पानी मिला दिया।...ये सिविलियन साले ऐसे ही होते...बग़ैर मिलावट के कोई चीज़ बेचते ही नहीं। फ़ौज वालों को हुक्म दो तो फौरन ऐसे लोगों को गोली से उड़ा दें...मिलावट करने वालों की यही सज़ा होनी चाहिए...साले चोर। **(बोतल की बची हुई शराब खत्म कर देता है। एकाध क्षण रुककर हाथ झटककर)** कुच्छ नहीं...कोई किक ही नहीं...हुँ। **(उठकर तम्बू से बाहर निकलता है और बोतल को झाड़ी में उछाल देता है। सामने का तम्बू ऑफिस है। बाकी सारे तम्बुओं में लालटेनें जल रही हैं पर ऑफिस के तम्बू में गैस का हण्डा जल रहा है। भीतर से दशरथ रामय्या लगातार खाँसे जा रहे हैं। चिन्नय्या थोड़ी देर तक उनकी खाँसी की आवाज़ सुनता रहता है, चेहरे पर तकलीफ़ का भाव उभरता है। फिर धीरे-धीरे उनके तम्बू**

में जाता है। रामय्या खाँसते-खाँसते बेदम-सा हो गया है। वह जाकर उनकी पीठ सहलाता है।)

चिन्नय्या : लगता है खाँसी का दौरा पड़ा है। आप दमे के मरीज़ ठहरे...सर्दी में क्यों रात में इतनी देर-देर तक काम करते हैं।...जाकर आराम करिये। यों भी अम्मा तम्बू में अकेली डरती होंगी। चलिए मैं ले चलता हूँ।

रामय्या : **(न बोल पाने के कारण थोड़ी देर तक हाथ से उसे इनकार करते हैं, फिर धीरे-धीरे अपने को साधकर)** अभी कैसे जाऊँ चिन्नय्या...ढेर-सा काम पड़ा है। ठेकेदारों के बिल तैयार करने हैं। बीमारी की वज़ह से काम बन्द कर दूँ तो ऊपर वाले छोड़ेंगे मुझे?...रिटायर्ड आदमी को तरस खाकर नौकरी दे दी, यही क्या कम है?...अब अगर ठीक से काम न करूँ तो निकाल बाहर नहीं करेंगे।

चिन्नय्या : अरे पर शरीर भी तो साथ दे...उमर साठ से ऊपर और फिर यह जानलेवा दमे की बीमारी...कब तक इस तरह खपते रहेंगे?

रामय्या : मरते दम तक खपना होगा चिन्नय्या। मौत के दिन तक जीना हो तो काम तो करना ही पड़ेगा...वरना तुम्हीं सोचो, मेरा और मेरी घरवाली का गुज़ारा कैसे होगा?...शहर में पढ़ने वाले मेरे लड़के का खर्च कौन उठाएगा? वह जब तक अपने पैरों पर खड़ा नहीं हो जाता तब तक तो यह बोझ ढोना ही है। **(हाँफ जाते हैं...चिन्नय्या उनकी पीठ सहलाता है, उसके चेहरे पर दया और सहानुभूति का भाव उभर आता है।)**

दृश्य समाप्त

नया दृश्य

(जीप में चिन्नय्या आता है। जीप को शेड में खड़ी करके अपने तम्बू की तरफ़ आता है। रामय्या के तम्बू के दरवाज़े पर उनकी पत्नी खड़ी है।)

अम्मा : आ गए चिन्नय्या...मैं तुम्हारी ही राह देख रही थी...खीर रखी है तुम्हारे लिए, चलकर खा लो।

चिन्नय्या : खाना तो मैं वहीं से खाकर आ रहा हूँ अम्मा, लेकिन तुम्हारे

हाथ की खीर तो नहीं छोड़ सकता। (**अम्मा के साथ तम्बू में जाता है। वहाँ अम्मा की गर्भवती बेटी दिखाई देती है।**) यह क्या, बिटिया कब आई?

अम्मा : आज ही दामाद छोड़ गए। हफ़्ता दस दिन रखकर जेठजी के पास भेज दूँगी...अब यहाँ जंगल में तो कोई बन्दोबस्त हो नहीं सकता।

चिन्नयूया : ओह! तो दामाद के लिए खीर बनी होगी आज (**हँसता है। अम्मा खीर देती है**) कल जीप शहर जा रही है...सब लोगों ने अपनी-अपनी लिस्ट पकड़ा दी है...तुम भी बता दो, क्या-क्या लेकर आना है। बिटिया तुम्हारी कोई फ़र्माइश हो तो वह भी बता देना...सबसे पहले बिटिया का काम! (**लड़की सिर्फ़ मुस्करा देती है।**)

अम्मा : इस जंगल में सब तुम्हारे भरोसे ही तो जीते चिन्नय्या...तुम न हो तो जाने क्या हो यहाँ सबका। (**बिटिया से**) जानती है, बाकी सबके परिवार तो अपने-अपने तम्बू तक ही सिमटे रहते हैं...लेकिन चिन्नयूया का परिवार तो पूरा कैम्प...हर किसी के सुख-दुःख में चिन्नयूया हाज़िर।

चिन्नयूया : अम्मा, फ़ौज में बस यही सीखा। जिओ तो सबके लिए जिओ...लेकिन मरो तो अपनी मौत...फ़ौजी मौत। सिविलियन लोगों की तरह सड़-गल कर मत मरो!

अम्मा : अरे, यह मरने-मराने की बात मुँह से मत निकालो!...बाबूजी तो बताते हैं कि बड़े साहब तुम्हें बहुत चाहते हैं...बहुत इज्ज़त करते हैं तुम्हारी। तुम न जाओ तो अपना टूर तक रद्द कर देते हैं।

चिन्नयूया : हाँ अम्मा, साहब हैं तो कम उम्र पर बहुत ही अच्छे आदमी हैं...यों गुस्सा बहुत जल्दी आता है और बहुत बुरा भी आता है, पर मन के एकदम नरम...बिल्कुल मोम जैसे। सिविलियन में ऐसे अफ़सर कम ही देखने को मिलते हैं।

अम्मा : (**हँसकर**) अरे चिन्नयूया, तुम्हें तो अपनी फ़ौज का बड़ा ही गुमान है। इसीलिए लोग तुम्हें नाम से नहीं, फ़ौजी कहकर ही बुलाते।

चिन्नयूया : अम्मा, कुछ भी कहो ज़िन्दगी तो बस फ़ौजी की।...इतना तो तुम भी मानोगी, फ़ौजी लोग मुल्क के लिए लड़ते-मरते हैं और सिविलियन लोग अपने पेट के लिए मरते हैं। (**इतने में दफ्तर**

वाले तम्बू से रामय्या के खाँसने की आवाज़ आने लगती है। सबका ध्यान उधर चला जाता है।) अम्मा, बाबूजी को समझाओ, इतनी-इतनी रात तक काम न किया करें...दमे ने शरीर को यों ही खोखला कर रखा है...आखिर जान से बढ़कर तो कुछ नहीं।

अम्मा : कहते-कहते थक गई...सुनते ही नहीं किसी की। (**गला भर्रा जाता है।**) ये भी क्या करें, हर समय यही डर खाए जाता है कि काम पूरा नहीं हुआ तो नौकरी से निकाल देंगे। हमारे पीछे ही अपने को होम कर रहे हैं...न खाना, न सोना...बूढ़ा बीमार शरीर है...एक घण्टे के काम को दो घण्टे लगते हैं...बस, किसी तरह बेटा बोझ सँभालने लायक हो जाए...

चिन्नय्या : होगा...होगा, सब होगा अम्मा ज़रा हिम्मत से काम लो। (**उठते हुए**) अच्छा बिटिया, सामान मँगवाना हो तो सवेरे-सवेरे लिस्ट दे देना।

दृश्य समाप्त

नया दृश्य

(सवेरे तीन बजे का समय। दशरथ रामय्या के तम्बू के बाहर कुछ आदमी-औरतों की भीड़। भीतर से बेटी के कराहने की आवाज़ आ रही है। अन्दर से एक औरत निकलकर आती है।)

औरत : इसको तो सातवें महीने में ही दर्द उठ गया...अस्पताल ले जाना पड़ेगा। पहलौठी का बच्चा है...कहीं कुछ उल्टा-सीधा हो गया तो यहाँ जंगल में क्या करेंगे?

आदमी : सवेरा हो तो साहब से जीप देने को बोलेंगे...शायद सवेरे जीप शहर जा भी रही है...

अम्मा : (**भीतर से घबराई हुई निकलकर**) उसका दर्द तो बढ़ता ही जा रहा है...हे राम मैं क्या करूँ?...इस जंगल में तो आदमी मरने के सिवाय और कुछ भी नहीं कर सकता...मुझे ऐसा मालूम होता तो बुलाती ही नहीं। हाय, मेरी बच्ची का अब क्या होगा? (**रोने लगती है**)

रामय्या : चुप कर...बच्ची से ज़्यादा तो तू हल्ला मचा रही है। (**अम्मा**

भीतर चली जाती है।)

एक औरत : रेलवे-कन्सट्रक्शन में काम करने वालों की औरतों का यही दुःख! आधी ज़िन्दगी तो इन तम्बुओं में ही कटती। हारी-बीमारी हो जाए तो सीधे मौत का ही मुँह देखो (**गर्दन झटककर**) न कोई दवाई...न डॉक्टर।

उसका पति : तुम्हें तो बस कोई मौक़ा मिलना चाहिए पति को कोसने का। यह तो नहीं मानती कि हाथ में कम-से-कम एक नौकरी तो है...भूखों तो नहीं मार रहा तुमको।

दूसरी औरत : अरे तुम सब आदमी लोग यहाँ खड़े-खड़े मुँह ही देखते रहोगे या कि बिटिया को अस्पताल ले जाने का इन्तज़ाम भी करोगे? यहाँ चौपाल जुड़ाकर गप्पें मार रहे हैं सब।

उसका पति : गप्पें कौन मार रहा है...यही तो सोच रहे हैं कि सवेरा हो जाता तो आराम से जीप मिल जाती...इस समय साहब को जगाना...कहीं बिगड़ गए तो उनका गुस्सा...(**इतने में चिन्नयूया अपने तम्बू से निकलकर आता है। उसे देखते ही औरतों में खुशी की लहर सी दौड़ जाती है।**)

औरत : लो फ़ौजी आ गया। चिन्नयूया, जीप लेकर बिटिया को अभी अस्पताल ले जाना है...इसके तो सातवें महीने में ही दर्द उठने लगा...बेहाल हो रही है।

चिन्नयूया : अरे रात में तो ठीक थी...मुझे पहले जगाया क्यों नहीं? (**रामयूया से**) बाबूजी, आप जाकर साहब से जीप की चाबी लाओ...और अम्मा, तुम तैयारी करो, घबराने की कोई बात नहीं...बिटिया को अभी अस्पताल पहुँचाता हूँ।

रामयूया : (**घिघियाते हुए**) साहब अभी सो रहे होंगे...जगाने से गुस्सा हो गए तो?...फिर वह तो सरकारी जीप है...हमारे काम के लिए (**झिझकते हुए वे तोड़-तोड़ कर किसी तरह इतनी बात कह पाते हैं।**)

चिन्नयूया : अरे जीप सरकारी है तो हम सब भी सरकारी आदमी हैं बाबूजी...ऐसे मौक़े पर ही काम नहीं आएगी तो फ़ायदा क्या जीप का?...और साहब की नींद बेटी की जान से ज़्यादा क़ीमती तो नहीं...आपको डर लगता है तो मैं जाता हूँ चाबी माँगने। (**रामयूया और अम्मा के चेहरे पर कृतज्ञता का भाव तो बाकी लोगों के चेहरे पर प्रशंसा का।**)

एक औरत : चिन्नयूया असली फ़ौजी है...हिम्मत वाला और ड्यूटी का

पाबन्द...इसकी वजह से ही इस जंगल में रहना थोड़ा आसान हो जाता है। वरना तो...

पति : अच्छा-अच्छा, चुप करो। ज़्यादा बोलने की ज़रूरत नहीं।

अम्मा : **(रामयूया से)** अकाउण्टेण्ट होकर भी तुम्हारी हिम्मत नहीं पड़ी साहब के पास जाने की...उसको भेजा। तुमको जाना चाहिए था या नहीं...भला वह चाहे जितना हो, है तो आख़िर ड्राइवर ही...साहब मना कर दें तो?

रामयूया : **(बुझे हुए स्वर में)** मैं रिटायर्ड आदमी...जैसे-तैसे काम दे रखा है। आधी रात को जाकर उनकी नींद खराब करूँ और गुस्से में आकर कहीं निकाल ही दें तो? तुम क्या जानो...बहुत गुस्सैल आदमी है यह साहब। तुम्हें नहीं भुगतना पड़ता है इन साहबों को।

दृश्य समाप्त

नया दृश्य

(गहरी नींद में से उठे हुए साहब की आँखों में खुमारी है। चिन्नयूया फ़ौजी सैल्यूट मारता है।)

रामाराव : इस समय, क्या बात है चिन्नयूया? किसी की तबीयत-वबीयत तो नहीं खराब हो गई।

चिन्नयूया : यस सर! रामयूया बाबू की बेटी आज ही आई थी। सातवाँ महीना चल रहा है अचानक दर्द शुरू हो गया...तुरन्त अस्पताल ले जाना होगा सर! जीप की चाबी चाहिए।

रामाराव : जीप! **(जैसे कुछ सोचते हुए)** यह सरकारी जीप है...ले जाने से...

चिन्नयूया : सर, गुस्ताख़ी माफ़ हो लेकिन आप कैसी बात कर रहे हैं?...किसी की जान पर पड़ी है और आप...पिकनिकों में, पार्टियों में...शराब की बोतलें लाने के लिए चक्कर काटती रहती है सरकारी जीप...और इस काम के लिए... **(चेहरे पर गुस्सा झलक आता है)**

रामाराव : ठीक है, ठीक है, मेज़ पर चाबी पड़ी है, ले जाओ।...पर देखो, सवेरे ठीक आठ बजे पुल पर हाजिर होना है...मुआयना है कल। रामयूया को भी कहना बेटी को भर्ती कराकर लौट आएँ...उन्हें

भी साथ चलना है, बहुत से बिल तैयार करने हैं कल-के-कल।

चिन्नयूया : तो कल शहर जाना कैन्सिल?...कोई बात नहीं सर, चिन्नयूया ठीक सात बजे आपकी हाज़िरी में होगा। (**फ़ौजी सलाम ठोंकता है। भीतर जाकर चाबी लाता है।**)

रामाराव : और देखो, पण्डितजी से पूछ लेना, उन्हें कुछ पैसों की ज़रूरत हो तो संकोच न करें...मैं एडवान्स का इन्तज़ाम करवा दूँगा।

चिन्नयूया : बहुत अच्छा सर! (**चिन्नयूया जल्दी से बाहर निकलता है। शेड में जाकर जीप स्टार्ट करता है और रामयूया के तम्बू के सामने लाकर खड़ी कर देता है।**)

(**भीड़ में हलचल। चिन्नयूया खुद टोकरी-पोटली उठाकर रखता है, अम्मा और एक और औरत बिटिया को पकड़ कर जीप में चढ़ाती हैं। अम्मा उसे पकड़कर बग़ल में बैठती है। रामयूया चिन्नयूया की बग़ल में बैठ जाते हैं।**)

एक औरत : फ़िकर मत करो अम्मा, अब सब ठीक हो जाएगा।

दूसरी औरत : चिन्नयूया, फ़ौजीपन मत दिखाना...जीप धीरे-धीरे चलाकर ले जाना।

(**चिन्नयूया सँभालकर जीप स्टार्ट करता है...और बिना धक्का लगाए धीरे से आगे बढ़ा देता है। जीप की हेडलाइट तीर की तरह अँधेरे को चीरती हुई आगे निकल जाती है।**)

आदमी : बड़ा हिम्मती आदमी है चिन्नयूया। और सेवा भाव तो इतना कि सबका दुःख अपने सिर ओढ़कर चलता है।

औरत : याद नहीं है आठ महीने पहले...कहाँ तो था हमारा कैम्प तब...कैसी चेचक फैली थी। चिन्नयूया ने रात-दिन कैसी सेवा की थी सबकी...छोटे-बड़े का भी कोई विचार नहीं है इसके मन में।

आदमी : बस मुँहफट है ज़रा...डरता तो किसी से नहीं...फ़ौजी आदमी है बिल्कुल।

दृश्य समाप्त

नया दृश्य

(सवेरे का समय। वर्क-स्पॉट पर जीप आकर रुकती है। असिस्टेण्ट इंजीनियर रामाराव उतरते हैं। ठेकेदारों ने बड़ी नम्रता से हाथ जोड़कर स्वागत किया। पीछे की सीट से दो बड़ी-बड़ी फ़ाइलें लेकर रामयूया भी उतरते हैं।)

रामाराव : रामयूयाजी, मैं पुल का मुआयना करके आता हूँ...तब तक आप सारे काग़ज़ तैयार करके रखिए। ठेकेदारों के दस्तख़त लेने के बाद मैं दस्तख़त करूँगा। और चिन्नयूया, जीप तुम उधर बरगद के पेड़ के नीचे खड़ी कर दो और थोड़ा सो लो रात-भर के जागे हुए हो।

(तीनों ठेकेदारों की दी हुई कॉफ़ी पीते हैं, फिर रामाराव स्पॉट की तरफ चला जाता है...रामयूया ऑफिस के तम्बू में और चिन्नयूया जीप में लेट जाता है। रामयूया काम करते-करते मेज़ पर सिर रखकर सो जाता है...काग़ज़ वैसे ही सामने फैले पड़े हैं। करीब बारह बजे रामाराव लौटते हैं...पसीने से सराबोर, चेहरे पर थकान। एक क्षण सोते हुए रामयूया को देखते रहते हैं...रूमाल से चेहरे का पसीना पोंछते हैं)

रामाराव : रामयूया जी...उठिए, बिल दीजिए...

(रामयूया हड़बड़ाकर उठता है। सामने रामाराव को देखकर हक्का-बक्का-सा रह जाता है। बिना कुछ सोचे-समझे काग़ज़ रामाराव के सामने कर देता है। रामाराव उन्हें देखता है, फिर रामयूया को ज़रा सख़्त आवाज़ में)

रामाराव : ज़रा होश में आकर काग़ज़ दीजिए रामयूयाजी...मैं बिल माँग रहा हूँ, पुल का बड़ा वाला बिल।

रामयूया : **(डरते हुए)** नहीं बनाया सर।

रामाराव : क्या?...नहीं बनाया? **(गुस्से से)** कब से दिया हुआ है आपको यह काम...अभी तक नहीं बनाया? करते क्या रहे अभी तक आप!...काम के समय मेज़ पर सिर रखकर सोते रहते हैं और तनख़्वाह लेने पहुँच जाते हैं।

रामयूया : (**हाथ जोड़कर गिड़गिड़ाते हुए**) माफ़ी चाहता हूँ सर...सारी रात तो बिटिया के लिए भाग-दौड़ करते निकल गई...सोचा था रात को पूरा कर दूँगा...अभी ज़रा नींद...बूढ़ा आदमी हूँ सर...माफ़ कर दीजिए।

रामाराव : बूढ़े आदमी हैं इसीलिए दया करके रख लिया...लेकिन सरकार तनख़्वाह देती है तो काम भी चाहती है...कोई ख़ैरातखाना नहीं खोल रखा है उसने, समझे?...मैं ख़ुद जमकर काम करता हूँ और चाहता हूँ कि मेरे साथ काम करनेवाले लोग भी जमकर काम करें (**अन्तिम वाक्य एक-एक शब्द पर जोर देकर बोलता है**) अगर आपसे काम नहीं होता तो आज ही ऑफिस चलकर हिसाब लीजिए और अलग होइए...मुझे वक्त पर काम करनेवाले लोग चाहिए।

रामयूया : (**थरथराते हुए**) नहीं सर...नहीं। रात-दिन लगकर दो दिन में ज़रूर पूरा कर दूँगा...बस इतनी मेहरबानी कीजिए।

रामाराव : (**उसी तरह गुस्से में**) दो दिन-दो दिन करते इतने दिन हो गए...मेरे काम के लिए एक भी रिमाइण्डर आए यह मैं बरदाश्त नहीं कर सकता और इन बिलों के लिए तीसरा रिमाइण्डर आ गया है...बड़े साहब तो यही समझते होंगे कि काम की जगह हम यहाँ पिकनिक मना रहे हैं...और यह सब आपकी वज़ह से...(**फ़ाइल के काग़ज़ों को सामने फैलाकर**) ये देखिए...ये काम किया है आपने...सब अधूरा...क्या भेजूँ अब मैं...बड़े साहब को जानते नहीं आप...चिढ़ बैठेंगे मुझ पर, लीजिए ये...(**गुस्से में आकर फ़ाइल फेंक देता है रामयूया के मुँह के ऊपर। घिघियाते हुए रामयूया घबराकर गिर पड़ते हैं। रामाराव के इस संवाद के बीच ही चिन्नयूया आकर खड़ा हो जाता है...रामाराव का व्यवहार देखकर उसके चेहरे पर गुस्सा उभर आता है। रामयूया के गिरते ही वह जल्दी से उन्हें सँभालकर उठाता है और गुस्से में**)

चिन्नयूया : आप आदमी हैं या जानवर...बूढ़े आदमी को इस तरह मारेंगे...अफ़सर हो गए तो क्या इन्सानियत भी नहीं रही...बेचारा ग़रीब...

रामाराव : (**ड्राइवर के मुँह से ऐसी बातें सुनकर भन्ना जाता है।**) चिन्नयूया...शराब पीकर आए हो क्या? इतनी बद्तमीज़ी!...खबरदार जो बीच में बोले...अपनी औकात मत

भूलो...तुम होते कौन हो बीच में...

चिन्नयूया : (**छाती पर हाथ मारकर**) इन्सान हूँ, इन्सान! आपकी तरह...बूढ़े के मुँह पर फ़ाइल दे मारी...बेचारा बीमारी की हालत में भी रात-दिन काम करता रहता है...कल एक मिनट के लिए भी सोया नहीं और आप हैं कि उसके मुँह पर फ़ाइल फेंककर मार रहे हैं...(**शोर सुनकर वहाँ कुछ लोग जमा हो जाते हैं। कर्मचारियों के सामने ड्राइवर के मुँह से ऐसी फटकार सुनकर रामाराव एकदम आग-बबूला हो जाता है।**)

रामाराव : (**चीखते हुए**) यू शट अप...ज़बान लड़ा रहा है मुझसे...जानवर कह रहा है मुझे...(**चिन्नयूया से**) तुम जैसे आदमी को मैं एक मिनट के लिए भी बर्दाश्त नहीं कर सकता...आज से ही तुम (ज़ोर देकर) डिसमिस...ईडियट। (**चिन्नय्या के चेहरे पर चिन्ता या परेशानी का नहीं गुस्से का भाव। कैमरा रामाराव के साथ चलता है। वह जीप में बैठकर स्टार्ट करता है और दनदनाता हुआ चला जाता है।**)

दृश्य समाप्त

नया दृश्य

(**रामराव का कैम्प! रामाराव उसी गुस्से के भाव से एक कग़ज़ पर जल्दी-जल्दी कुछ लिख रहा है। सामने एक चपरासी खड़ा है पत्र समाप्त कर लिफ़ाफ़े में डालता है चपरासी को देते हुए**)

रामाराव : अभी जाकर जिला-इंजीनियर साहब को देकर आओ...बहुत जरूरी है।

(**चपरासी बड़े अदब से पत्र लेकर निकल जाता है। रामाराव अपने आप बड़बड़ाते हुए**)

रामाराव : जवाब देता है साला...सारी इन्सानियत निकल जाएगी।

कट

नया दृश्य

(रामाराव का वही कैम्प। घड़ी रात के दो बजा रही है। रामाराव सिगरेट पर सिगरेट पी रहा है...बेहद परेशान। पास में रखा एश-ट्रे सिगरेट के टोंटों से भर गया है। रामाराव की आँखों के सामने दो-तीन दृश्य ऐसे कौंधते हैं, जिसमें चिन्नय्या बीमारों की सेवा करता हुआ दिखाया जाए...पुल बनाते समय एक मज़दूर घायल हो गया है, उसे उठाकर ला रहा है। एकाएक रामाराव के मुँह से निकलता है)

रामाराव : ओह! नो...नो...यह क्या कर बैठा मैं **(परेशानी में उठकर टहलने लगता है।)**

दृश्य समाप्त

नया दृश्य

(सवेरे का समय। चिन्नय्या का कैम्प। वह कसरत कर रहा है। चेहरे पर न परेशानी न चिन्ता। चपरासी का प्रवेश)

चपरासी : चिन्नय्या! साहब ने बुलाया तुमको अभी।

चिन्नय्या : **(एक क्षण चपरासी का चेहरा देखता है)** चलो आता हूँ अभी। **(चपरासी निकल जाता है)** अब क्या बोलने का साहब को...चलो देखते हैं। जल्दी से वर्दी चढ़ाता है फिर नेहरूजी और सुभाष बाबू की तस्वीरों के सामने फ़ौजी सलाम ठोंकता है और चल देता है।

दृश्य समाप्त

नया दृश्य

(रामाराव अपने कैम्प में। चिन्नय्या आता है और फ़ौजी सेल्यूट करता है। उसके चेहरे पर कल की बात

का कोई असर नहीं है।)

रामाराव : **(एक क्षण ग़ौर से चिन्नयूया को देखता है, फिर सहज स्वर में)** आओ बैठो...**(चिन्नयूया वैसे ही खड़ा रहता है।)** इधर कुर्सी पर बैठो। **(चिन्नयूया बैठ जाता है।)** कल वर्कस्पॉट से पैदल चलकर आए?

चिन्नयूया : **(बहुत सहज स्वर में)** यस सर। कोई बात नहीं, मुझे आदत है पैदल चलने की...फ़ौजी आदमी हूँ।

रामाराव : **(एक क्षण चिन्नयूया का चेहरा देखता है...जैसे कहने से पहले तौल रहा हो।)** देखो चिन्नयूया, मैं तुम्हारी बहुत इज्ज़त करता हूँ...लेकिन कल तुमने जिस तरह का व्यवहार किया...

चिन्नयूया : सर, मैं भी आपकी बहुत-बहुत इज्ज़त करता हूँ। लेकिन कल बूढ़े रामयूया के मुँह पर फ़ाइल फेंककर आपने जिस तरह का व्यवहार किया...

रामाराव : रामयूया ने सबसे ज़रूरी बिल तैयार नहीं किया...तीन दिन से लगातार मैं उसे कह रहा हूँ...गुस्सा नहीं आएगा? और तुम अच्छी तरह जानते हो कि मुझे जब गुस्सा आता है तो बूढ़ा, बच्चा कुछ नहीं सूझता।...थोड़ी देर बाद गुस्सा ठण्डा हो जाता तो मैं खुद समझा देता लेकिन तुम क्यों बीच में बोले?...एक अफ़सर को जानवर कहोगे तुम? **(आवाज़ में फिर हल्का-सा क्रोध उभर आता है।)**

चिन्नयूया : मुझे भी गुस्सा आ गया था सर...और जब गुस्सा आता है तो अफ़सर-नौकर कुछ नहीं सूझता। **(एक क्षण रुककर)** अब मैं कह सकता हूँ कि आई एम सॉरी सर। **(रामाराव हल्के से मुस्कराता है, चिन्नयूया भी)**

रामाराव : यही कहने के लिए मैंने तुम्हें बुलाया था कि जो कुछ हुआ उसे भूल जाओ और मन में कोई मलाल मत रखना। मैंने गलती की...तुमने भी ग़लती की, बात ख़त्म...जाओ जीप लेकर आओ। स्पॉट पर चलना है।

(चिन्नयूया के चेहरे पर प्रशंसा और सम्मान का भाव मुस्कराहट बनकर फूट पड़ता है। वह तपाक से एक फ़ौजी सैल्यूट ठोकता है।)

चिन्नयूया : सर ग़लती करने वाला इन्सान ही होता है, लेकिन ग़लती करके जो मान ले वह भगवान होता है। आप सचमुच भगवान

हैं...आप सिविलियन कैसे हो गए सर...आपको तो फ़ौज में होना चाहिए था। **(निकल जाता है।)**

दृश्य समाप्त

नया दृश्य

(ऑफिस के तम्बू में डिस्ट्रिक्ट इंजीनियर के साथ रामाराव, दशरथ रामय्या और चिन्नय्या हैं। डिस्ट्रिक्ट इंजीनियर बहुत ही रौबदाब वाला व्यक्ति है। पूरे व्यक्तित्व से अफ़सरी रौब टपक रहा है।)

ऑफिसर : देखिए मिस्टर रामय्या...आपके साहब ने रिकमेण्ड किया है कि आपको एक साल का एक्सटेंशन और दे दिया जाए।

रामय्या : **(हाथ जोड़कर गिड़गिड़ाते हुए)** बड़ी मेहरबानी सर, साहब ने मुझ बूढ़े की हालत पर...

ऑफिसर : **(हाथ के इशारे से रोकते हुए)** ठीक है...ठीक है, ज़्यादा बात नहीं...मुझे ज़्यादा काम चाहिए। एक्सटेंशन मैं दे रहा हूँ पर ढिलाई मैं बिल्कुल बर्दाश्त नहीं कर सकता...। बिल्कुल नहीं इस बार बिल समय पर तैयार होने चाहिए।

रामय्या : **(उसी तरह हाथ जोड़े रिरियाते हुए)** बिल्कुल सर...इस बार जरा बीमार हो गया था इसीलिए... आप फ़िकर न करें...मैं रात-दिन...

ऑफिसर : **(हाथ के इशारे से रोक देता है)** ठीक है।

(रामय्या चुप हो जाता है ऑफिसर चिन्नय्या को देखता है...ऊपर से नीचे तक, काफ़ी पैनी नज़रों से।)

ऑफिसर : तुम चिन्नय्या हो...जीप ड्राइवर?

चिन्नय्या : यस सर! **(सैल्यूट ठोंकता है।)**

ऑफिसर : हूँ ऽ ऽ ऽ!...एक हफ़्ते पहले वर्क-स्पॉट पर तुमने सबके सामने मिस्टर रामाराव की इन्सल्ट की...जानवर कहा उन्हें? **(आवाज़ में एकदम सख़्ती और गुस्सा झलक आता है। चिन्नय्या चुप)**

रामाराव : **(बात सँभालने के अन्दाज़ में)** नहीं सर वो...बात ये थी कि...

ऑफिसर : **(हाथ के इशारे से रोकते हुए)** आप चुप रहिए, उसे जवाब देने दीजिए...बोलो, तुमने जानवर कहा था साहब को?

चिन्नयूया : **(सहज लेकिन दृढ़ स्वर में)** जी हाँ, चिन्नयूया झूठ नहीं बोलता, उसने कहा था। साहब ने बूढ़े रामयूया के चेहरे पर फ़ाइल फेंककर मारी तो...

ऑफिसर : **(बीच में ही गुस्से से)** तो क्या हुआ...गाली दोगे अपने बॉस को?...यह इन दोनों का मामला था...बीच में बोलने की हिम्मत कैसे हुई तुम्हारी?

चिन्नयूया : मैं फ़ौजी आदमी हूँ सर...ग़लत बात बर्दाश्त नहीं कर सकता।

ऑफिसर : बर्दाश्त नहीं कर सकते...लेकिन ग़लत बात कर सकते हो... ऑफिसर को गाली देना सही बात है?...फ़ौज में डिसिप्लिन के नाम पर यही सीखा है?

रामाराव : **(बीच-बचाव करते हुए)** नहीं सर, आप ग़लत समझ रहे हैं...वो बात ऐसी थी कि...

ऑफिसर : डोण्ट ट्राइ टू डिफ़ेण्ड हिम...मुझे सारी बात मालूम है उस दिन की।

रामाराव : नहीं सर, मैंने जो लिखा था, उसे आप भूल जाइए। चिन्नयूया जैसा आदमी...

ऑफिसर : **(बीच में ही)** आपको जानवर कह सकता है। तौर-तरीके देख रहे हैं आप इसके?...आप तो वहाँ थे रामयूयाजी...इसने बदतमीज़ी की थी...जानवर कहा था या नहीं?

रामयूया : **(एक क्षण झिझकता है)** कहा था सर...ये गुस्सैल आदमी है सर, छोटे-बड़े का बिल्कुल ख्याल नहीं रखता। **(इस संवाद की प्रतिक्रिया चिन्नय्या और रामाराव के चेहरे पर दिखती है।)**

ऑफिसर : फ़ाइल आप पर मारी लेकिन गुस्सा आप नहीं...ये दिखा रहा था...वाह।

रामयूया : सर, मुझसे ग़लती हुई इसीलिए तो साहब गुस्सा हुए...फ़ाइल मार दी...यह तो हक़ है उनका साहब...अफ़सर हैं वे...मार दी तो क्या हुआ?

(चिन्नयूया के चेहरे पर एक व्यंग्य भरी मुस्कान फैल जाती है।)

रामाराव : सर, चिन्नयूया के खिलाफ़ मैंने जो रिपोर्ट दी थी, उसे वापस लेकर मैं यह मामला यही ख़त्म करना चाहता हूँ...आई रिक्वेस्ट यू...

ऑफिसर : **(हाथ हिलाते हुए)** नो...नो, इस तरह की बदतमीज़ी को तरजीह देकर आप डिपार्टमेण्ट में डिसिप्लिन कैसे रखेंगे?...आज

आपके साथ हुआ कल मेरे साथ होगा...किसी और के साथ होगा...रामयूयाजी, आपने तो सारी उम्र दफ़्तरों में काटी है...आप ही बताइए कि इस तरह की बदतमीज़ी की सज़ा मिलनी चाहिए या नहीं?

रामयूया : (**रिरियाते हुए**) बदतमीज़ी की सज़ा तो मिलनी ही चाहिए सर...कोई भी अफ़सर बदतमीज़ी कैसे बर्दाश्त करेगा सर!...मैं तो इसे भी बहुत समझाता हूँ सर समझ ही नहीं आता...गर्मी भरी है दिमाग में बहुत सर...

ऑफिसर : मेरा डिपार्टमेण्ट किसी के दिमाग़ की गर्मी बर्दाश्त नहीं कर सकता और वह भी एक ड्राइवर की...(**आवाज़ में हिक़ारत-सी उभर आती है।**)

चिन्नयूया : (**बिना ज़रा भी विचलित हुए**) ड्राइवर होना कोई गुनाह नहीं है सर...

रामयूया : चुप नहीं करते चिन्नयूया...बड़े साहब से बेअदबी कर रहे हो, शर्म नहीं आती...

ऑफिसर : तुम अपना हिसाब लेकर जा सकते हो चिन्नयूया...हमें तुम्हारी सेवाओं की ज़रूरत नहीं है...आज से ही।

(झटके से उठकर निकल जाता है...रामयूया पीछे-पीछे निकल जाता है। रामाराव सिर थामकर बैठ जाता है!)

दृश्य समाप्त

नया दृश्य

(रात का समय। चिन्नयूया अपने कैम्प में सामान बाँधकर जाने को बिल्कुल तैयार। रामयूया की पत्नी अम्मा आती है–रोती हुई।)

चिन्नयूया : अरे अम्मा, कहाँ थीं तुम...सब लोग आकर चले गए...तुम्हारा कहीं पता ही नहीं।

अम्मा : मुँह छिपाए पड़ी थी...सब लोग तुमसे मिलकर गए लेकिन मैं क्या मुँह लेकर आती (**सुबकती है**) सब लोग तुम्हारे जाने से दुःखी हैं। लेकिन मेरा दुःख...अपने से ही नफ़रत हो रही है मुझे...(**सुबकती है**) बड़े साहब को गाली दे रहे हैं सब लोग...लेकिन मैं...अपने आदमी को गाली दे रही हूँ...इतनी

घिनौनी हरक़त...(**फूट पड़ती है**)

चिन्नयूया : (**उठकर अम्मा के पास आता है**) तुम क्यों रोती हो अम्मा।

अम्मा : रोऊँगी नहीं,...अरे अपना पेट भरने की चिन्ता ऐसी कि दूसरे के पेट पर लात मार दो...और मारा भी किसको...जिसने हर क़दम पर तुम्हारा साथ दिया, सहारा दिया।...अरे तुम्हें बचाने के लिए साहब का कोप लिया और तुम हो कि उसी के खिलाफ़...कटकर गिर नहीं गई तुम्हारी जीभ...सवेरे से जाने कहाँ अपना काला मुँह छिपाए घूम रहा है...मेरे सामने तो आए...गुस्से के मारे मेरा तो रोम-रोम सुलग रहा है।

(चिन्नयूया ने डण्डा कन्धे पर रखा। उस डण्डे पर कम्बल में लिपटा छोटा-सा बिस्तर, एक थैला और लालटेन लटक रहे हैं। अम्मा की पीठ थपथपाकर)

चिन्नयूया : गुस्सा मत कर अम्मा। रामयूया बाबू भी गुस्सा करने लायक नहीं, दया करने लायक...दया कर उस पर! क्या करे बेचारा।...ज़िन्दा रहने के लिए रोज़ ही मरना पड़ता है उसे...मरता बेचारा! चिन्नयूया तो फ़ौजी आदमी, बस, एक दिन मरेगा और वो भी फ़ौजी मौत!...लेकिन मरने से पहले हर दिन जिन्दा रहेगा...आदमी की तरह। (**चेहरे पर गर्व का भाव। यह संवाद ऐसे बोले कि उसका पूरा व्यक्तित्व उभरकर आ जाए।**) अच्छा चलता हूँ (**अम्मा को भी एक फ़ौजी सलाम करता है। आँसू भरी आँखों से अम्मा उसे देखती है। निकलता है तो अम्मा दो-चार क़दम साथ चलती है। कोई फ़ौजी गीत गुनगुनाता है जिसका मतलब होता है कि फ़ौजी लोग देश के लिए मरते हैं, दूसरों के लिए मरते हैं। धीरे-धीरे उसकी आकृति दूर होती जा रही है...अम्मा उसे देख रही है। यह गीत जीप चलाते हुए भी वह कभी-कभी गाया करता है। सारे कैम्प में अँधेरा है, और सारे तम्बू क़ब्र जैसे लग रहे हैं। प्रकाश का वह बिन्दु दूर-दूर होता जा रहा है। इस फ़िल्म का आरम्भ भी कैम्प के दृश्य से होता है पर तब हर तम्बू में एक लालटेन जल रही है...सब तरफ़ प्रकाश है प्राण है। चिन्नयूया के जाने के बाद सब तरफ़ सन्नाटा है...जैसे मुर्दनी छा गई है...तम्बू क़ब्र जैसे हो जाते हैं। प्रकाश सिर्फ़ चिन्नयूया के लालटेन का है...जो अब इस कैम्प से दूर होता जा रहा है।**)

'भ्रम' उड़िया कहानी का सारांश

पति की मृत्यु के बाद सत्यवती कई सालों से अपने बड़े बेटे प्रताप के साथ रह रही है। ज़िन्दा रहने के लिए उसके पास पुरानी यादें हैं और है अपने ठाकुरजी का भरोसा...जिस पर उसे अटूट विश्वास है। पति के साथ मिलकर जिस तरह उसने अपने बच्चों को पाल-पोस कर बड़ा किया, वे सब आज एक सफल जीवन जी रहे हैं, यही उसका सबसे बड़ा सुख और सन्तोष है। छोटा बेटा अमर, मिलना तो दूर...पत्रों के जवाब तक नहीं देता पर उसे इसका न कोई दुख है...न शिकायत। बस, बचपन से ही गुस्सैल बड़ा बेटा उसे जब-तब कोसता रहता है। वह तो अख़बारों में उसका नाम और फ़ोटो देख-देख ही कर गर्व का अनुभव करती है। तरह-तरह की बीमारियों से ग्रस्त रहने वाला मझला बेटा...जिसके भविष्य को लेकर पति-पत्नी हमेशा चिन्तित रहते थे...आज वह भी खूब अच्छी तरह जम गया है। पैसा-परिवार सब कुछ है उसके पास! बार-बार बुलाने पर उसके भी न आने पर बड़ा बेटा भन्नाता रहता है पर सत्यवती को उससे भी कोई शिकायत नहीं। स्नेही ममतामयी सत्यवती तो सोचती है कि यह बड़े बेटे का भाइयों के प्रति प्रेम ही है, जो गुस्सा बनकर प्रकट हो रहा है। यह तो वह सोच ही नहीं सकती थी कि वह और उसकी ज़िन्दगी के तौर-तरीके, जिसमें पूजा-पाठ और छुआछूत भी है, तो ज़िन्दगी को नियम-कायदों में बाँध कर चलाने का आग्रह भी अब बड़े बेटे और उसके परिवार के लिए बोझ बन गये हैं और वह इस बोझ को दूसरे बेटे के कन्धों पर डालने को बेचैन है। मझला बेटा आता है पर वह माँ को ले जाने के लिए कतई तैयार नहीं क्योंकि उसकी अति आधुनिक बीवी और महानगर की ज़िन्दगी में माँ के लिए कोई गुंजाइश नहीं। छोटे बेटे के आने की खुशी में आज वह खुद स्पेशल खाना बनाती है, रसोई में ही उसे कमरे में होने वाली बहस के कुछ-कुछ टुकड़े सुनाई देते हैं...जिसमें बीच-बीच में वह अपना नाम भी सुनती है तो यही समझती है कि शायद अब छोटा बेटा उसे अपने साथ ले जाने की ज़िद कर रहा है, जिसके लिए बड़ा बेटा तैयार नहीं हो रहा है। पर जब असलियत मालूम होती है तो जैसे उसके पाँव के नीचे की ज़मीन ही सरक जाती है। काँपती थरथराती वह ठाकुर जी के आगे फूट-फूट कर रोने लगती है। पर फिर धीरे-धीरे उसका स्वाभिमान उसे शक्ति देता है और

वह बड़ी दृढ़ता के साथ निर्णय लेती है कि अब वह एक दिन भी यहाँ नहीं रहेगी। कपड़े-लत्ते बाँधकर वह बेटे के कमरे की ओर जाती है जहाँ, सब बैठे हैं और उतनी ही दृढ़ता से उन्हें अपना निर्णय सुना कर निकल जाती है। अवाक् से बच्चे उसके पीछे चलते हैं पर बिना पीछे मुड़े ही उन्हें यह कहकर रोक देती है कि आज से किसी को भी मेरा बोझ उठाने की ज़रूरत नहीं। जिसने चार-चार बच्चों का बोझ उठाकर उन्हें पाल-पोस कर बड़ा कर दिया, वह क्या अपने अकेले का बोझ नहीं उठा सकती?

ममता यदि स्त्री को कोमल बनाकर कमज़ोर बनाती है तो स्वाभिमान उसे कठोर बनाकर दृढ़ भी बना देता है। सत्यवती के चरित्र के माध्यम से स्त्री के इसी रूप को स्थापित करना है।

भ्रम

उड़िया कहानी

•

लेखक—शकुन्तला पण्डा

पटकथा—मन्नू भण्डारी

(भोर का समय। सत्यवती के घर का बाहरी भाग। छोटे से बग़ीचे में पौधे लगे हैं—बीच में तुलसी का पौधा लगा है। दृश्य सत्यवती के पूजाघर से शुरू होता है। ठाकुर-घर में पूरे ताम-झाम के साथ भगवान सजे हैं। दीवार में एक तरफ़ सत्यवती के मृत-पति की बड़ी सी तस्वीर भी लगी है। सत्यवती भजन की अन्तिम पंक्तियाँ गुनगुनाती है—हाथ जोड़कर श्रद्धा से सिर झुकाती है। फिर बाहर निकलकर तुलसी के पौधे में पानी देती है, प्रणाम करती है। चेहरे पर ममता-कोमलता का भाव। झारी उठाकर पौधों में पानी देने लगती है। तभी प्रताप बाहर से घूमकर लौटता है। हालाँकि सवेरे-सवेरे घूमकर लौटा है लेकिन फिर भी चेहरे पर ताज़गी नहीं बल्कि खीज और चिन्ता का भाव। सत्यवती एक क्षण उसके चेहरे को ग़ौर से देखती है, फिर बहुत प्यार से)

सत्यवती : क्या बात है प्रताप?...सवेरे घूमने के बाद तो आदमी का चेहरा ताज़े फूल सा खिला रहना चाहिए, तेरे माथे पर इतनी शिकन क्यों?...क्या परेशानी है तुझे?

प्रताप : **(टालते हुए लेकिन स्वर में खीज स्पष्ट है)** कुछ नहीं...कोई खास बात नहीं।

सत्यवती : **(ग़ौर से उसका चेहरा देखती है, फिर पास आकर)** मुझसे

छिपाएगा? माँ क्या जानती नहीं, कब तू खुश होता है, कब परेशान, कब गुस्सा! अरे तेरे चेहरे की एक-एक रेखा पहचानती हूँ...बताता क्यों नहीं, क्या बात है?

प्रताप : **(माँ को देखता है कुछ असमंजस में कि क्या बताए)** चन्दर को कल आना था, आया ही नहीं। पता नहीं, आज भी आएगा या नहीं?

सत्यवती : **(आश्वस्त होते हुए)** ओह, तो यह बात है...अरे किसी काम में फँस गया होगा। **(फिर पानी देने लगती है)** क्या करे वह भी, काम जो इतना बढ़ा लिया है।

प्रताप : **(चिढ़कर व्यंग्य से)** काम बढ़ा लिया है...मैं भी तो यहाँ किसी काम से ही बुला रहा हूँ आख़िर। लेकिन टालता जा रहा है। डेढ़ साल हो गया, आकर शक्ल तक नहीं दिखाई...कितनी बार तो लिखा...मैं क्या समझता नहीं।

सत्यवती : भाई की याद सता रही है?...अरे ऐसा ही है तो तू जाकर मिल आ...इसमें इतना गुस्सा होने की क्या बात है?...तीन बच्चों का बाप हो गया पर बात-बात पर गुस्सा होने वाली बचपन की आदत नहीं गई अभी तक।...देख, मेरा भी तो मन करता है चन्दर को देखने का पर मैं तेरी तरह गुस्सा तो नहीं करती।...आ जाएगा...अबकी से मैं लिखवा दूँगी...मेरी बात नहीं टालेगा...सौ काम छोड़कर भी आएगा।

प्रताप : हुँऽऽ! आ जाएगा **(भीतर चला जाता है। भीतर से बहू अँगड़ाई लेती हुई आती है)**

सत्यवती : उठ गईं बहू...बच्चों को भी उठा दो। कभी सूरज का उगना भी तो देख लें।...ये आठ-आठ बजे तक क्यों सोने देते हो तुम बच्चों को। भला बताओ तो...इतनी देर से उठने पर कब तो पढ़ें, कब तैयार हों और कब खाना खाएँ? फिर कैसी अफरा-तफरी में भागते हैं स्कूल।

बहू : **(नींद अभी तक नहीं उड़ी है...उपेक्षा से)** कितनी बार तो कहा माँ...नहीं उठते तो क्या करूँ।...सोते हैं तो सोने दो—कौन रोज़-रोज़ सिर खपाए इनके साथ। फिर रात में देर तक जाग कर पढ़ते भी तो हैं।

सत्यवती : रात की पढ़ाई भी कोई पढ़ाई होती है। शरीर, मन, बुद्धि जब सब थककर चूर हो जाए तब बताओ भला, क्या घुसेगा दिमाग़ में।...सवेरे की एक घण्टे की पढ़ाई रात के तीन घण्टों की पढ़ाई

के बराबर होती है।...मैंने तो अपने सब बच्चों को छह बजे के बाद कभी सोने ही नहीं दिया।...जल्दी सोओ, जल्दी उठो...निरोग काया और निरोग बुद्धि का अचूक नुस्खा है यह।...बच्चों को कुछ सिखाओ...अच्छे संस्कार डालो...**(बहू पर इन बातों का जैसे कोई असर हीं नहीं। भीतर आकर पति से)**

बहू : बस, हो गया भाषण चालू। **(हँसती है)** माँ भी बस...ये सोचती हैं इनके कहने से जैसे बच्चे बदल ही जाएँगे।...यह तो मैंने बच्चों को ठोक-ठोक कर समझा रखा है कि दादी माँ को कभी जवाब मत देना। बस, एक कान से सुनो और दूसरे से निकाल दो।...लेकिन अब बच्चे बड़े हो रहे हैं...इतना उपदेश-भाषण नहीं सुन सकते।...कभी छुआछूत को लेकर तो कभी पूजा-पाठ को लेकर तो कभी बच्चों के गाने-बजाने को लेकर...इनका तो कुछ न कुछ चलता ही रहता है। मैंने तो जैसे-तैसे निभा दिया लेकिन बच्चे...**(पति अखबार पढ़ता रहता है...पत्नी की बातों का कोई जवाब देने की ज़रूरत नहीं समझता।)** चन्दर तो आए नहीं, इस बार भी कहीं टाल न जाएँ। **(पति फिर भी कोई जवाब नहीं देता)** मैं चाय लेकर आती हूँ **(पत्नी उठकर भीतर जाती है। कैमरा बाहर सत्यवती पर आ जाता है। वह कोई भजन गा रही है और या तो गमलों में पानी दे रही है या पूजा के लिए फूल तोड़ रही है। इतने में बाहर स्कूटर या टैक्सी आकर ठहरती है। चन्दर हाथ में सूटकेस लिये उतरता है। सत्यवती चन्दर को देखते ही उमग कर फाटक पर पहुँच जाती है। चन्दर पैर छूता है)**

सत्यवती : **(सिर पर हाथ फेरते हुए)** अरे चन्दर, लम्बी उमर हो तेरी बेटा—सवेरे से हम सब तुझे ही याद कर रहे थे। **(भीतर की ओर मुँह करके)** अरे प्रताप, देख चन्दर आ गया...ले अब हो गुस्सा।

(प्रताप और बहू भीतर से निकलकर आते हैं। चन्दर दोनों के पैर छूता है। प्रताप आशीर्वाद देता है।)

प्रताप : हम तो कल भी राह देख रहे थे...कल क्या हो गया था?

चन्दर : आना तो कल ही था, पर एक काम ऐसा फँस गया कि निकल ही नहीं सका।

सत्यवती : बहू और बच्चे कैसे हैं?

चन्दर : ठीक हैं सब।

सत्यवती : लेता आता उन्हें भी।...कितने दिन हो गए सबको देखे।

चन्दर : माँ, मैं सीधा घर से नहीं आ रहा। दो जगह होता हुआ आ रहा हूँ।

प्रताप : **(व्यंग्य से)** बहुत कामकाजी बेटा है न तुम्हारा ये...इसे कहाँ फुर्सत?

सत्यवती : अब बस भी कर प्रताप। **(चन्दर से)** देख ले, सवेरे से इसी तरह गुस्सा हो रहे हैं तेरे दादा।...मिल जाया कर जल्दी-जल्दी, नहीं तो मन छटपटाने लगता है इसका। सबसे छोटा है न तू, सो तुझ पर ही सबसे ज़्यादा प्यार है इसका।

बहू : सारी बातचीत यहीं हो जाएगी या भीतर भी आने दोगे चन्दर को।

(सब भीतर जाने लगते हैं)

सत्यवती : ठाकुरजी को प्रणाम किये बिना ही अन्दर जा रहा है? लगता है, मेरा सिखाया-पढ़ाया सब भूल गया। **(सब वहीं ठहर जाते हैं, चन्दर एक ओर बने माँ के पूजाघर की तरफ आता है। जैसे ही भीतर जाने लगता है)** बाहर से ही प्रणाम कर...नहाया कहाँ है जो भीतर जा रहा है।

चन्दर : **(दरवाज़े पर ही ठिठककर)** तुम भी माँ...मैं बिना नहाए भीतर घुस जाऊँगा तो अपवित्र हो जाएँगे तुम्हारे ठाकुर...बस, इतनी सी ही पवित्रता है तुम्हारे ठाकुरजी की?

प्रताप : यह सब माँ की समझ में नहीं आएगा। दुनिया कहाँ से कहाँ जा रही है लेकिन माँ हैं कि...

सत्यवती : **(अधूरे वाक्य को पूरा करते हुए)** अपनी ही ज़मीन पर खड़ी हैं।...अब इस बुढ़ापे में माँ जाएगी भी कहाँ बेटा...बस, अपने ठाकुर के साथ अपनी ज़मीन पर खड़ी रह सकूँ, यही बहुत है मेरे लिये—

(सत्यवती भी एक बार ठाकुर को प्रणाम करती है। सब लोग फिर भीतर जाने लगते हैं।)

सत्यवती : बहू, लछमी आए तो सारी रसोई धुलवा देना। आज खाना मैं बनाऊँगी। मेरे हाथ के भरवाँ परवल, कोफ़्ते की सब्ज़ी बहुत पसन्द हैं चन्दर को। अब आया है तो वह तो बनाकर खिला ही दूँ। **(सब भीतर चले जाते हैं।)**

नया दृश्य

(रसोई में बैठी सत्यवती कुछ पका रही है। थोड़ी दूर पर बहू सलाद काट रही है। दरवाज़े के बाहर लछमी (नौकरानी) सिल पर मसाला पीस रही है। ऐसा वातावरण बनाना है कि माँ बहुत प्रसन्न मन से खाना बना रही है। रसोई के पास ही कमरा है जहाँ दोनों लड़के बातें कर रहे हैं। उनकी बातों के कुछ शब्द, कोई अधूरा वाक्य रसोई तक पहुँच रहा है, जिससे इतना तो साफ लगता है कि दोनों में काफ़ी गरमागरमी चल रही है। बहू जिसे दोनों की बात का प्रसंग मालूम है...बातचीत के टुकड़े सुनाई देने पर सहम कर माँ की तरफ़ देखती है...लेकिन माँ अपना खाना बनाने में ही मग्न है। एक बार प्रताप का बहुत गुस्से में कहा हुआ वाक्या–"हाँ-हाँ, बहुत कर लिया मैंने...अब और नहीं कर सकते हम...साफ़ कहे देता हूँ मैं" बहू फिर माँ की तरफ़ देखती है। माँ को प्रताप का गुस्सा तो समझ आता है, बात का मतलब समझ नहीं आता।)

सत्यवती : सुन रही हो बहू...कल से तो चन्दर-चन्दर करके गला सुखा रहा था लेकिन अब जब आ गया तो एक मिनट भी शान्ति से नहीं बैठने दे रहा है उसे।...पता नहीं किस बात पर चिल्लाए जा रहा है जबसे...प्रताप के तो गुस्से का कोई अन्त ही नहीं है...और फिर कोई आज का है यह गुस्सा–बचपन में भी ऐसा ही गुस्सैल था...गुस्सैल और ज़िद्दी। **(खाना बनाते-बनाते जैसे अतीत में चली जाती है।)** इसके गुस्से की कोई एक बात हो तो बताऊँ। मुश्किल से चार बरस का रहा होगा...ज़रा सी बात पर अपने बाबा से गुस्सा होकर घर से भाग लिया। डरा नहीं ज़रा भी।...कैसे वे सात-आठ घण्टे निकले हैं हमारे, हम ही जानते हैं। मैं तो बस अपने ठाकुर के चरणों में पड़ी रोती रही और इसके बाबा पागलों की तरह सारे शहर का चक्कर लगाते रहे...तेज़ बारिश में! शाम को जाकर मिला, वह भी शहर के दूसरे छोर पर।...तब से कान पकड़ लिये थे हम लोगों ने तो...घर में सबको मना कर दिया था कि प्रताप को कोई कुछ

न कहे...जो मरजी हो करने दो इसे।

बहू : आप लोगों ने इसी तरह तो बिगाड़ा इन्हें। किसी की सुनते ही नहीं।

सत्यवती : अरे तुम्हारे बाबा ने तो डॉक्टरों को भी दिखाया...वो क्या तो एक ख़ास तरह के डॉक्टर होते हैं जो...पर स्वभाव भी कहीं बदलता है आदमी का...अब तुम्हें क्या बताऊँ...तुम तो खुद सब देख-भुगत रही हो–जाकर कुछ कहूँगी भी तो सुनेगा थोड़े ही मेरी बात–
(यह सारे संवाद टुकड़ों-टुकड़ों में बोलती है, काम के साथ-साथ! बोलने का ढंग ऐसा है जैसे कुछ अपने से बोल रही है, कुछ बहू को बता रही है।) अरे लछमी, मसाला पिस गया हो तो प्लेट में रख दे वहीं, मैं उठा लूँगी। **(उठती है कैमरा दोनों भाइयों के कमरे पर जाता है। प्रताप काफ़ी तैश में है...और चन्दर अपनी असमर्थता के कारण कुछ दबे ढंग से बोल रहा है।)**

प्रताप : देखो चन्दर, पिताजी को मरे दस साल हुए...तब से माँ को बराबर मैं ही रख रहा हूँ। तुम लोगों ने तो दस महीने क्या, दस दिन के लिए भी माँ को अपने पास नहीं रखा...लेकिन अब और इस तरह नहीं चलेगा...माँ को कल तुम्हें अपने साथ ले जाना होगा। इसीलिए बुलाया है मैंने तुम्हें यहाँ!

चन्दर : दादा, आप समझने की कोशिश क्यों नहीं करते...बहुत मुश्किल है माँ का वहाँ रह पाना। सीमा का स्वभाव आप जानते ही हैं...माँ का पूजा-पाठ, छुआछूत, सारे दिन धोना-धुलाना...एक दिन भी वह यह सब बर्दाश्त नहीं कर सकेगी और माँ बेकार में दुखी हो जाएँगी...बच्चों को भी आदत नहीं है इन सब बातों की। यहाँ...यहाँ आप लोग तो इतने सालों में एडजस्ट कर गए हैं उनके साथ।

प्रताप : वाह-वाह, क्या अच्छी बात कही है।...हमने दस साल यह सब बर्दाश्त किया तो अब सारी ज़िन्दगी हम ही बर्दाश्त करें...क्या खूब! अच्छा इनाम दे रहे हो माँ को रखने का। **(लहजा बदल कर)** देखो, अब हमारे भी बच्चे बड़े हो गए हैं...और हम अगर रोक कर न रखें तो रोज़ ही कहा-सुनी की नौबत आए...बस इस बार माँ को तुम अपने साथ लेकर जाओगे...कह दिया है मैंने!...वैसे भी मैंने अपना फ़र्ज़ निभा दिया...अब तुम्हारी भी तो कोई ज़िम्मेदारी है आख़िर। **(गुस्से से सिर झटकता है)**

(इसी समय सत्यवती कमरे में घुसती है। उसने अन्तिम वाक्य सुना है)

सत्यवती : अरे अब कौन सी ज़िम्मेदारी समझा रहा है चन्दर को। वह अब बच्चा नहीं है, बड़ा हो गया है...सारी ज़िम्मेदारी सँभाल तो रखी है उसने...बिज़नेस की–घर की–पर तू है कि उसे डाँटता ही रहेगा।

(माँ के अचानक आ जाने से दोनों क्षण भर के लिए थोड़ा सकपका जाते हैं लेकिन फिर प्रताप को लगता है कि बात कर ही ली जाए।)

प्रताप : **(खीज और झुँझलाहट के साथ)** नहीं माँ, वह बात नहीं है–**(फिर रुकता है जैसे साफ़ बात कहने में संकोच हो रहा हो)** बात यह है माँ कि **(फिर रुकता है)** देखो माँ, दस साल तक तुम हमारे साथ रही हो...और जहाँ तक हमसे बन पड़ा, हमने कोई तक़लीफ़ भी नहीं होने दी–**(रुकता है)**

सत्यवती : कैसी बात कर रहा है प्रताप...तक़लीफ़ क्यों होगी?...अपने घर में भी किसी को तक़लीफ़ होती है भला!

प्रताप : अब मैं चाहता हूँ कि चन्दर **(रुकता है, फिर माँ के पास जाकर)** तुम समझाओ चन्दर को कि वह अब तुम्हें अपने साथ रखने...

चन्दर : **(ज़ोर से बीच में ही बात काट देता है)** दादा, प्लीज़। **(जैसे वह नहीं चाहता कि बात माँ के सामने इस तरह रखी जाए। प्रताप रुक कर चन्दर की तरफ़ देखता है। सत्यवती एक क्षण कुछ समझ नहीं पाती–दोनों की तरफ़ देखती है...फिर एकाएक जैसे बात समझ गई हो।**

सत्यवती : ओह, तो इस बात को लेकर सवेरे से झगड़ा हो रहा है...जानती हूँ...जानती हूँ चन्दर, तुझे बहुत शिकायत है मुझसे कि मैं हमेशा प्रताप के पास ही रहती हूँ–तेरे पास कभी नहीं रहती...पर क्या करूँ बेटा...और फिर शरीर से चाहे कहीं भी रहूँ पर मन से तो हमेशा अपने बच्चों के साथ ही रहती हूँ।...और प्रताप, इस बात के लिए तू उसे डाँट रहा है सवेरे से–अरे, प्यार से भी तो कह सकता है...मैं समझा दूँगी चन्दर को...मुझे ले जाने की जिद न करे... **(गद्गद भाव से)** शुरू से कुछ ज़्यादा ही चिपक कर रहा है न यह मुझसे, सो वही आदत बनी हुई है अभी भी।

लोपा को गोदी में उठाती थी तो कैसा मचल जाता था गोदी में चढ़ जाने के लिए—**(हँसती है)**

बहू : **(भीतर से दौड़ती हुई आती है)** माँ-माँ, तुम्हारी खीर उफनने वाली है...मैं तुम्हारे चौके में घुस नहीं सकती...जल्दी जाओ।

सत्यवती : अरे **(जाते हुए)** देखो बादाम-किशमिश लेने आई थी, इनकी बातों में उलझ गई। बहू, तुम लेती आना। **(निकल जाती है)**

बहू : तुम लोग यहाँ इतनी ज़ोर-ज़ोर से बोल रहे हो...माँ अगर सुन लेंगी तो—कितना बुरा लगेगा उन्हें।...यह कोई तरीका है?

प्रताप : तरीक़े की बात तुम चन्दर को समझाओ।...माँ समझ रही हैं कि चन्दर उन्हें ले जाने की ज़िद कर रहा है...मरा जा रहा है उनके बिना...जब असलियत जानेंगी तो...

बहू : देखो चन्दर, माँ को तो अब तुम्हें अपने पास रखना ही पड़ेगा...तो क्यों नहीं ऐसे ले जाओ कि माँ का मान भी रहे। ज़िद करो कि अब माँ को यहाँ नहीं छोड़ोगे...अपने पास रखोगे।

प्रताप : **(व्यंग्य से)** ज़िद करेगा...वह तो रखने को ही तैयार नहीं है...हम हैं तो सारी ज़िन्दगी ढोने को माँ का बोझ।

बहू : अच्छा चुप-चुप! इस समय शान्ति से खाना खा लो। सारी शाम पड़ी है इस बात का फैसला करने के लिए।...और फैसला क्या कल माँ को लेकर जाना तो है तुम्हें अपने साथ। **(अपना अन्तिम निर्णय सुनाकर बहू निकल जाती है)**

दृश्य समाप्त

नया दृश्य

(दोनों भाई खाना खा रहे हैं...थाली में कई तरह की चीज़ें रखी हुई हैं।)

प्रताप : हाँऽऽ, लिखने को तो मैंने अमर को भी लिखा था लेकिन आना तो दूर वह तो चिट्ठी का जवाब तक नहीं देता। तीन साल में मुश्किल से तीन चिट्ठियाँ लिखीं और एक बार कुल दो घण्टे के लिए यहाँ आए अमर साहब।

(सत्यवती खीर के प्यालों की ट्रे लिये घुसती है। उसने अमर का नाम सुना है)

सत्यवती : अमर की याद आ रही है...ज़रूर आ रही होगी। लगता होगा, वह भी होता तो तीनों का तिगड्डा जमता।...पहले जब अलग-अलग हॉस्टल में रहते थे और छुट्टियों में इकट्ठे होते तो रात दो-दो बजे तक कैसी गुटर गूँ होती थीं कि बस **(अतीत की याद से चेहरे पर वात्सल्य उभर आता है)...**अब अमर नहीं आ पाता...तेरे बाबा की भविष्यवाणी कैसी सच हुई? वे हमेशा कहते थे, अमर घर का ही नहीं, देश का नाम भी रोशन करेगा...**(चन्दर से)** तू अख़बारों में उसके फ़ोटो और लेख देखता रहता है या नहीं...**(उठते हुए)** मैं दिखाती हूँ तुझे **(जाती है)**

बहू : पढ़ना चाहे न जानें पर हर अख़बार की कटिंग रख रखी है माँ ने। जब-तब उन्हें पलट कर देखती भी रहती है। **(सत्यवती एक फ़ाइल सी लेकर आती है)**

चन्दर : माँ, सब देख रखे हैं मैंने। **(फ़ाइल लेकर एक तरफ़ रख लेता है)**

सत्यवती : मेरी तरह तुम लोग भी सबर कर लो कि अमर अब हमारा कम, देश का ज्यादा है। वे होते तो बेटे का नाम देखकर फूले न समाते। **(कुछ देर सब चुप) (दोनों की थाली की ओर देखकर)** तुम कुछ खा क्यों नहीं रहे...ठीक नहीं बना क्या?...

चन्दर : नहीं-नहीं, खा तो रहे हैं। **(प्रताप पानी के लिए आवाज़ देता है, नौकरानी पानी देती है। सत्यवती मुग्ध भाव से अपने दोनों बेटों को देख रही है, फिर अतीत में चली जाती है।)**

सत्यवती : **(चन्दर से)** बाबा को चिन्ता तो बस तेरी थी। याद है, दस साल की उमर में कैसा टायफ़ाइड हुआ था।

फ्लैश बैक

(बीस-बाईस वर्ष पहले की घटना है। दस साल का चन्दर तेज़ बुखार में लेटा है। दुखी, परेशान माँ सिरहाने बैठी बर्फ़ की पट्टी रख रही है। थर्मामीटर देखने के बाद डॉक्टर छाती, नब्ज़ सब देखते हैं। चिन्ताग्रस्त माँ-बाप डॉक्टर के चेहरे को देख रहे हैं। डॉक्टर और पिता दोनों बाहर आते हैं। दृश्य बाहर का)

डॉक्टर : **(कुछ परेशान सा)** चार दिन हो गए, बुखार 104 से नीचे आ ही नहीं रहा। वैसे टायफ़ायड में सवेरे के समय तो बुख़ार ज़रूर कुछ कम होता है पर इसका बुख़ार तो...नीलकान्त बाबू मैं सोचता हूँ आप शहर से डॉ. बनर्जी को बुला ही लीजिए...खबर

मैं कर दूँगा पर उनकी फ़ीस और आने-जाने का खर्चा आपको देना होगा।...कार से दो घण्टे में पहुँच जाएँगे।

पिता : **(बेहद घबराए स्वर में)** आप तुरन्त बड़े डॉक्टर को बुला लीजिए...जो भी देना होगा, मैं दूँगा...बस, आप मेरे बच्चे को बचा लीजिए।

डॉक्टर : आप घबराइये नहीं, मैं अभी खबर करवा देता हूँ...अपनी तरफ़ से तो हम कोई क़सर नहीं रखेंगे।

(डॉक्टर चला जाता है। पिता एक क्षण को टेबल पकड़ कर इस तरह खड़े रहते हैं मानों बिल्कुल लस्त हो गए हों। फिर अपने को साधकर चन्दर के कमरे में जाते हैं।)

सत्यवती : क्या बताते हैं डॉक्टर बाबू, बुख़ार क्यों नहीं टूट रहा इसका।

पिता : शाम को शहर से बड़े डॉक्टर आएँगे **(पीठ पर हाथ फेरकर)** घबराओ नहीं, सब ठीक होगा।...और देखो, चार रात से तुमने पलक तक नहीं झपकाई है...जाओ, भीतर जाकर कुछ देर सो लो, मैं यहाँ बैठा हूँ।

सत्यवती : तुम भी तो नहीं सोये हो, तुम जाकर सो लो थोड़ी देर।...चन्दर को छोड़कर मुझसे तो वैसे भी नहीं सोया जाएगा।

पिता : पागल मत बनो। इस तरह बिना खाए-पिए जाग-जाग कर बीमार पड़ गई तो कौन सँभालेगा चन्दर को? **(हाथ पकड़ कर उठाते हुए)** उठो, भीतर जाकर सोओ...मैं बैठा हूँ यहाँ।

(सत्यवती उठती है, सीधे पूजाघर में जाती है। दृश्य पूजा घर का। हाथ जोड़कर)

सत्यवती : भगवान मेरे चन्दर को अच्छा कर देना **(रोकर भगवान के चरणों में गिर जाती है।)**

दृश्य समाप्त

नया दृश्य

(चन्दर एक हाथ में लकड़ी और दूसरे हाथ में माँ को थामे डगडमगाते क़दमों से चलने की कोशिश कर रहा है। पिता थोड़ी दूर बैठे हुए हैं)

पिता : (बढ़ावा देते हुए) धीरे-धीरे...शाबाश। अरे कुछ नहीं बेटा,

चालीस दिन के तेज़ बुखार से टाँगे कमज़ोर हो गई हैं। रोज़ दिन में दो-तीन बार जैतून के तेल की मालिश होगी और इसी तरह पकड़-पकड़ कर चलेगा तो हफ़्ते भर में बिल्कुल ठीक।

फ्लैश बैक समाप्त

सत्यवती : समझ लो भगवान ने मौत के मुँह से निकाल कर ही लौटाया था मेरा बच्चा! पाँच-छह दिन तक तो साल भर के बच्चे की तरह डगमग करके चलता था **(हँसती है)** कैसे तो पकड़-पकड़ कर चलना सिखाया।

प्रताप : और जब चलना सिखा दिया तो फिर सीधा दौड़ने ही लगा।...ऐसी तेज़ दौड़ कि पीछे मुड़कर देखने की फ़ुर्सत भी नहीं रही इसे। **(सत्यवती इसमें छिपे व्यंग्य को नहीं समझ पाती। अपने में ही मगन बोलती जाती है)**

सत्यवती : इनके मन में तो बराबर ही वहम बना रहता था कि इस बुखार ने इसके दिमाग पर भी असर किया होगा...आज होते तो कितने खुश होते तेरा जमा हुआ बिज़नेस देखकर **(पति की याद से स्वर में क्षण भर के लिए मायूसी भी आ जाती है)** वैसे वे जहाँ भी होंगे, देख तो ज़रूर रहे होंगे...प्राण तो तुम चारों बच्चों में ही बसते थे उनके।

नया दृश्य

(माँ अपने पूजाघर में अपने पति की तस्वीर के सामने खड़ी होकर बातें कर रही हैं)

सत्यवती : अपना चन्दर आया है...देखो, सारा शरीर कैसा निखर आया है। नज़र न लगे मेरे बेटे को...तुम डरते थे न इसको लेकर...पर मुझे अपने भगवान पर पूरा भरोसा था। अब देखो आकर, कैसा कारबार जमा लिया है। **(बहुत गद्गद स्वर में)** सवेरे से झगड़ रहा है प्रताप से, मुझे अपने साथ ले जाने के लिए। बस चले तो अभी भी मेरी गोद में सिर रख कर ही सोये **(उसी गद्गद भाव से चलकर लड़कों के कमरे की तरफ जाती है। कमरे के दरवाज़े पर ही उसे चन्दर का एक वाक्य सुनाई देता है तो**

ठिठक जाती है। नीचे लिखे सारे संवादों के दौरान कैमरा कभी कमरे में जाता है...कभी माँ के चेहरे पर।)

चन्दर : मैंने कह दिया, माँ को मैं नहीं ले जा सकता...नहीं ले जा सकता। सीमा और माँ साथ नहीं रह सकतीं...रोज़ की कलह से घर नरक बन जाएगा। **(कैमरा सत्यवती के चेहरे पर है...उसके चेहरे पर विस्मय, जैसे उसने जो सुना उस पर विश्वास नहीं हो पा रहा है। पर वह वहीं खड़ी हो जाती है। अब कैमरा कमरे में)**

बहू : क्यों सीमा को समझाइये कि माँ के साथ एडजस्ट करना सीखें ...आख़िर हम लोगों ने भी तो माँ के सब नखरे सहे कि नहीं?

प्रताप : वह भी कुछ कम नहीं...पूरे दस साल!

चन्दर : दादा, कहना तो मुझे नहीं चाहिए पर आप मजबूर कर रहे हैं...आप जब से दस-साल, दस-साल की रट लगाए जा रहे हैं...लेकिन सच तो यह है कि माँ को आपने रखा था अपनी सुविधा के लिए। बड़ी बेटी के जन्म के बाद भाभी की लम्बी बीमारी...फिर जल्दी-जल्दी दो बच्चे और होना...माँ ने ही तो आपके बच्चों को..आपकी गृहस्थी को सँभाला था! बाबा की मृत्यु के बाद वे तो हरिद्वार जाना चाहती थीं, आपने ही जबरदस्ती करके उन्हें रोका...रोकते कैसे नहीं? कौन पालता आपके बच्चों को...कौन देखता बीमार भाभी को...घर को...आपको?

प्रताप : ठीक है-ठीक है, वह सब पुरानी बातें हो गईं। पाँच साल अगर उन्होंने हमारी देखभाल की तो हमने भी पाँच साल तक उनकी देखभाल कर ली...पूरे जतन के साथ...बिना उन्हें किसी तरह की तक़लीफ़ दिये। **(क्षणिक विराम)** माँ के साथ हिसाब पूरा कर दिया मैंने, तभी तुम्हें ले जाने के लिए कह रहा हूँ।

(कैमरा बाहर सत्यवती पर। सत्यवती का चेहरा दुख और विषाद से काला पड़ गया है। उसका सारा बदन थरथराने सा लगता है। वह दीवार से टिक कर अपने को सँभालती है। आँखों से आँसू की झड़ी लग जाती है। कैमरा फिर बाहर के कमरे में)

बहू : और मैं चाहती हूँ कि माँ को पूरे सम्मान से रखो—जैसे हमने रखा।

चन्दर : आप अमर को क्यों नहीं लिखतीं?

बहू : अमर क्या रखेंगे...वे तो चिट्ठियों के जवाब तक नहीं देते...आपने बीवी की आड़ लेकर हाथ झटक लिये—मतलब हमें ही रखना है माँ को—

प्रताप : हाँ, मुझे ही नीलकण्ठ बनना है, ज़हर पीना है। ये दोनों तो अपने ब्रह्मा, विष्णु बने बैठे हैं, इन्हें किसी से क्या मतलब...बस, सब इनकी पूजा करो...लेकिन कान खोलकर सुन लो। माँ का बोझ मैं अब एक दिन भी नहीं उठाने जा रहा...मैंने अपना आखिरी फैसला सुना दिया।

दृश्य समाप्त

नया दृश्य

(सत्यवती अपने कमरे में अपने पति की तस्वीर पर अपना सिर टिकाकर रोते हुए)

सत्यवती : सुन रहे हो, मैं बोझ हूँ...ज़हर हूँ अपने बेटों के लिए...तुम मुझे क्यों छोड़ गए...क्यों छोड़ गए इनके ऊपर...प्रताप ने मुझे रखकर मेरा हिसाब चुकाया है...**(एकदम काँपते हुए)** हिसाब-किताब का सम्बन्ध है उसका मुझसे?...चन्दर का घर नरक बना दूँगी मैं...इतना अपमान मेरा? **(विराम फिर थोड़े आवेग के साथ)** यह मेरा नहीं, तुम्हारा अपमान है। तुम्हारी सत्या का अपमान, तुम्हारा अपमान है। **(स्वर बदलता है, दृढ़ता उभरती है)** मैं जीते जी किसी को तुम्हारा अपमान नहीं करने दूँगी।...सुन रहे हो मैं अब एक दिन भी इस घर में नहीं रहूँगी...अपने गाँव के घर में रहूँगी...अपने बूते पर...जो सत्या आज तक दूसरों का बोझ ढोती रही है...वह आज बोझ बनकर नहीं रहेगी किसी पर। **(भगवान के सामने आकर)** प्रभु, जिसे तुम्हारा सहारा है, उसे क्या ज़रूरत है किसी और सहारे की...मुझे शक्ति देना प्रभु, आखिरी साँस तक मैं अपने पैरों पर ही खड़ी रहूँ।

(उठकर जल्दी-जल्दी अपने कपड़े डालती है...एक टोकरी में अपने ठाकुर, उनका पालना डालती है।)

दृश्य समाप्त

नया दृश्य

(कमरे में लड़कों और बहू की बहस उसी तरह चल रही है। सत्यवती का प्रवेश। इस समय सत्यवती का रूप बिल्कुल दूसरा है...तेज और दृढ़ता से भरी हुई। स्वर में न रोना है, न बेचारगी और न क्रोध या शिकायत ही)

सत्यवती : मैं आज ही चार बजे की बस से गाँव जा रही हूँ। अब वहीं रहूँगी। **(तीनों चौंक उठते हैं। उस ओर बिना ध्यान दिए)** तुम लोगों ने पहले ही अपनी तक़लीफ़ की बात बता दी होती तो इतना झगड़ा-झंझट नहीं करना पड़ता तुमको।—अपनी बात साहरा से खुलकर न कह सकें, इतना क़ायर तो नहीं होना चाहिए था मेरे बच्चों को। ख़ैर चिन्ता मत करो...आज से तुम्हें एक दिन के लिए भी मेरा बोझ नहीं ढोना पड़ेगा। **(चन्दर और बहू परेशान से आगे बढ़कर–''माँ तुम''...लेकिन सत्यवती बोलने नहीं देती)** मैं अपना बोझ खुद ढो सकती हूँ...जिस माँ ने तुम चारों को पाल दिया—तुम्हारे बच्चों को पाल दिया, वह क्या अपने को नहीं पाल सकती? मुझे अपने प्रभु के सिवाय और किसी का सहारा नहीं चाहिए।

(कमरे से बाहर निकलती है...दरवाज़े के बाहर ही रखा अपना सन्दूक और टोकरी उठाती है। दो-तीन क़दम आगे बढ़ाती है। तीनों अपराधी से पीछे-पीछे आते हैं–सत्यवती ठहरती है लेकिन बिना पीछे मुड़े ही)

सत्यवती : किसी को बस तक आने की ज़रूरत नहीं है...सत्यवती में अपना रास्ता तय करने की ताक़त भी है और अपनी मंजिल तक पहुँचने का हौसला भी।

(सधे हुए क़दमों से चल देती है। चेहरे पर दृढ़ता, संकल्प और गर्व का भाव। यह सत्यवती का बिल्कुल नया ही रूप है।)

समाप्त

भाभी

•

महादेवी वर्मा

इतने वर्ष बीत जाने पर भी मेरी स्मृति, अतीत के दिन-प्रतिदिन गाढ़े होनेवाले धुँधलेपन में एक-एक रेखा खींचकर उस करुण, कोमल मुख को मेरे सामने अंकित ही नहीं सजीव भी कर देती है।

छोटे गोल मुख की तुलना में कुछ अधिक चौड़ा लगनेवाला, पर दो काली रूखी लटों से सीमित ललाट, बचपन और प्रौढ़ता को एक साथ अपने भीतर बन्द कर लेने का प्रयास-सा करती हुई, लम्बी बरौनियोंवाली भारी पलकें और उनकी छाया में डबडबाती हुई-सी आँखें, उस छोटे मुख के लिए भी कुछ छोटी सीधी-सी नाक और मानो अपने ऊपर छपी हुई हँसी से विस्मित होकर कुछ खुले रहनेवाले ओठ समय के प्रवाह से फीके भर हो सके हैं, धुल नहीं सके।

घर के सब उजले-मैले, सहज-कठिन कामों के कारण, मलिन रेखा-जाल से गुँथी और अपनी शेष लाली को कहीं छिपा रखने का प्रयत्न-सा करती हुई कहीं कोमल, कहीं कठोर हथेलियाँ, काली रेखाओं में जड़े कांतिहीन नखों से कुछ भारी जान पड़ने वाली पतली उँगलियाँ, हाथों का बोझ सँभालने में भी असमर्थ-सी दुर्बल, रूखी पर गौर बाँहें और मारवाड़ी लहँगे के भारी घेर से थकित-से, एक सहज-सुकुमारता का आभास देते हुए, कुछ लम्बी उँगलियों वाले दो छोटे-छोटे पैर, जिनकी एड़ियों में आँगन की मिट्टी की रेखा मटमैले महावर-सी लगती थी, भुलाए भी कैसे जा सकते हैं! उन हाथों ने बचपन में न जाने कितनी बार मेरे उलझे बाल सुलझा कर बड़ी कोमलता से बाँध दिए थे। वे पैर न जाने कितनी बार, अपनी सीखी हुई गम्भीरता भूल कर मेरे लिए द्वार खोलने, आँगन में एक ओर से दूसरी ओर दौड़े थे। किस तरह मेरी अबोध अष्टवर्षीय बुद्धि ने उससे भाभी का सम्बन्ध जोड़ लिया था, यह अब बताना कठिन है। मेरी अनेक सह-पाठिनियों के बहुत अच्छी भाभियाँ थीं; कदाचित् उन्हीं की चर्चा सुन-सुन कर मेरे मन ने, जिसने अपनी तो क्या दूर के सम्बन्ध की भी कोई भाभी न देखी थी, एक ऐसे अभाव की सृष्टि कर ली, जिसको वह मारवाड़ी विधवा वधू दूर कर सकी।

बचपन का वह मिशन स्कूल मुझे अब तक स्मरण है, जहाँ प्रार्थना और पाठ्य-क्रम की एकरसता से मैं इतनी रुआँसी हो जाती थी कि प्रतिदिन घर लौटकर नींद से बेसुध होने तक सवेरे स्कूल न जाने का बहाना सोचने से ही अवकाश न मिलता था।

उन दिनों मेरी ईर्ष्या का मुख्य विषय नौकरानी की लड़की थी, जिसे चौका-बर्तन करके घर में रहने को तो मिल जाता था। जिस कठोर ईश्वर ने मेरे भाग्य में नित्य स्कूल जाना लिख दिया था, वह माँ के ठाकुर जी में से कोई है या मिशन की सिस्टर का ईसू, यह निश्चय न कर सकने के कारण मेरा मन विचित्र दुविधा में पड़ा रहता था। यदि वह माँ के ठाकुर जी में से है, तो आरती-पूजा से जी चुराते ही क्रुद्ध होकर मेरे घर रहने का समय और कम कर देगा और यदि स्कूल में है, तो बहाना बनाकर न जाने से पढ़ाई के घंटे और बढ़ा देगा, इसी उधेड़-बुन में मेरा मन पूजा, आरती, प्रार्थना सब में भटकता ही रहता था।

इस अन्धकार में प्रकाश की एक रेखा भी थी। स्कूल निकट होने के कारण बूढ़ी कल्लू की माँ मुझे किताबों के साथ वहाँ पहुँचा भी आती थी और ले भी आती थी और इस आवागमन के बीच में, कभी सड़क पर लड़ते हुए कुत्ते, कभी उनके भटकते हुए पिल्ले, कभी किसी कोने में बैठ कर पंजों से मुँह धोती हुई बिल्ली, कभी किसी घर के बरामदे में लटकते हुए पिंजड़े में मनुष्य की स्वर-साधना करता हुआ गंगाराम, कभी बत्तख और तीतरों के झुंड, कभी तमाशा दिखलानेवालों के टोपी लगाए हुए बन्दर, ओढ़नी ओढ़े हुए बन्दरिया, नाचनेवाला रीछ आदि स्कूल की एकरसता दूर करते ही रहते थे।

हमारे ऊँचे घर से कुछ ही हटकर, एक ओर रंगीन, सफेद, रेशमी और सूती कपड़ों से और दूसरी ओर चमचमाते हुए पीतल के बर्तनों से सजी हुई एक नीची-सी दूकान में जो वृद्ध सेठजी बैठे रहते थे, उन्हें तो मैंने कभी ठीक से देखा ही नहीं; परन्तु उस घर के पीछे वाले द्वार पर पड़े हुए पुराने टाट के परदे के छेद से जो आँखें प्रायः मुझे आते-जाते देखती रहती थीं, उनके प्रति मेरा मन एक कुतूहल से भरने लगा। कभी-कभी मन में आता था कि परदे के भीतर झाँक कर देखूँ; पर कल्लू की माँ मेरे लिए उस जन्तुविशेष से कम नहीं थी, जिसकी बात कह-कहकर बच्चों को डराया जाता है। उसका कहना न मानने से वह नहलाते समय मेरे हाल ही में छिदे कान की लौ दुखा सकती थी, चोटी बाँधते समय बालों को खूब खींच सकती थी, कपड़े पहनाते समय तंग गलेवाले फ्राक को आँखों पर अटका सकती थी, घर में और स्कूल में मेरी बहुत-सी झूठी-सच्ची शिकायत कर सकती थी—सारांश यह कि उसके पास प्रतिशोध लेने के बहुत-से साधन थे।

परन्तु कल्लू की माँ को चाहे उन आँखों की स्वामिनी से मेरा परिचय न भाता हो; पर उसकी कथा सुनाने में उसे अवश्य रस मिलता रहा। वह अनाथिनी भी है

और अभागी भी। बूढ़े सेठ सबके मना करते-करते भी इसे अपने इकलौते लड़के से ब्याह लाये और उसी साल लड़का बिना बीमारी के ही मर गया। अब सेठजी का इसकी चंचलता के मारे नाक में दम है। न इसे कहीं जाने देते हैं, न किसी को अपने घर आने। केवल अमावस-पूनो एक ब्राह्मणी आती है, जिसे वे अपने-आप खड़े रहकर, सीधा दिलवाकर विदा कर देते हैं। वे बेचारे तो जाति-बिरादरी में भी इसके लिए बुरे बन गए हैं और इसकी निर्लज्जता देखो—ससुर दूकान में गए नहीं कि वह परदे से लगी नहीं। घर में कोई देखनेवाला है ही नहीं। एक ननद है, जो शहर में ससुराल होने के कारण जब-तब आ जाती है और तब उसकी खूब ठुकाई होती है, इत्यादि-इत्यादि सूचनाएँ कल्लू की माँ की विशेष शब्दावली और विचित्र भाव-भंगियों के साथ मुझे स्कूल तक मिलती रहती थीं। परन्तु उस समय वे सूचनाएँ मेरे निकट उतना ही महत्त्व रखती थीं, जितनी नानी से सुनी हुई बेला रानी की कहानी। कथा में बेचैन कर देनेवाला सत्य इतना ही था कि कहानी की राजकुमारी की आँखें पुराने टाट के परदे से सुनने वाली बालिका को नित्य ताकती ही रहती थीं। यह स्थिति तो कुछ सुखद नहीं कही जा सकती। यदि सुनी हुई कहानी के सब राजा, रानी, राजकुमार, राजकुमारी, दैत्य, दानव आदि सुननेवालों को इस प्रकार देखने लगें, तो कहानी सुनने का सब सुख चला जावे, यह कल्लू की माँ की कहानी और परदे के छेद से देखने वाली आँखों ने मुझे समझा दिया था।

भूरे टाट में ज़ड़ी-सी वे काली आँखें मेरी कल्पना का विषय ही बनी रहतीं, यदि एक दिन पानी बरसने से कल्लू की माँ रुक न गई होती, पानी थमते ही मैं स्कूल से अकेले ही चल न दी होती और गीली सड़क पर उस परदे के सामने ही मेरा पैर न फिसल गया होता। बच्चे गिरकर प्रायः चोट के कारण न रोकर, लज्जा से ही रोने लगते हैं। मेरे रोने का भी कदाचित् यही कारण रहा होगा, क्योंकि चोट तो मुझे याद नहीं आती।

कह नहीं सकती कि परदे से निकलकर, कब उन आँखों की स्वामिनी ने मुझे आँगन में खींच लिया; परन्तु सहसा विस्मय से मेरी रुलाई रुक गई। एक दुर्बल पर सुकुमार बालिका-जैसी स्त्री अपने अंचल से मेरे हाथ और कपड़ों का कीचड़ मिला पानी पोंछ रही थी और भीतर दालान से वृद्ध सेठ का कुछ विस्मित स्वर कह रहा था—'अरे यह तो वर्मा साहब की बाई है!'

उसी दिन से वह घर, जिसमें न एक भी झरोखा था न रोशनदान, न एक भी नौकर दिखाई देता था, न अतिथि और न एक भी पशु रहता था, न पक्षी, मेरे लिए एक आकर्षण बनने लगा। उस समाधि-जैसे घर में लोहे के प्राचीर से घिरे फूल के समान वह किशोरी बालिका बिना किसी संगी-साथी, बिना किसी प्रकार के आमोद-प्रमोद के, मानो निरन्तर वृद्धा होने की साधना में लीन थी।

वृद्ध एक ही समय भोजन करते थे और वह तो विधवा ठहरी! दूसरे समय

भोजन करना ही यह प्रमाणित कर देने के लिए पर्याप्त था कि उनका मन विधवा के संयम-प्रधान जीवन से ऊबकर किसी विपरीत दिशा में जा रहा है।

प्रायः निराहार और निरन्तर मिताहार से दुर्बल देह से वह कितना परिश्रम करती थी, यह मेरी बालक-बुद्धि से भी छिपा न रहता था। जिस प्रकार उसका, खँडहर-जैसे घर और लम्बे-चौड़े आँगन को बैठ-बैठकर बुहारना, आँगन के कुएँ से अपने और ससुर के स्नान के लिए ठहर-ठहर कर पानी खींचना और धोबी के अभाव में, मैले कपड़ों को काठ की मोगरी से पीटते हुए रुक-रुक कर साफ़ करना, मेरी हँसी का साधन बनता था, उसी प्रकार केवल जलती लकड़ियों से प्रकाशित, दिन में भी अँधेरी रसोई की कोठरी के घुटते हुए धुएँ में से रह-रह कर आता हुआ खाँसी का स्वर, कुछ गीली और कुछ सूखी राख से चाँदी-सोने के समान चमकाकर तथा कपड़े से पोंछकर (मारवाड़ में काम में लेते समय ही बर्तन पानी से धोए जाते हैं) रखते समय शिथिल उँगलियों से छूटते हुए बर्तनों की झनझनाहट मेरे मन में एक नया विषाद भर देती थी।

परन्तु काम चाहे कैसा ही कठिन रहा हो, शरीर चाहे कितना ही क्लान्त रहा हो, मैंने न कभी उसकी हँसी से आभासित मुख-मुद्रा में अन्तर पड़ते देखा और न कभी काम रुकते देखा। और इतने काम में भी उस अभागी का दिन द्रौपदी के चीर से होड़ लेता था। सवेरे स्नान, तुलसी-पूजा आदि में कुछ समय बिताकर ही वह अपने अँधेरे रसोईघर में पहुँचती थी; परन्तु दस बजते-बजते ससुर को खिला-पिला कर, उसी टाट के परदे से मुझे शाम को आने का निमन्त्रण देने के लिए स्वतन्त्र हो जाती थी। उसके बाद चौका-बर्तन कूटना-पीसना भी समाप्त हो जाता; परन्तु अब भी दिन का अधिक नहीं तो एक प्रहर शेष रह ही जाता था। दूकान की ओर जाने का निषेध होने के कारण वह अवकाश का समय उसी टाट के परदे के पास बिता देती थी, जहाँ से कुछ मकानों के पिछवाड़े और एक-दो आते-जाते व्यक्ति ही दिख सकते थे; परन्तु इतना ही उसकी चंचलता का ढिंढोरा पीटने के लिए पर्याप्त था।

उस 19 वर्ष की युवती की दयनीयता आज समझ पाती हूँ, जिसके जीवन के सुनहरे स्वप्न गुड़ियों के घरौंदे के समान दुर्दिन की वर्षा में केवल बह ही नहीं गए, वरन् उसे इतना एकाकी छोड़ गए कि उन स्वप्नों की कथा कहना भी सम्भव न हो सका।

ऐसी दशा में उसने आठ वर्ष की बालिका को ही अपने संगीहीन हृदय की सारी ममता सौंप दी; परन्तु वह बालिका तो उसके संसार में प्रवेश करने में असमर्थ थी, इसी से उसने उसी के गुड़ियोंवाले संसार को अपनाया।

वृद्ध भी अपनी बहू के लिए ऐसा निर्दोष साथी पाकर इतने प्रसन्न हुए कि स्वयं ही बड़े आदर-यत्न से मुझे बुलाने पहुँचाने लगे।

और माँ तो उस माता-पिताहीन विधवा बालिका की कथा सुनकर ही मुख

फेरकर आँख पोंछने लगती थीं। इसी से धीरे-धीरे मेरी कुछ नाटी गुड़िया, उसका बेडौल सिरवाला पति, उसकी एक पैर से लँगड़ी सास, बैठने में असमर्थ ननद और हाथों के अतिरिक्त सब प्रकार से आकारहीन दोनों बच्चे, सब एक-एक कर भाभी की कोठरी में जा बैठे। इतना ही नहीं, उनकी चक्की से लेकर गहनों तक सारी गृहस्थी और डोली से लेकर रेल तक सब सवारियाँ उसी खँडहर को बसाने लगीं।

भाभी को तो सफेद ओढ़नी और काला लहँगा या काली ओढ़नी और सफेद बूटीदार कत्थई लहँगा पहने हुए ही मैंने देखा था; पर उसकी ननद के लिए हर तीज-त्यौहार पर बड़े सुन्दर रंगीन कपड़े बनते थे। कुछ भाभी की बटोरी हुई कतरन से और कुछ अपने घर से लाए हुए कपड़ों से गुड़ियों के लज्जा-निवारण का सुचारू प्रबन्ध किया जाता था। भाभी घाघरा, काँचली आदि अपने वस्त्र सीना जानती थी, अतः मेरी गुड़िया मारवाड़िन की तरह शृंगार करती थी; मैंने स्कूल में ढीला पाजामा और घर में कलीदार कुरता सीना सीखा था, अतः गुड्डा पूरा लाला जान पड़ता था; चौकोर कपड़े के टुकड़े के बीच छेद करके वही बच्चों के गले डाल दिया जाता था, अतः वे किसी आदिम युग की सन्तान से लगते थे।

भाभी के लिए काला अक्षर भैंस बराबर था; इसलिए उस पर मेरी विद्वत्ता की धाक भी सहज ही जम गई थी। प्रायः सभी पशुओं के अँगरेजी नाम बताकर और तस्वीरों वाली किताब से अँगरेजी की कविता बड़े राग से पढ़कर मैं उसे विस्मित कर चुकी थी, हिन्दी की पुस्तक से 'माता का हृदय', 'भाई का प्रेम' आदि कहानियाँ सुनाकर उसकी आँखें गीली कर चुकी थी और अपने मामा को चिट्ठी लिखने की बात कहकर उसके मन में बीकानेर के निकट किसी गाँव में रहनेवाली बुआ की स्मृति जगा चुकी थी। वह प्रायः लम्बी साँस लेकर कहती—'पता नहीं जानती, नहीं तो तुमसे एक चिट्ठी लिखवाकर डाल देती।'

सबसे कठिन दिन तब आते थे, जब वृद्ध सेठ की सौभाग्यवती पुत्री अपने नैहर आती थी। उसके चले जाने के बाद भाभी के दुर्बल गोरे हाथों पर जलने के लम्बे, काले निशान और पैरों पर नीले दाग रह जाते थे; पर उनके सम्बन्ध में कुछ पूछते ही वह गुड़िया की किसी समस्या में मेरा मन अटका देती थी।

उन्हीं दिनों स्कूल में कशीदा काढ़ना सीखकर मैंने अपनी धानी रंग की साड़ी में बड़े-बड़े नीले फूल काढ़े। भाभी को रंगीन कपड़े बहुत भाते थे, इसी से उसे देखकर वह ऐसी विस्मय-विमुग्ध रह गई, मानो कोई सुन्दर चित्र देख रही हो।

मैंने क्यों माँ से हठ करके वैसा ही कपड़ा मँगवाया और क्यों किसी को बिना बताए हुए छिपा-छिपाकर उस ओढ़नी पर नीले फूल काढ़ना आरम्भ किया, यह आज भी समझ में नहीं आता।

वह बेचारी बार-बार बुलवा भेजती, नए-नए गुड़ियों के कपड़े दिखाती, नए-नए घरौंदे बनाती; पर फिर भी मुझे अधिक समय तक ठहराने में असमर्थ होकर

बड़ी निराश और करुण मुद्रा से द्वार तक पहुँचा जाती।

उस दिन की बात तो मेरी स्मृति में गर्म लोहे से लिखी जान पड़ती है, जब उस ओढ़नी को चुपचाप छिपाकर मैं भाभी को आश्चर्य में डालने गई। शायद सावन की तीज थी, क्योंकि स्कूल के सीधे-सादे बिना चमक-दमक वाले कपड़ों के स्थान में मुझे गोटा लगी हुई लहरिए की साड़ी पहनने को मिली थी और सवेरे पढ़ने बैठने की बात न कहकर माँ ने हाथों में मेहँदी भी लगा दी थी।

वह दालान में दरवाजे की ओर पीठ किए बैठी कुछ बीन रही थी, इसी से जब दबे पाँव जाकर मैंने उस ओढ़नी को खोलकर उसके सिर पर डाल दिया, तो वह हड़बड़ा कर उठ बैठी। रंगों पर उसके प्राण जाते ही थे, उस पर मैंने गुड़ियों और खिलौनों से दूर अकेले बैठे-बैठे अपने नन्हे हाथों से उसके लिए उतनी लम्बी चौड़ी ओढ़नी काढ़ी थी। आश्चर्य नहीं कि वह क्षण भर के लिए अपनी उस स्थिति को भूल गई, जिसमें ऐसे रंगीन वस्त्र वर्जित थे और नए खिलौने से प्रसन्न बालिका के समान, एक बेसुधपन में उसे ओढ़, मेरी ठुड्डी पकड़कर खिलखिला पड़ी।

—और जब किसी का विस्मय-विजड़ित 'बींदनी' (बहू) सुनकर उसकी सुधि लौटी, तब हतबुद्धि-से ससुर मानो गिरने से बचने के लिए चौखट का सहारा ले रहे थे और क्रोध से जलते अंगारे-जैसी आँखोंवाली, खुली तलवार-सी कठोर ननद, देहली से आगे पैर बढ़ा चुकी थी। अवश्य ही तीज रही होगी; क्योंकि वृद्ध स्वयं पुत्री को लेने गए थे।

इसके उपरान्त जो हुआ वह तो स्मृति के लिए भी अधिक करुण है। क्रूरता का वैसा प्रदर्शन मैंने फिर कभी नहीं देखा। बचाने का कोई उपाय न देखकर ही कदाचित् मैंने जोर-जोर से रोना आरम्भ किया; परन्तु बच तो वह तब सकी, जब मन से ही नहीं, शरीर से भी बेसुध हो गई।

वृद्ध मुझे कैसे घर पहुँचा गए, घबराहट से मैं कितने दिन ज्वर में पड़ी रही, यह सब तो गहरे कुहरे में छिप गया है; परन्तु बहुत दिनों के बाद जब मैंने फिर उसे देखा, तब उन बचपन भरी आँखों में विषाद का गाढ़ा रंग चढ़ चुका था और वे ओठ, जिन पर किसी दिन हँसी छपी-सी जान पड़ती थी, ऐसे काँपते थे, मानो भीतर का क्रन्दन रोकने के प्रयास से थक गए हों। उस एक घटना से बालिका प्रौढ़ हो गई थी और युवती वृद्धा।

फिर तो हम लोग इन्दौर से चले ही आए—और एक-एक करके अनेक वर्ष बीत जाने पर ही मैं इस योग्य बन सकी कि उसकी कुछ खोज-खबर ले सकूँ। पता लगा कि छोटी दूकान के स्थान में एक विशाल अट्टालिका वर्षों पहले खड़ी हो चुकी है। पता चला कि वधू की रक्षा का भार संसार को सौंप कर वृद्ध कभी के विदा हो चुके हैं; परन्तु कठोर संसार ने उसकी कैसी रक्षा की, यह आज तक अज्ञात है। इतने बड़े मानव-समुद्र में उस छोटे-से बुद्बुद् की क्या स्थिति है, यह मैं जानती हूँ; परन्तु

तब भी कभी-कभी मन कहता है कि जिसने अपने जीवन के सूनेपन को भूलकर, मेरी गुड़ियों की गृहस्थी बसाई थी, खिलौनों का संसार सजाया था, उसे एक बार पा सकती।

आज भी जब कोई रंगीन कपड़ों के प्रति विरक्ति के सम्बन्ध में कौतुक भरा प्रश्न कर बैठता है, तो वह अतीत फिर वर्तमान होने लगता है। कोई किस प्रकार समझे कि रंगीन कपड़ों में जो मुख धीरे-धीरे स्पष्ट होने लगता है, वह कितना करुण और कितना मुरझाया हुआ है। कभी-कभी तो वह मुख मेरे सामने आने वाले सभी करुण क्लान्त मुखों में प्रतिबिंबित होकर मुझे उसके साथ एक अटूट बन्धन में बाँध देता है।

प्रायः सोचती हूँ—जब वृद्ध ने कभी न खोलने के लिए आँखें मूँद ली होंगी तब वह, जिसे उन्होंने संसार की ओर देखने का अधिकार ही नहीं दिया था, कहाँ गई होगी!

और तब-तब न जाने किस अनिष्ट सम्भावना से, न जाने किस अज्ञात प्रश्न के उत्तर में मेरे मन की सारी ममता आर्त्त-क्रन्दन कर उठती है—नहीं...नहीं...।

भाभी

•

लेखिका—महादेवी वर्मा
पटकथा—मन्नू भण्डारी

(दृश्य में महादेवी जी के घर का बरामदा और छोटा-सा बग़ीचा दिखाई देता है। महादेवी जी बरामदे में बैठी किसी पत्रिका के पन्ने पलट रही हैं। बाहर का दरवाज़ा खड़कता है तो मुड़कर देखती हैं—एक परिचित मित्र। स्वागत के लिए उठते हुए)

महादेवी जी : आइए, आइए। कहाँ लगाए इतने दिन? लगता है काफ़ी घूम-घाम कर लौटे हैं।

मित्र : **(भीतर आकर)** लेकिन आपका काम नहीं भूला। ठीक शादी वाले दिन आपकी छात्रा के पास आपकी पुस्तक और आपके आशीर्वचन पहुँचा दिए।...आपका तो बड़ा यशोगान हो रहा था उस घर में, उसीके चलते मेरी भी बहुत खातिर हुई। **(महादेवी जी हँसती हैं, मित्र हाथ का पैकेट मेज़ पर रखते हुए)** खाली मुँहज़बानी तारीफ नहीं थी...उपहार भी भेजा है आपके लिए।

महादेवी जी : लड़की की शादी में तो यह सब नहीं भेजा जाता।

मित्र : अरे खोलकर तो देखिए...आप कहें तो मैं खोलूँ? **(महादेवी जी की स्वीकृति पर खोलते हैं। एक रंगीन साड़ी निकलती है; बिना उसको हाथ में लिये हुए आश्चर्य से महादेवी जी)**

महादेवी जी : रंगीन साड़ी और मेरे लिये?...**(साड़ी को पास खींचकर देखती हैं)** खादी तो जरूर है लेकिन रंग।...लगता है सुलभा ने मेरा आधा परिचय ही दिया है घरवालों को। **(साड़ी फिर सरका देती हैं)**

मित्र : अच्छा दिदिया, बात चली है तो एक प्रश्न मैं भी पूछ ही लूँ। आपका खादी पहनना तो समझ में आता है...लेकिन रंग से

इस परहेज़ का कारण? भूले से भी आपको कभी रंगीन कपड़ों में नहीं देखा।

(महादेवी जी चुप हो जाती हैं। चेहरे पर फैला प्रसन्नता का भाव धीरे-धीरे गम्भीर उदासी में बदल जाता है। लगता है जैसे वे कहीं बहुत गहरे डूब गई हैं।)

महादेवी जी : (**बहुत धीमे-धीमे**) नहीं जानती...पर जब भी रंग की बात सोचती हूँ, एक बहुत ही करुण चेहरा आँखों के आगे उभर आता है। (**कुछ देर की चुप्पी...मित्र के चेहरे पर जिज्ञासा पुत जाती है**) मन जब गीली मिट्टी जैसा हो, उस बचपन में घटी घटनाएँ केवल प्रभाव ही नहीं छोड़तीं...खुद जाती हैं मन पर।... उनसे मुक्त हुआ जा सकता है भला कभी (**धीरे से नकारात्मक सिर हिलाती हैं, कुछ रुककर**) उम्र ही क्या थी उस समय...(**जैसे याद करते हुए**) मुश्किल से आठ साल। नटखट, खिलंदड़ मनमौजी स्वभाव...

फ़्लैश बेक

नया दृश्य

(सड़क पर आठ साल की एक लड़की उछलती-कूदती जा रही है। कुत्ते को देखकर भौं-भौं करती है...कभी एक टाँग से उछलने लगती है। साथ आई नौकरानी कल्लू की माँ किसी के साथ बातें करने खड़ी हो जाती है। लड़की दौड़कर एक गली में मुड़ती है। मोड़ पर ही एक घर का दरवाज़ा है, जिस पर मोटे टाट का एक पर्दा पड़ा है। मुन्नी को देखकर परदे का एक कोना ज़रा-सा उठता है और निमन्त्रण देती-सी दो आँखें झाँकती हैं। तभी कल्लू की माँ झपटकर बच्ची को खींच लेती है।)

कल्लू की माँ : अरे काहे तुम रोज़-रोज़ इहाँ ठाढ़ी हो जात हो?

मुन्नी : वो मुझको बुलाती हैं। (**मचलती है**)

कल्लू की माँ : अरे कउन वो?

मुन्नी : वो आँखें मुझे बुलाती हैं।

(कल्लू की माँ हाथ पकड़कर उसे आगे घसीट ले जाती है।)

दृश्य समाप्त

नया दृश्य

(मुन्नी के घर का आँगन। मुन्नी की माँ आँगन में फैला अनाज समेट रही है। कल्लू की माँ और मुन्नी का प्रवेश)

कल्लू की माँ : बहूजी, बिटिया के समझाय देव तुम्हीं। कल के कछु आगा-पीछा होइ गवा तो हमको न दोस देइहैं।

मुन्नी : देखो अम्मा, ये हमको वहाँ खड़ा भी नहीं होने देती है।

अम्मा : कहाँ?

कल्लू की माँ : अरे वो बरतन वाले सेठ की कुलच्छिनी बहू के घर के आगे।

अम्मा : कुलच्छिनी क्यों कहती हो...अभागिन है बेचारी।

कल्लू की माँ : हुँ ऽऽ!

मुन्नी : बस...बस **(कल्लू की माँ की तरफ जीभ निकालकर भीतर भाग जाती है)**

दृश्य समाप्त

नया दृश्य

(मुन्नी के स्कूल का गेट। बूँदा-बाँदी हो रही है...पर सड़कों का पानी देखकर लगता है कि काफी बारिश हुई है। आसमान की ओर देखती हुई मुन्नी गेट से बाहर निकलकर चल पड़ती है। पानी में छप-छप करती, फिर उसी गली में मुड़ती है। संयोग से उसी घर के सामने फिसल जाती है। तुरन्त दो हाथ परदे के पीछे से निकलकर मुन्नी को भीतर खींच लेते हैं। कैमरा घर के भीतर चला जाता है जहाँ स्नेह बरसाता एक बेहद कोमल चेहरा गोद में लेटी मुन्नी के चेहरे पर झुका हुआ है। मुन्नी भी उस चेहरे को देख रही है।)

भाभी : चोट तो नहीं लगी?
(मुन्नी सिर्फ गर्दन हिलाती है। भाभी अपने पल्ले से उसके गालों का कीचड़ पोंछती है। मुन्नी उठ जाती है।)

भाभी : लाओ, पैर पानी से धो दूँ। (**एक बाल्टी पानी लाकर पैर धोती है**) तुम दरवाजे के बाहर तो आकर ठिठकती थीं...अन्दर क्यों नहीं आती थीं?

मुन्नी : तुमने परदा हटाकर कभी बुलाया ही नहीं (**मुँह सिकोड़कर**) फिर वह कल्लू की माँ...

भाभी : मैं तुम्हारे लौटने के समय हमेशा दरवाज़ा खोलकर खड़ी तो होती थी। समझ लो बुलाती थी।

मुन्नी : तो मैं भी तो दरवाज़े के बाहर आकर खड़ी होती थी...समझ लो आ जाती थी (**हँसती है खिलखिलाकर**)

(दुकान और घर के बीच वाले दरवाज़े से हड़बड़ाए से ससुर का प्रवेश)

ससुर : कौन है, कौन हँस रहा है घर में (**मुन्नी को देखकर**) अरे, ये तो वर्मा साहब की बाई है। (**भाभी थोड़ा घूँघट निकाल लेती है**)

मुन्नी : (**थोड़ा सकपकाकर**) मैं गिर पड़ी थी सड़क पर...इन्होंने...

सेठ : अच्छा...अच्छा (**लौटने लगते हैं, फिर लौटकर**) मैं छोड़ आऊँ घर पर।

मुन्नी : नहीं, मैं चली जाऊँगी।

सेठ : आ जाया करो कभी-कभी, इसका भी मन बहल जाया करेगा। (**निकल जाते हैं**)

भाभी : स्कूल से आई हो...भूख नहीं लगी होगी...लेकिन यहाँ तो...

मुन्नी : नहीं, भागूँगी अब...कल्लू की माँ वहाँ परेशान जो हो रही होगी...होने दो आज (**अपना बस्ता उठाती है, दरवाज़े तक जाती है तो भाभी भी साथ आती है**)

भाभी : कल फिर आओगी?

मुन्नी : आऊँगी...और अब अम्मा को बोलकर आऊँगी। (**निकल जाती है। भाभी मुग्ध भाव से कुछ देर तक उधर ही देखती रहती है, फिर एक गहरी साँस लेकर लौटती है।**)

दृश्य समाप्त

नया दृश्य

(भाभी के घर का बरामदा। छत से ढका होने के कारण जिसमें न हवा है, न रोशनी। भाभी बिना किसी काम के खाली उदास सी बैठी है...ज़रा-सा खटका होते ही दरवाज़े की ओर देखती है। तभी मुन्नी दुकान वाले दरवाज़े से आती है। हाथ में एक बड़ा-सा जूते का डिब्बा है। स्कूल-ड्रेस में नहीं है।)

भाभी : **(पुलककर)** आ गई मुन्नी। मैं तुम्हारा ही इंतजार कर रही थी।

मुन्नी : घर गई, खाना खाया फिर घर का काम किया, तब तो आई।

भाभी : इस डिब्बे में क्या है?

मुन्नी : मेरी गुड़िया...दिखाऊँ? **(पास जाकर डिब्बा खोलती है। घर में बनी हुई कपड़े की गुड़िया। भाभी डिब्बा हाथ में लेकर देखती है।)**

भाभी : यहाँ क्या गुड़िया खेलोगी?

मुन्नी : और क्या? वहाँ भैया मेरी गुड़ियों को तोड़ता-मरोड़ता है...फिर चिढ़ाता है।...कोई भी तो साथ नहीं खेलता मेरे। **(मनुहार भरे स्वर में)** तुम तो मेरे साथ गुड़िया खेलोगी न?

(हल्की सी मुस्कराहट के साथ भाभी अपनी स्वीकृति देती है)

मुन्नी : अरे, पर शाम को तो तुम खाना बनाती होओगी...खेलोगी कैसे मेरे साथ?

भाभी : नहीं, शाम को यहाँ खाना नहीं बनता।

मुन्नी : **(आश्चर्य से)** खाना नहीं बनता?..तो खाते क्या हैं आप लोग?

भाभी : बाबूजी को डॉक्टर ने मना किया है और मुझे तो एक ही टाइम खाना होता है।

मुन्नी : क्यों एक टाइम क्यों खाना होता है? भूख नहीं लगती तुमको?...मुझे तो स्कूल से आकर इत्ती भूख लगती...इत्ती भूख लगती कि ढेर सारा खाना खा जाती हूँ। **(कुछ रुक कर)** पर चलो अच्छा है, तब हम दोनों मिलकर गुड़िया खेला करेंगे। **(गुड़िया निकाल-निकाल कर बाहर जमाती है)** अच्छा, मैं तुमको कहूँ क्या? **(एक मिनट सोचकर)** भाभी कहूँ?...सब सहेलियों के तो भाभी हैं...मेरे कोई भाभी ही नहीं। **(भाभी हल्के**

से मुस्कराकर स्वीकृति में सिर हिला देती है। मुन्नी गुड्डे को भाभी की ओर सरकाते हुए) तुम गुड्डा लो...और मेरी रहेगी गुड़िया। शादी करके गुड़िया को भी तो यहीं आना पड़ेगा सो फिर गुड़िया भी यही रहेगी। (भाभी हल्के से मुस्कराती है) लेकिन मेरी गुड़िया के कपड़े तुमको ही सीने पड़ेंगे...अच्छे-अच्छे, रंग-बिरंगे, गोटा लगाकर। (एकाएक मुन्नी का ध्यान जैसे भाभी के कपड़ों पर जाता है) अच्छा भाभी तुम हमेशा सफ़ेद कपड़े पहनकर ही क्यों रहती हो? न कोई गहना...न बिन्दी?

भाभी : (चेहरे पर उदासी पुत जाती है) मुझे ऐसे ही रहना होता है मुन्नी!

मुन्नी : (आश्चर्य से) क्यों?

भाभी : तुम अभी नहीं समझोगी (मुँह फेर लेती है...जिससे आँखों की तराइयाँ न देख ले मुन्नी)

मुन्नी : (अपनी ही मस्ती में) पर देखो, मेरी गुड़िया को ऐसे मत रखना। उसे तो भई, दोनों टाइम खाना खिलाना...गहने पहनाना... रंग-बिरंगे कपड़ों से सजाना!...और हाँ, गुड़िया के लिए घर भी तो बनाना होगा तुमको। जूते के डिब्बे में तो रहेगी नहीं मेरी गुड़िया। (इधर-उधर देखती है, कोई चीज़ नज़र नहीं आती तो भाभी के कमरे में चली जाती है।)

(दृश्य भाभी के कमरे का। बहुत ऊपर एक रोशनदान है, जिसमें से थोड़ी सी हवा और रोशनी आती है... बाकी अँधेरा। कोने में लकड़ी का एक बक्सा रखा है, जिस पर भाभी के कपड़े जमे हैं। जमीन पर एक चटाई और तकिया रखा है। एक तरफ़ आसन बिछा है, जिसके सामने देवी-देवाताओं की मूर्तियाँ रखी हैं। दीवार पर देवताओं की तस्वीरें लगी हैं। मुन्नी चारों ओर देखती है, फिर बाहर निकल कर)

(दृश्य फिर बाहर आ जाता है)

मुन्नी : आपके कमरे में तो कुछ है ही नहीं और अँधेरा भी कितना है। (चेहरे पर परेशानी और उकताहट का भाव लिये) आप कैसे रहती हैं इतने अँधेरे में?

भाभी : आदत हो जाती है।

मुन्नी : (मजबूरी के भाव से) ठीक है तो फिर मेरी गुड़िया को भी आदत हो जाएगी। (कुछ ठहर कर) पर उसके लिए कोई घर तो चाहिए

न?...अब बहू लाएँगी तो घर तो बनाना ही पड़ेगा आपको! **(बरामदे में इधर-उधर देखती है। एक कोने में चक्की देखकर)** ये चक्की तुम चलाती हो क्या? तब तो ज़रूरी गाती भी होओगी। **(पास जाकर चक्की चलाने की कोशिश करती है...पर चला नहीं पाती। छोड़कर मनुहार भरे स्वर में)** एक गाना सुनाओ न!

भाभी : मुझे गाना नहीं आता।

मुन्नी : तब चक्की कैसे चलाती हो? कल्लू की माँ तो जब भी चक्की चलाती है, गा-गाकर चलाती है...वो भी फटे गले से **(गाने की नकल करती है...फिर खुद ही हँस पड़ती है)** मना करो तो कहती है—बिना गाए कोई चक्की चलती है? **(पास आकर हाथ पकड़ कर)** तुम सुनाओ न!

भाभी : मैं तो बिना गाए ही चलाती हूँ...और रोज़ चलाती हूँ।

(निराश सी मुन्नी फिर इधर-उधर देखने लगती है। दूसरे कोने पर रखी एक चौकी को देखते ही उछलकर)

मुन्नी : बस, इसी पर बनाएँगे गुड़िया का घर। ठीक है न? एक अच्छा सा घर बनाना मेरी गुड़िया के लिए! तो शादी पक्की हो गई। **(कुछ सोचकर)** तुमको तो दो-तीन गुड्डे भी बनाने पड़ेंगे, वरना बारात में क्या लाओगी?

(एकाएक जैसे गर्मी लगी हो, हाथ से पंखा करते हुए...चारों तरफ देखकर) ओफ! कित्ती गर्मी है। तुम्हारे घर में हवा बिल्कुल ही नहीं आती...रोशनी भी कितनी कम है...दम नहीं घुटता तुम्हारा? **(भाभी चुप)** तुम तो कुछ बोलती ही नहीं।

भाभी : मुझे बोलना भी नहीं आता!

मुन्नी : **(हथेली मुँह पर रखकर हँसती है)** गूँगी हो क्या?...मैं इस तरह चुप रहूँ तो मेरे तो पेट में ही दर्द होने लगे। **(हाथ से पंखा करने लगती है।)** अच्छा अब मैं जाऊँ? **(भाभी दरवाज़े तक साथ जाती है...अपने से सटाकर प्यार करती है)**

भाभी : जल्दी आना!

मुन्नी : कल शाम को आऊँगी...पर गुड़िया का घर ज़रूर बना देना। **(निकल जाती है)**

(भाभी दरवाज़ा बन्द करके थोड़ी देर तक उसी से पीठ टिकाए खड़ी रहती हैं...आँखों से आँसू टपक पड़ते हैं।)

दृश्य समाप्त

(इस दृश्य में भाभी के जीवन का अन्धेरा और सूनापन, जिसमें न संगीत है...न हँसी...मुन्नी के चुलबुलेपन के कन्ट्रास्ट में पूरी तरह उभारना है)

नया दृश्य

(भाभी का घर। भोर का समय। आसन पर बैठकर भाभी माला फेर रही है। हाथ जोड़कर सिर झुकाती है फिर उठकर चक्की पीसने लगती है। कुछ ही देर में सेठजी की कोठरी में से... हरे राम की आवाज़ आती है तो बहू थोड़ा-सा घूँघट खींच लेती है।)

(दृश्य कटकर मुन्नी के घर जाता है। मुन्नी गहरी नींद में सो रही है)

अम्मा : पौ फटे देर हुई पर मुन्नी की नींद नहीं टूटने की **(हाथ पकड़कर उठाते हुए)** उठ न **(हाथ खींचकर फिर सो जाती है)** जाने कैसे घोड़े बेचकर सोती है ये तो।

(दृश्य भाभी के घर का। सेठजी कोठरी से बाहर निकलकर)

सेठजी : बहू, पानी रख दो नहाने का।

(भाभी एक बाल्टी पानी लाकर रख देती है। सेठजी मन्त्रोच्चार के साथ स्नान करते हैं। फिर अपने कमरे में जाते हैं...वहाँ से बराबर मन्त्रों की ध्वनि आती रहती है। भाभी चक्की बन्द करके पिसा हुआ अनाज समेटती है। फिर चूल्हे में आग सुलगाती है...अँधेरी ...एकदम घुटी हुई रसोई लकड़ी के धुएँ से भर जाती है...भाभी साड़ी के आँचल से आँख पोंछती है।)

(दृश्य बदलकर मुन्नी के घर। मुन्नी खुले आँगन में झूले पर बैठी पेंगें ले रही है।)

कल्लू की माँ : लोऽऽ... बिस्तर छोड़ा और झूले पर लटक ली। स्कूल नहीं जाना है क्या? **(मुन्नी कल्लू की माँ को चिढ़ाती है जीभ**

निकाल-निकालकर)

(दृश्य फिर भाभी के घर। सेठजी अपनी कोठरी से निकलते हैं...माथे पर टीका, धुले साफ कपड़े)

सेठजी : बहू, कलेवा दे दो।

(भाभी कलई की प्लेट में कुछ खाने को रख प्लेट बाहर सरका देती है, फिर रसोई में घुस जाती है। सेठजी प्लेट उठाकर दुकान वाले दरवाज़े की ओर बढ़ते हुए)

सेठजी : कलेवा करके मैं मन्दिर जाऊँगा। **(बाहर निकल जाते हैं। भाभी रसोई से बाहर निकलती हैं और सेठजी के उतारे हुए कपड़े धोने बैठ जाती हैं।)**

सेठजी : दोनों दरवाज़े अन्दर से बन्द कर लो **(दृश्य दुकान का। सेठजी बाहर से दरवाज़ा बन्द करते हैं, फिर निकलकर सड़क वाला दरवाज़ा बन्द कर ताला ठोंक देते हैं। बहू भीतर कैद। थोड़ी देर तक वह बन्द दरवाज़े को देखती रहती है, फिर मुड़ती है तो गुड़ियों का घर दिखाई देता है। जाकर एक गुड़िया उठा लेती है।)**

भाभी : नहीं...नहीं, रोते नहीं बिटिया रानी!...अब दादाजी को कलेवा तो देना ही था न! बस, अब तेरे पास ही रहूँगी। **(गुड़िया को लेकर प्यार करती है...फिर बाँह में लेकर झूला झुलाती है। झुलाते-झुलाते बहुत धीमे स्वर में गाते हुए)** दूध मलाई खाएगी, फिर मुन्नी सोने जाएगी...अब सोजा बिटिया...कित्ते तो काम पड़े हैं। दादाजी गुस्सा होंगे न...**(गुड़िया जैसे सो गई...उसे लिटाकर सुला देती है और मुग्धभाव से कुछ देर उसे देखती रहती है। हमेशा सूखे-मुरझाए चेहरे पर एक बहुत ही कोमल भाव उभर आता है।)**

(दृश्य कटकर भाभी के काम पर केन्द्रित हो जाता है)

(भाभी पानी की बाल्टियाँ भर-भरकर रखती है, घड़ों में पानी भरती है, फिर झाड़ू-बुहारा करती है, फिर सेठजी के धोए कपड़े तार पर फैला देती है। सेठजी की आवाज़ सुनाई देती है।)

सेठजी : बहू...दुकान वाला दरवाज़ा खोल दो, और अपनी कोठरी में चली जाओ। मैं राज-मिस्त्री को ला रहा हूँ।

(भाभी वैसा ही करती हैं...अँधेरी कोठरी में बैठी हैं और बाहर

की ठक-ठक जैसे उनकी खोपड़ी में बजती रहती है)

दृश्य समाप्त

नया दृश्य

(मुन्नी एक धानी रंग की फूल कढ़ी साड़ी पहने भाभी के घर की ओर जा रही है। साथ में कल्लू की माँ भी है। भाभी का घर आने पर देखती है कि सड़क वाला दरवाज़ा बाहर से बन्द है...चेहरे पर गुस्से का भाव आता है...मजबूरी में दुकान वाले दरवाज़े से आती है। भाभी रसोई के दरवाज़े पर खड़ी हैं, मुन्नी को इस रूप में देखकर ही उनका चेहरा खिल उठता है।)

भाभी : अरे वाह! आज तो मुन्नी बिल्कुल रानी जैसी लग रही है। **(पास आकर)** कित्ती सुन्दर साड़ी पहनी है।

(मुन्नी साथ में लाए गुड़िया के बरतन-कपड़े आदि रखती है।)

मुन्नी : गुड़िया के ब्याह पर तो अच्छे कपड़े पहनने ही होते हैं। तुम्हारे भी तो गुड्डे का ब्याह है, आज तो तुम भी अच्छे कपड़े पहन लो।

भाभी : अब बहू पहनेगी अच्छे कपड़े **(मुन्नी के पास जाकर उसकी साड़ी को छूकर मुग्ध भाव से)** 'कित्ता सुंदर' तो रंग है...और ये फूल किसने काढ़े?

मुन्नी : आधे अम्मा ने और आधे मैंने।

भाभी : तुम इतनी सुन्दर कढ़ाई कर लेती हो?

मुन्नी : तुमको बहुत अच्छी लगी ये साड़ी?

(भाभी कुछ बोलती नहीं, बस, मुग्ध भाव से उस साड़ी को सहलाती रहती है। मुन्नी जल्दी से दौड़कर गुड़िया के घर के पास चली जाती है)

मुन्नी : अरे भई! बारात तो लाइये...शादी का मुहूर्त टला जा रहा है।

भाभी : **(साड़ी छोड़कर)** लो बस, अभी आई बारात।

(इसके बाद मोण्टाज में कुछ दृश्य दिखाए जाएँ। शादी हो रही है, दावत खिलाई जा रही है, विदा हो रही है। मुन्नी हँस रही है...भाभी भी हँस रही है। शायद पहली

बार। उनके हँसने को फोकस किया जाए।)

दृश्य समाप्त

नया दृश्य

(मुन्नी का घर। अम्मा अपने कमरे में कुछ कढ़ाई कर रही है। मुन्नी अपनी साड़ी हाथ में लिये हुए आती है।)

मुन्नी : अम्मा, मुझे इसी रंग का एक साड़ी का कपड़ा और चाहिए।

अम्मा : और ऐसे कपड़े का क्या करेगी...बन तो गई साड़ी।

मुन्नी : नहीं बस, चाहिए न! एक साड़ी और बनाऊँगी, जिसके सारे फूल मैं काढ़ूँगी...आप बस छाप कर देंगी।

अम्मा : पागल हो गई है...एक जैसी दो साड़ी।

मुन्नी : हाँ बस, मुझे स्कूल के लिए काढ़नी है—बस ऐसी ही काढ़ूँगी।...बिल्कुल ऐसी ही। आपके पास पड़ा है कपड़ा...मुझे दो न। और मुझे फूल छाप कर दो अभी। अभी से शुरू करना है। देर होने से सारे नम्बर कट जाएँगे। **(अम्मा उठती है। दृश्य कटता है...मुन्नी अपने कमरे में बड़े मनोयोग से साड़ी काढ़ रही है। अम्मा का प्रवेश।)**

अम्मा : कित्ती रात हो गई...सोना नहीं है क्या? यह कैसी साड़ी की झख सवार हुई भला?

मुन्नी : मुझे स्कूल ले जाना है जल्दी से जल्दी तैयार करके।

(अम्मा साड़ी छीन लेती है। मन मारकर मुन्नी सो जाती है।)

दृश्य समाप्त

नया दृश्य

(भाभी का घर—चटाई पर अकेली लेटी हैं। उदास आँखों से छत देख रही हैं। गुड्डे-गुड़ियों की जगह खाली है। स्कूल के कपड़ों में, हाथ में बस्ता लिये मुन्नी आती है वही दुकान के दरवाज़े से। भाभी चौंककर उठ बैठती हैं। मुन्नी को देखते ही अपने दोनों हाथ साड़ी में अच्छी

तरह लपेट लेती हैं।)

भाभी : इस समय कैसे?

मुन्नी : आज स्कूल की छुट्टी जल्दी हो गई तो सीधी यहाँ चली आई। तीन बजे कल्लू की माँ लेने के लिये निकलेगी। उसके पहले तो मैं घर ही पहुँच जाऊँगी। **(हँसती है)**

भाभी : **(उलाहने के स्वर में)** कित्ते दिनों बाद आई हो आज...भाभी को भूल गईं?

मुन्नी : एक बड़ा जरूरी-जरूरी काम कर रही हूँ न आजकल।

भाभी : कौन-सा काम?

मुन्नी : बताने का नहीं है...जब पूरा हो जाएगा तब बताएँगे। वैसे परसों आई थी, पर बाबूजी ने अन्दर ही नहीं आने दिया...बोले...ननदजी आई हैं, सो आज लौट जाओ। मेरा क्या था, मैं लौट गई।

भाभी : स्कूल से आ रही हो...कुछ खाओगी?

मुन्नी : नहीं...टिफिन तो खाकर आ रही हूँ।...**(बस्ता खोलते हुए)** आज एक बहुत अच्छी कहानी पढ़ी, सुनाऊँ तुमको? **(किताब निकालते हुए)** अच्छा भाभी तुम किस क्लास तक पढ़ी हो?

भाभी : मैं तो बिल्कुल पढ़ी ही नहीं।

मुन्नी : अरे, तुम्हारे अम्मा-बाबूजी ने पढ़ाया नहीं तुमको?

भाभी : **(जैसे एकदम अतीत में खो गई हो)** अम्मा-बाबूजी तो थे ही नहीं।

मुन्नी : हाय राम! तो फिर तुम बड़ी कैसे हुईं?

भाभी : **(गहरी साँस लेकर)** बस यों ही।

मुन्नी : तुम स्कूल नहीं जाती थीं...गुड़िया नहीं खेलती थीं तो तुम करती क्या थीं सारे दिन?

भाभी : **(डूबते स्वर में)** काम तो ख़तम ही नहीं होता था। एकाएक भाभी जैसे कहीं खो गईं।

फ्लैश बैक

नया दृश्य

(भाभी के बचपन का पुराना घर! नौ-दस साल की भाभी कपड़े धो रही हैं, उनके हमउम्र बच्चे खेल रहे

हैं। भाभी बरतन माँज रही हैं, वे सो रहे हैं...वे लोग खा रहे हैं तो भाभी गोबर पाथ रही हैं। भाभी उन्हीं दृश्यों में खोई रह जाती हैं)

मुन्नी : अच्छा भाभी हमें चिट्ठी लिखना भी सिखा दिया...खूब अच्छी चिट्ठी लिख लेती हूँ मैं। आपको किसी को चिट्ठी लिखवानी हो तो बताइये।

भाभी : कोई है ही नहीं, किसे लिखवाऊँ?

मुन्नी : हाय राम! आपके कोई है ही नहीं?

भाभी : **(कुछ याद करती हुई)** एक बुआ हैं... लेकिन उसका पता तो मालूम ही नहीं।

(असावधानी के कारण हाथ पर से साड़ी का पल्ला हट जाता है। हाथ पर काले-काले निशान, जैसे किसी ने पीटा हो। मुन्नी की नजर पड़ते ही)

मुन्नी : अरे ये आपके हाथ में क्या हुआ?

भाभी : **(वापस ढँकते हुए)** कुछ नहीं...यों ही जरा-सी चोट लग गई।

मुन्नी : **(कुछ याद करते हुए)** पहले जब आपकी ननदजी आई थीं तब भी आपके हाथों में ऐसी ही चोट लगी थी। ननदजी के आने पर क्या आपको बहुत काम करना पड़ता है? बार-बार चोट लग जाती है?

भाभी : नहीं नहीं, मैं ही ज़रा फूहड़ हूँ। **(फिर उन्हें कसकर ढँकती है।)**

मुन्नी : दवाई लगाई? लाइये मैं दवाई लगा देती हूँ।

भाभी : **(भाभी की आँखों में आँसू आ जाते हैं...जल्दी से मुंह फेरकर)** लाओ, गुड़िया निकालते हैं **(उठकर भीतर जाने लगती हैं)**

मुन्नी : नहीं, मैं घर जा रही हूँ...बहुत जरूरी काम नहीं करना है क्या? **(भाभी भी पीठ किए ही खड़ी रहती हैं। उसके निकल जाने के बाद घूमती हैं तो रोके हुए आँसू गालों पर ढुलक आते हैं)**

दृश्य समाप्त

नया दृश्य

(तीज का दिन। दृश्य बाहर किसी बगीचे से शुरू होता है। एक-एक झूले पर दो-दो लड़कियाँ, रंग-बिरंगे कपड़े पहने गीत गाती हुई झूल रही हैं। 'नन्ही-नन्ही बुँदिया

रे...सावन का मेरा झूलना!' कोई भी कजली या तीज का गाना रखा जा सकता है। कुछ देर गाना चलता रहता है फिर कैमरा नीचे खड़ी लड़कियों पर जाता है। वे एक-दूसरे की साड़ी, चूड़ी देख रही हैं...प्रशंसा कर' रही हैं।)

एक : देख मेरी मेहँदी कित्ती अच्छी रची है **(सबको अपनी हथेली दिखाती है)**

दूसरी : और मेरी देख...कैसा सुन्दर फूल माँडा है मेरी दीदी ने।

(दृश्य कटकर भाभी की अँधेरी कोठरी में। भाभी सिल पर दाल पीस रही हैं...पीसते-पीसते हथेली लाल हो गई हैं। भाभी उन्हीं खुरदुरी लाल हथेलियों को देखती हैं, फिर पीसने लगती हैं। बगीचे के खुले खिलखिलाते बेहद खुशनुमा वातावरण के कन्ट्रास्ट में भाभी के घर का बन्द, घुटा, मनहूस-सा वातावरण उजागर करना है। यदि समय हो तो दृश्य फिर बगीचे में जाए और गाना पूरा किया जाए। दृश्य कटकर सड़क पर चला जाता है।)

दृश्य समाप्त

नया दृश्य

(मुन्नी लहरिये की साड़ी पहने...हाथों में मेहँदी लगाए, हाथ में एक पैकेट लिये कल्लू की मां के साथ जल्दी-जल्दी भाभी के घर की तरफ जा रही है। दुकान में सेठजी नहीं हैं, मुनीम मुन्नी को देखकर भीतर जाने का दरवाज़ा खोल देता है। मुन्नी दबे पाँव भीतर जाती है। भाभी दरवाज़े की ओर पीठ किये सब्जी काट रही हैं...मुन्नी चुपचाप साड़ी निकालती है, उसकी तह खोलती है, फिर आगे बढ़कर भाभी की पीठ पर ओढ़ा देती है। भाभी चौंक जाती है...साड़ी देखती हैं, फिर मुन्नी को देखती हैं।)

मुन्नी : अब पता लगा मेरा जरूरी काम। **(ताली बजाकर हँसती है।)**

(पता नहीं, भाभी मुन्नी के इस स्नेह के आगे विभोर हो जाती हैं या कि रंगीन साड़ी की सुन्दरता पर। अपनी स्थिति को भूलकर वे उस साड़ी को अपने चारों ओर लपेटकर बेसुध-सी खड़ी हो जाती हैं। तभी दरवाज़े पर ससुर की आवाज़ सुनाई देती है–'बहू'। साथ में सजी-धजी ननद भी है, जिसकी आँखों से अंगारे बरस रहे हैं। भाभी अपने इस अपराध और उसकी कल्पना मात्र से साड़ी छोड़कर जहाँ की तहाँ बैठ जाती हैं। ननद शेरनी की तरह झपटकर साड़ी खींचकर एक ओर पटकती है।)

ननद : मैं तो खूब अच्छी तरह जानती थी कि भीतर क्या-क्या रंगरेलियाँ मनाई जाती हैं।...अरे किसको रिझाने बैठी हो ये शृंगार करके? इन लक्खनों से ही तो सारा मोहल्ला थू-थू करता है...किसी के आगे मुँह दिखाने लायक नहीं रखा।...(**पिता की ओर देखकर**) भाई तो गया ही...अब इज्ज़त भी लेकर रहेगी...आपने जो डोर खींचकर नहीं रखी तो।...आज मैं ठीक करके रहूँगी इस नासपीटी को...सारा नशा न झाड़ दिया तो।

(सेठ जी आने वाले संकट की कल्पना मात्र से सिहरकर दुकान में चले जाते हैं। बहू के इस अपराध के बाद न वे बेटी को कुछ कह पाते हैं...न खड़े रहकर वह सब देख पाते हैं। मुन्नी डर से काँपने-सी लगती है। ननद जलाने वाली लकड़ियों के ढेर से एक लकड़ी उठाकर भाभी की पीठ पर जमाती है। भाभी चूं तक नहीं करती। दूसरा प्रहार करते ही मुन्नी 'नहीं-नहीं' चीखती हुई भाभी को बचाने के लिए उनके सामने आने की कोशिश करती है...ननद बाँह खींचकर उसे एक तरफ ढकेल देती है और दो-तीन डंडे भरपूर हाथ से भाभी के शरीर पर जमाती है। मुन्नी सारी ताकत से नहीं-नहीं चिल्लाती हुई दरवाज़े की ओर दौड़ती है।)

दृश्य समाप्त

नया दृश्य

(मुन्नी का घर। मुन्नी पलंग पर लेटी है। अम्मा सिरहाने बैठी है। कल्लू की माँ पास में ज़मीन पर बैठी है। कुर्सी पर डॉक्टर बैठा है। मुन्नी एकाएक 'नहीं-नहीं' चिल्लाने लगती है और रो पड़ती है।

अम्मा : आज दूसरा दिन है। बुखार टूटने का नाम नहीं लेता...ज़रा-सा होश आता है तो इसी तरह चिल्लाने लगती है।

डॉक्टर : सदमा गहरा लगा है...जो दवाई दी है उससे एक दो दिन में ठीक हो जाएगी। (**उठकर बाहर निकल जाते हैं।**)

अम्मा : हे भगवान...सदमे से इसका यह हाल है तो जिसने सज़ा भुगती है उसका क्या हाल होगा?

कल्लू की माँ : सुना, जब मार खाते-खाते बेहोश हो गई तब छोड़ा उस चण्डी ने।

अम्मा : मुन्नी मुझे बताती तो कि किसके लिये साड़ी काढ़ रही है तो मैं तभी नहीं बरज देती...किसका गुनाह और किसको सज़ा मिली।

(अम्मा गहरी साँस लेकर आँखें पोंछती हैं और हथेली पर माथा टिका कर बैठ जाती हैं।)

फ्लैश बैक समाप्त

नया दृश्य

(महादेवी जी का बरामदा। वे अभी भी जैसे अतीत में खोई हुई हैं। आँखें नम हो गई हैं। मित्र के चेहरे पर भी विषाद छाया हुआ है। कुछ देर मौन रहता है।)

मित्र : फिर आप कभी नहीं गईं वहाँ?

महादेवी जी : वह दृश्य भी खुदा हुआ है मन पर (**फिर मौन, मानो न उस अतीत से उबर पा रही हैं, न उस मनोदशा से।)**

फ्लैश बैक

(चार-पाँच दिन बाद डरी-सहमी और पीला-सा चेहरा लिये मुन्नी कल्लू की माँ का हाथ पकड़े सड़क वाले दरवाज़े पर जाती है...जहाँ हमेशा साँकल लगी रहती थी...वहाँ ताला लगा हुआ है। बगल वाली छोटी-सी खिड़की...जो हवा-रोशनी का एकमात्र साधन थी, ईंटों से चिन दी गई है। तभी नजर पड़ती है कूड़े के ढेर पर...जिसमें तोड़ी-मरोड़ी गुड़ियाएँ पड़ी हैं–उनके कपड़े और बरतन पड़े हैं। मुन्नी कल्लू की माँ का हाथ थामे जल्दी से मुड़ जाती है।)

फ्लैश बैक समाप्त

महादेवी जी : **(काफी देर मौन रहने के बाद)** इस घटना के बाद कपड़ों का रंग क्या...मन का रंग भी निचुड़ जाए तो कोई आश्चर्य नहीं।

मित्र : फिर कभी मुलाकात नहीं हुई?

महादेवी जी : फिर तो हम लोग इन्दौर से ही चले आए और फिर तो अनेक वर्ष बीत जाने पर ही मैं इस योग्य हो सकी कि उसकी खोज खबर ले सकूँ। पर तब वहाँ न दुकान थी, न घर। एक बुजुर्ग ने बताया कि सेठ तो कभी के मर-खप गए...बहू का उन्हें भी कुछ नहीं मालूम। और तब एक प्रश्न हथौड़े की तरह मेरे सिर में घनघनाने लगा–**(कुछ देर चुप रहकर)** घर की चार-दीवारी में क़ैद भाभी कहाँ गई होगी...कैसे इस निर्मम संसार का सामना किया होगा? **(कुछ देर चुप रहकर)** आत्महत्या...या फिर...**(किसी अनिष्ट की आशंका से सिहरकर आँख मूँद लेती हैं। पीछे से घुँघरुओं की आवाज़ आने लगती है। दृश्य धीरे-धीरे धुँधला होने लगता है और आवाज़ तेज़ होने लगती है।)**

समाप्त

घीसा

•

महादेवी वर्मा

वर्तमान की कौन-सी अज्ञात प्रेरणा हमारे अतीत की किसी भूली हुई कथा को सम्पूर्ण मार्मिकता के साथ दोहरा जाती है, यह जान लेना सहज होता तो मैं भी आज गाँव के उस मलिन सहमे नन्हे-से विद्यार्थी की सहसा याद आ जाने का कारण बता सकती, जो एक छोटी लहर के समान ही मेरे जीवन-तट को अपनी सारी आर्द्रता से छूकर अनन्त जलराशि में विलीन हो गया है।

गंगा पार झूँसी के खँडहर और उसके आस-पास के गाँवों के प्रति मेरा जैसा अकारण आकर्षण रहा है, उसे देखकर ही सम्भवतः लोग जन्म-जन्मान्तर के सम्बन्ध का व्यंग करने लगे हैं। है भी तो आश्चर्य की बात! जिस अवकाश के समय को लोग इष्ट-मित्रों से मिलने, उत्सवों में सम्मिलित होने तथा अन्य आंमोद-प्रमोद के लिए सुरक्षित रखते हैं, उसी को मैं इस खँडहर और उसके क्षत-विक्षत चरणों पर पछाड़ें खाती हुई भागीरथी के तट पर काट ही नहीं, सुख से काट देती हूँ।

दूर-पास बसे हुए गुड़ियों के बड़े-बड़े घरौंदों के समान लगनेवाले कुछ लिपे-पुते, कुछ जीर्ण-शीर्ण घरों से स्त्रियों का झुण्ड पीतल-ताँबे के चमचमाते मिट्टी के नये लाल और पुराने भदरंग घड़े लेकर गंगाजल भरने आता है, उसे भी मैं पहचान गई हूँ। उनमें कोई बूटेदार लाल, कोई कुछ सफेद और कोई मैल और सूत में अद्वैत स्थापित करनेवाली, कोई कुछ नई और कोई छेदों से चलनी बनी हुई धोती पहने रहती हैं। किसी की मोम लगी पाटियों के बीच में एक अंगुल चौड़ी सिंदूर-रेखा अस्त होते हुए सूर्य की किरणों में चमकती रहती है और किसी की कड़वे तेल से भी अपरिचित रूखी जटा बनी हुई छोटी-छोटी लटें मुख को घेरकर उसकी उदासी को और अधिक केन्द्रित कर देती हैं। किसी की साँवली गोल कलाई पर शहर की कच्ची नगदार चूड़ियों के नग रह-रहकर हीरे-से चमक जाते हैं और किसी के दुर्बल काले पहुँचे पर लाख की पीली मैली चूड़ियाँ काले पत्थर पर मटमैले चन्दन की लकीरें जान पड़ती हैं। कोई अपने गिलट के कड़े-युक्त हाथ घड़े की ओट में छिपाने का प्रयत्न-सा करती रहती है और कोई चाँदी के पछेली-ककना की झनकार के साथ ही बात करती है। किसी के कान में लाख की

पैसे वाली तरकी धोती से कभी-कभी झाँक भर लेती है और किसी की ढारें लबी जंजीर से गला और गाल एक करती रहती है। किसी के गुदना गुदे गेहुँए पैरों में चाँदी के कड़े सुडौलता की परिधि-सी लगते हैं और किसी की फैली उँगलियों और सफेद एड़ियों के साथ मिली हुई स्याही राँगे और काँसे के कड़ों को लोहे की साफ की हुई बेड़ियाँ बना देती है।

ये सब पहले हाथ-मुँह धोती हैं, फिर पानी में कुछ घुसकर घड़ा भर लेती हैं—तब घड़ा किनारे रख, सिर पर इंडुरी ठीक करती हुई मेरी ओर देखकर कभी मलिन, कभी उजली, कभी दुःख की व्यथा-भरी, कभी सुख की कथा-भरी मुस्कान से मुस्करा देती हैं। अपने-मेरे बीच का अन्तर उन्हें ज्ञात है, तभी कदाचित् वे मुस्कान के सेतु से उसका वार-पार जोड़ना नहीं भूलतीं।

ग्वालों के बालक अपनी चरती हुई गाय-भैंसों में से किसी को उस ओर बहकते देखकर ही लकुटी लेकर दौड़ पड़ते, गड़रियों के बच्चे अपने झुंड की एक भी बकरी या भेड़ को उस ओर बढ़ते देखकर कान पकड़कर खींच ले जाते हैं और व्यर्थ दिन-भर गिल्ली-डंडा खेलनेवाले निठल्ले लड़के भी बीच-बीच में नज़र बचाकर मेरा रुख देखना नहीं भूलते।

उस पार शहर में दूध बेचने जाते या लौटते हुए ग्वाले, किले में काम करने जाते या घर आते हुए मजदूर, नाव बाँधते या खोलते हुए मल्लाह, कभी-कभी 'चुनरी त रंगाउब लाल मजीठी हो' गाते-गाते मुझ पर दृष्टि पड़ते ही अचकचाकर चुप हो जाते हैं। कुछ विशेष सभ्य होने का गर्व करनेवालों से मुझे एक सलज्ज नमस्कार भी प्राप्त हो जाता है।

कह नहीं सकती, कब और कैसे मुझे उन बालकों को कुछ सिखाने का ध्यान आया; पर जब बिना कार्यकारिणी के निर्वाचन के, बिना पदाधिकारियों के चुनाव के, बिना भवन के, बिना चन्दे की अपील के और सारांश यह कि बिना किसी चिर-परिचित समारोह के, मेरे विद्यार्थी पीपल के पेड़ की घनी छाया में मेरे चारों ओर एकत्र हो गए, तब मैं बड़ी कठिनाई से गुरु के उपयुक्त गम्भीरता का भार वहन कर सकी।

और वे जिज्ञासु कैसे थे सो कैसे बताऊँ! कुछ कानों में बालियाँ और हाथों में कड़े पहने, धुले कुरते और ऊँची धोती में नगर और ग्राम का सम्मिश्रण जान पड़ते थे, कुछ अपने बड़े भाई का पाँव तक लम्बा कुरता पहने खेत में डराने के लिए खड़े किए हुए नकली आदमी का स्मरण दिलाते थे, कुछ उभरी पसलियों, बड़े पेट और टेढ़ी दुर्बल टाँगों के कारण अनुमान से ही मनुष्य-सन्तान की परिभाषा में आ सकते थे और कुछ अपने दुर्बल, रूखे और मलिन मुखों की करुण सौम्यता और निष्प्रभ पीली आँखों में संसार-भर की उपेक्षा बटोर बैठे थे; पर घीसा उनमें अकेला ही रहा और आज भी मेरी स्मृति में अकेला ही आता है।

वह गोधूली मुझे अब तक नहीं भूली। सन्ध्या के लाल सुनहली आभा वाले उड़ते हुए दुकूल पर रात्रि ने मानो छिपकर अंजन की मूठ चला दी थी। मेरा नाव वाला कुछ चिन्तित-सा लहरों की ओर देख रहा था; बूढ़ी भक्तिन मेरी किताबें, कागज-कलम आदि सँभालकर नाव पर रखकर बढ़ते अन्धकार पर खिजलाकर बुदबुदा रही थी या मुझे कुछ सनकी बनाने वाले विधाता पर, यह समझना कठिन था। बेचारी मेरे साथ रहते-रहते दस लम्बे वर्ष काट आई है, नौकरानी से अपने-आपको एक प्रकार की अभिभाविका मानने लगी है; परन्तु मेरी सनक का दुष्परिणाम सहने के अतिरिक्त उसे क्या मिला है? सहसा ममता से मेरा मन भर आया; परन्तु नाव की ओर बढ़ते हुए मेरे पैर, फैलते हुए अन्धकार में से एक स्त्री-मूर्ति को अपनी ओर आता देख ठिठक रहे। साँवले, कुछ लम्बे-से मुखड़े में पतले स्याह ओठ कुछ अधिक स्पष्ट रहे थे। आँखें छोटी पर व्यथा से आर्द्र थीं। मलिन, बिना किनारी की गाढ़े की धोती ने उसके सलूकारहित अंगों को भलीभाँति ढक लिया था; परन्तु तब भी शरीर की सुडौलता का आभास मिल रहा था। कन्धे पर हाथ रखकर वह जिस दुर्बल अर्धनग्न बालक को अपने पैरों से चिपकाए हुए थी, उसे मैंने सन्ध्या के झुटपुटे में ठीक से नहीं देखा।

स्त्री ने रुक-रुककर कुछ शब्दों और कुछ संकेत में जो कहा, उससे मैं केवल यह समझ सकी कि उसके पति नहीं है, दूसरों के घर लीपने-पोतने का काम करने वह चली जाती है और उसका यह अकेला लड़का ऐसे ही घूमता रहता है। मैं इसे भी और बच्चों के साथ बैठने दिया करूँ, तो यह कुछ तो सीख सके।

दूसरे इतवार को मैंने उसे सबसे पीछे अकेले एक ओर दुबक कर बैठे हुए देखा। पक्का रंग, पर गठन में विशेष सुडौल, मलिन मुख जिसमें दो पीली, पर सचेत आँखें जड़ी-सी जान पड़ती थीं। कसकर बन्द किए हुए पतले ओठों की दृढ़ता और सिर पर खड़े हुए छोटे-छोटे रूखे बालों की उग्रता उसके मुख की संकोचभरी कोमलता से विद्रोह कर रही थी। उभरी हड्डियों वाली गर्दन को सँभाले हुए झुके कन्धों से, रक्तहीन मटमैली हथेलियों और टेढ़े-मेढ़े कटे हुए नाखूनों युक्त हाथों वाली पतली बाँहें ऐसी झूलती थीं, जैसे ड्रामा में विष्णु बनने वाले की दो नकली भुजाएँ। निरन्तर दौड़ते रहने के कारण उस लचीले शरीर में दुबले पैर ही विशेष पुष्ट जान पड़ते थे।—बस ऐसा ही था वह, न नाम में कवित्व की गुंजाइश, न शरीर में।

पर उसकी सचेत आँखों में न जाने कौन-सी जिज्ञासा भरी थी। वे निरन्तर घड़ी की तरह खुली मेरे मुख पर टिकी ही रहती थीं। मानो मेरी सारी विद्या-बुद्धि को सीख लेना ही उनका ध्येय था।

लड़के उससे कुछ खिंचे-खिंचे से रहते थे। इसलिए नहीं कि वह कोरी था, वरन् इसलिए कि किसी की माँ, किसी की नानी, किसी की बुआ आदि ने घीसा से दूर रहने

की नितान्त आवश्यकता उन्हें कान पकड़-पकड़कर समझा दी थी।—यह भी उन्होंने बताया और बताया घीसा के सबसे अधिक कुरूप नाम को रखनेवाला तो जन्म से पहले ही नहीं रहा। घर में कोई देखने-भालने वाला न होने के कारण माँ उसे बंदरिया के बच्चे के समान चिपकाये फिरती थी। उसे एक ओर लिटाकर जब वह मजदूरी के काम में लग जाती थी, तब पेट के बल घसिट-घसिटकर बालक संसार के प्रथम अनुभव के साथ-साथ इस नाम की योग्यता भी प्राप्त करता जाता था।

फिर धीरे-धीरे अन्य स्त्रियाँ भी मुझे आते-जाते रोककर अनेक प्रकार की भाव-भंगिमा के साथ एक विचित्र सांकेतिक भाषा में घीसा की जन्म-जात अयोग्यता का परिचय देने लगीं। क्रमशः मैंने उसके नाम के अतिरिक्त और कुछ भी जाना।

उसका बाप था तो कोरी, पर बड़ा ही अभिमानी और भला आदमी बनने का इच्छुक। डलिया आदि बुनने का काम छोड़कर वह थोड़ी बढ़ईगीरी सीख आया और केवल इतना ही नहीं, एक दिन चुपचाप दूसरे गाँव से युवती वधू लाकर उसने अपने गाँव की सब सजातीय सुन्दरी बालिकाओं को उपेक्षित और उनके योग्य माता-पिता को निराश कर डाला। मनुष्य इतना अन्याय सह सकता है; परन्तु ऐसे अवसर पर भगवान् की सहिष्णुता प्रसिद्ध ही है। इसी से जब गाँव के चौखट-किवाड़ बनाकर और ठाकुरों के घरों में सफेदी करके उसने कुछ ठाट-बाट में रहना आरम्भ किया, तब अचानक हैजे के बहाने वह वहाँ बुला लिया गया, जहाँ न जाने का बहाना न उसकी बुद्धि सोच सकी, न अभिमान। पर स्त्री भी कम गर्वीली न निकली। गाँव के अनेक विधुर और अविवाहित कोरियों ने केवल उदारतावश ही उसकी नैया पार लगाने का उत्तरदायित्व लेना चाहा; परंतु उसने केवल कोरा उत्तर ही नहीं दिया, प्रत्युत् उसे नमक-मिर्च लगाकर तीता भी कर दिया। कहा—'हम सिंध के मेहरारू होइके का सियारन के जाब।' फिर बिना स्वर-ताल के आँसू गिराकर, बाल खोलकर, चूड़ियाँ फोड़कर और बिना किनारे की धोती पहनकर जब उसने बड़े घर की विधवा का स्वाँग भरना आरम्भ किया, तब तो सारा समाज क्षोभ के समुद्र में डूबने-उतराने लगा। उस पर घीसा बाप के मरने के बाद हुआ है। हुआ तो वास्तव में छः महीने बाद, परन्तु उस समय के सम्बन्ध में क्या कहा जाय, जिसका कभी एक क्षण वर्ष-सा बीतता है और कभी एक वर्ष क्षण हो जाता है। इसी से यदि छः मास का समय रबर की तरह खिंचकर एक साल की अवधि तक पहुँच गया, तो इसमें गाँव वालों का क्या दोष!

यह कथा अनेक क्षेपकोमय विस्तार के साथ सुनाई तो गई थी मेरा मन फेरने के लिए और मन फिरा भी, परन्तु किसी सनातन नियम से कथावाचक की ओर न फिरकर कथा के नायकों की ओर फिर गया और इस प्रकार घीसा मेरे और अधिक निकट आ गया। वह अपना जीवन-सम्बन्धी अपवाद कदाचित् पूरा नहीं समझ पाया था; परन्तु अधूरे का भी प्रभाव उस पर कम न था, क्योंकि वह सबको अपनी छाया

से इस प्रकार बचाता रहता था, मानो उसे कोई छूत की बीमारी हो।

पढ़ने, उसे सबसे पहले समझने, उसे व्यवहार के समय स्मरण रखने, पुस्तक में एक भी धब्बा न लगाने, स्लेट को चमचमाती रखने और अपने छोटे-से-छोटे काम का उत्तरदायित्व बड़ी गम्भीरता से निभाने में उसके समान कोई चतुर न था। इसी से कभी-कभी मन चाहता था कि उसकी माँ से उसे माँग ले जाऊँ और अपने पास रखकर उसके विकास की उचित व्यवस्था कर दूँ—परन्तु उस उपेक्षिता, पर मानिनी विधवा का वही एक सहारा था। वह अपने पति का स्थान छोड़ने पर प्रस्तुत न होगी, यह भी मेरा मन जानता था और उस बालक के बिना उसका जीवन कितना दुर्वह हो सकता है, यह भी मुझसे छिपा न था। फिर नौ साल के कर्तव्यपरायण घीसा की गुरु-भक्ति देखकर उसकी मातृ-भक्ति के सम्बन्ध में कुछ सन्देह करने का स्थान ही नहीं रह जाता था और इस तरह घीसा वहीं और उन्हीं कठोर परिस्थितियों में रहा, जहाँ क्रूरतम नियति ने केवल अपने मनोविनोद के लिए ही उसे रख दिया था।

शनिश्चर के दिन ही वह अपने छोटे दुर्बल हाथों से पीपल की छाया को गोबर-मिट्टी से पीला चिकनापन दे आता था। फिर इतवार को माँ के मज़दूरी पर जाते ही एक मैले, फटे कपड़े में बँधी मोटी रोटी और कुछ नमक या थोड़ा चबेना और एक डली गुड़ बगल में दबाकर, पीपल की छाया को एकबार फिर झाड़ने-बुहारने के पश्चात् वह गंगा के तट पर आ बैठता और अपनी पीली सतेज आँखों पर क्षीण साँवले हाथ की छाया कर दूर-दूर तक दृष्टि को दौड़ाता रहता। जैसे ही उसे मेरी नीली सफेद नाव की झलक दिखाई पड़ती, वैसे ही वह अपनी पतली टाँगों पर तीर के समान उड़ता और बिना नाम लिए हुए ही साथियों को सुनाने के लिए गुरु साहब कहता हुआ फिर पेड़ के नीचे पहुँच जाता, जहाँ न जाने कितनी बार दुहराये-तिहराये हुए कार्यक्रम की एक अन्तिम आवृत्ति आवश्यक हो उठती। पेड़ की नीची डाल पर रखी हुई मेरी शीतलपाटी उतारकर बार-बार झाड़-पोंछकर बिछाई जाती, कभी काम न आनेवाली सूखी स्याही से काली कच्चे काँच की दावात, टूटे निब और उखड़े हुए रंगवाले भूरे, हरे कलम के साथ पेड़ के कोटर से निकालकर यथास्थान रख दी जाती और तब इस विचित्र पाठशाला का विचित्र मन्त्री और निराला विद्यार्थी कुछ आगे बढ़कर मेरे सप्रणाम स्वागत के लिए प्रस्तुत हो जाता।

महीने में चार दिन ही मैं वहाँ पहुँच सकती थी और कभी-कभी काम की अधिकता से एक-आध छुट्टी का दिन और भी निकल जाता था; पर उस थोड़े से समय और इने-गिने दिनों में भी मुझे उस बालक के हृदय का जैसा परिचय मिला, वह चित्र के एल्बम के समान निरन्तर नवीन-सा लगता है।

मुझे आज भी वह दिन नहीं भूलता जब मैंने बिना कपड़ों का प्रबन्ध किए हुए ही उन बेचारों को सफाई का महत्त्व समझाते-समझाते थका डालने की मूर्खता की। दूसरे इतवार को सब जैसे-के-तैसे ही सामने थे—केवल कुछ गंगाजी में मुँह

इस तरह धो आए थे कि मैल अनेक रेखाओं में विभक्त हो गया था, कुछ के हाथ-पाँव ऐसे घिसे थे कि शेष मलिन शरीर के साथ वे अलग जोड़े हुए से लगते थे और कुछ 'न रहेगा बाँस न बजेगी बाँसुरी' की कहावत चरितार्थ करने के लिए कीट-से मैले फटे कुरते घर ही छोड़कर ऐसे अस्थिपंजरमय रूप में आ उपस्थित हुए थे, जिसमें उनके प्राण, 'रहने का आश्चर्य है, गए अचम्भा कौन' की घोषणा करते जान पड़ते थे; पर घीसा गायब था। पूछने पर लड़के कानाफूसी करने को या एक साथ सभी उसकी अनुपस्थिति का कारण सुनाने को आतुर होने लगे। एक-एक शब्द जोड़-तोड़कर समझना पड़ा कि घीसा माँ से कपड़ा धोने के साबुन के लिए तभी से कह रहा था—माँ को मजदूरी के पैसे मिले नहीं और दूकानदार ने नाज लेकर साबुन दिया नहीं। कल रात को माँ को पैसे मिले और आज सवेरे वह सब काम छोड़कर पहले साबुन लेने गई। अभी लौटी है, अतः घीसा कपड़े धो रहा है, क्योंकि गुरु साहब ने कहा था कि नहा-धोकर साफ कपड़े पहनकर आना। और अभागे के पास कपड़े ही क्या थे। किसी दयावती का दिया हुआ एक पुराना कुरता, जिसकी एक आस्तीन आधी थी और एक अँगोछा-जैसा फटा टुकड़ा। जब घीसा नहाकर गीला अँगोछा लपेटे और आधा भीगा कुरता पहने अपराधी के समान मेरे सामने आ खड़ा हुआ, तब आँखें ही नहीं मेरा रोम-रोम गीला हो गया। उस समय समझ में आया कि द्रोणाचार्य ने अपने भील शिष्य से अँगूठा कैसे कटवा दिया था।

एक दिन न जाने क्या सोचकर मैं उन विद्यार्थियों के लिए 5-6 सेर जलेबियाँ ले गई; पर कुछ तोलनेवाले की सफाई से, कुछ तुलवानेवाले की समझदारी से और कुछ वहाँ की छीना-झपटी के कारण प्रत्येक को पाँच से अधिक न मिल सकीं। एक कहता था—मुझे एक कम मिली; दूसरे ने बताया—मेरी अमुक ने छीन ली। तीसरे को घर में सोते हुए छोटे भाई के लिए चाहिए, चौथे को किसी और की याद आ गई। पर इस कोलाहल में अपने हिस्से की जलेबियाँ लेकर घीसा कहाँ खिसक गया, यह कोई न जान सका। एक नटखट अपने साथी से कह रहा था—'सार एक ठो पिलवा पाले है, ओही का देय बरे गा होई' पर मेरी दृष्टि से संकुचित होकर चुप रह गया और तब तक घीसा लौटा ही। उसका सब हिसाब ठीक था—जलखई वाले छन्ने में दो जलेबियाँ लपेटकर वह माई के लिए छप्पर में खोंस आया है, एक उसने अपने पाले हुए, बिना माँ के कुत्ते के पिल्ले को खिला दी और दो स्वयं खा लीं। 'और चाहिए' पूछने पर उसकी संकोच भरी आँखें झुक गईं—ओठ कुछ हिले। पता चला कि पिल्ले को उससे कम मिली है। दें तो गुरु साहब पिल्ले को ही एक और दे दें।

और होली के पहले की एक घटना तो मेरी स्मृति में ऐसे गहरे रंगों से अंकित है, जिसका धुल सकना सहज नहीं। उन दिनों हिंदू-मुस्लिम वैमनस्य धीरे-धीरे बढ़ रहा था और किसी दिन उसके चरम सीमा तक पहुँच जाने की पूर्ण सम्भावना थी।

घीसा दो सप्ताह से ज्वर में पड़ा था—दवा मैं भिजवा देती थी; परन्तु देख-भाल का कोई ठीक प्रबन्ध न हो पाता था। दो-चार दिन उसकी माँ स्वयं बैठी रही। फिर एक अन्धी बुढ़िया को बैठाकर काम पर जाने लगी।

इतवार की साँझ को मैं बच्चों को विदा दे, घीसा को देखने चली; परन्तु पीपल के पचास पग दूर पहुँचते-पहुँचते उसी को डगमगाते पैरों से गिरते-पड़ते अपनी ओर आते देख, मेरा मन उद्विग्न हो उठा। वह तो इधर पन्द्रह दिन से उठा ही नहीं था; अतः मुझे उसके सन्निपातग्रस्त होने का ही सन्देह हुआ। उसके सूखे शरीर में तरल विद्युत-सी दौड़ रही थी, आँखें और भी सतेज और मुख ऐसा था, जैसे हल्की आँच में धीरे-धीरे लाल होने वाला लोहे का टुकड़ा।

पर उसके वात-ग्रस्त होने से भी अधिक चिन्ताजनक उसकी समझदारी की कहानी निकली। वह प्यास से जाग गया था; पर पानी पास मिला नहीं और मनियाँ की अन्धी आजी से माँगना ठीक न समझकर वह चुपचाप कष्ट सहने लगा। इतने में मुल्लू के कक्का ने पार से लौटकर दरवाजे से ही अन्धी को बताया कि शहर में दंगा हो रहा है और तब उसे गुरु साहब का ध्यान आया। मुल्लू के कक्का के हटते ही वह ऐसे हौले-हौले उठा कि बुढ़िया को पता ही न चला और कभी दीवार, कभी पेड़ का सहारा लेता-लेता इस ओर भागा। अब वह गुरु साहब के गोड़ धरकर यहीं पड़ा रहेगा; पर पार किसी तरह भी न जाने देगा।

तब मेरी समस्या और भी जटिल हो गई। पार तो मुझे पहुँचना था ही; पर साथ ही बीमार घीसा को ऐसे समझाकर, जिससे उसकी स्थिति और गम्भीर न हो जाए। पर सदा के संकोची, नम्र और आज्ञाकारी घीसा का इस दृढ़ और हठी बालक में पता ही न चलता था। उसने पारसाल ऐसे ही अवसर पर हताहत दो मल्लाह देखे थे और कदाचित् इस समय उसका रोग से विकृत मस्तिष्क उन चित्रों में गहरा रंग भरकर मेरी उलझन को और उलझा रहा था। पर उसे समझाने का प्रयत्न करते-करते अचानक ही मैंने एक ऐसा तार छू दिया, जिसका स्वर मेरे लिए भी नया था। यह सुनते ही कि मेरे पास रेल में बैठकर दूर-दूर से आए हुए बहुत से विद्यार्थी हैं जो अपनी माँ के पास साल भर में एक बार ही पहुँच पाते हैं और जो मेरे न जाने से अकेले घबरा जाएँगे, घीसा का सारा हठ, सारा विरोध ऐसे बह गया जैसे वह कभी था ही नहीं।—और तब घीसा के समान तर्क की क्षमता किसमें थी! जो साँझ को अपनी माई के पास नहीं जा सकते, उनके पास गुरु साहब को जाना ही चाहिए। घीसा रोकेगा, तो उसके भगवान् जी गुस्सा हो जाएँगे, क्योंकि वे ही तो घीसा को अकेला बेकार घूमता देखकर गुरु साहब को भेज देते हैं, आदि-आदि उसके तर्कों का स्मरण कर आज भी मन भर आता है। परन्तु उस दिन मुझे आपत्ति से बचाने के लिए अपने बुखार से जलते हुए अशक्त शरीर को घसीट लाने वाले घीसा को जब उसकी टूटी खटिया पर लिटाकर मैं लौटी, तब

मेरे मन में कौतूहल की मात्रा ही अधिक थी।

इसके उपरांत घीसा अच्छा हो गया और धूल और सूखी पत्तियों को बाँधकर उन्मत्त के समान घूमने वाली गर्मी की हवा से उसका रोज संग्राम छिड़ने लगा—झाड़ते-झाड़ते ही वह पाठशाला धूल-धूसरित होकर भूरे, पीले और कुछ हरे पत्तों की चादर में छिपकर तथा कंकालशेषी शाखाओं में उलझते, सूखे पत्तों को पुकारते वायु की सन्तप्त सरसर से मुखरित होकर उस भ्रान्त बालक को चिढ़ाने लगती। तब मैंने तीसरे पहर से सन्ध्या समय तक वहाँ रहने का निश्चय किया; परन्तु पता चला घीसा किसकिसाती आँखों को मलता और पुस्तक से बार-बार धूल झाड़ता हुआ दिन-भर वहीं पेड़ के नीचे बैठा रहता है, मानो वह किसी प्राचीन युग का तपोव्रती अनागरिक ब्रह्मचारी हो, जिसकी तपस्या भंग के लिए ही लू के झोंके आते हैं।

इस प्रकार चलते-चलते समय ने जब दाईं छूने के लिए दौड़े हुए बालक के समान झपटकर उरा दिन पर उँगली धर दी, जब मुझे उन लोगों को छोड़ जाना था, तब तो मेरा मन बहुत ही अस्थिर हो उठा। कुछ बालक उदारा थे और कुछ खेलने की छुट्टी से प्रसन्न! कुछ जानना चाहते थे कि छुट्टियों के दिन चूने की टिपकियाँ रखकर गिने जाएँ, या कोयले की लकीरें खींचकर। कुछ के सामने बरसात में चूते हुए घर में आठ पृष्ठ की पुस्तक बचा रखने का प्रश्न था और कुछ कागजों पर चूहों के आक्रमण की ही समस्या का समाधान चाहते थे। ऐसे महत्त्वपूर्ण कोलाहल में घीसा न जाने कैसे अपना रहना अनावश्यक समझ लेता था, अतः सदा के समान आज भी मैं उसे न खोज पाई। जब मैं कुछ चिंतित-सी वहाँ से चली, तब मन भारी-भारी हो रहा था, आँखों में कोहरा-सा घिर-घिर आता था। वास्तव में उन दिनों डाक्टरों को मेरे पेट में फोड़ा होने का सन्देह हो रहा था—ऑपरेशन की सम्भावना थी। कब लौटूँगी या नहीं लौटूँगी, यही सोचते-सोचते मैंने फिरकर चारों ओर जो आर्द्र दृष्टि डाली, वह कुछ समय तक उन परिचित स्थानों को भेंट कर वहीं उलझ रही।

पृथ्वी के उच्छ्वास के समान उठते हुए धुँधलेपन में वे कच्चे पर आकंठ मग्न हो गए थे—केवल फूस के मटमैले और खपरैल के कत्थई और काले छप्पर, वर्षा में बढ़ी गंगा के मिट्टी जैसे जल में पुरानी नावों के समान जान पड़ते थे। कछार की बालू में दूर तक फैले तरबूज और खरबूजे के खेत अपनी सिर की और फूस के मुट्ठियों, टट्टियों और रखवाली के लिए बनी पर्णकुटियों के कारण जल में बसे किसी आदिम द्वीप का स्मरण दिलाते थे। उनमें एक-दो दीए जल चुके थे, तब मैंने दूर पर एक छोटा-सा काला धब्बा आगे बढ़ता देखा। वह घीसा ही होगा। यह मैंने दूर से ही जान लिया। आज गुरु साहब को उसे विदा देना है, यह उसका नन्हा हृदय अपनी पूरी संवेदना-शक्ति से जान रहा था, इसमें सन्देह नहीं था। परन्तु उस उपेक्षित बालक के मन में मेरे लिए कितनी सरल ममता और मेरे बिछोह की कितनी गहरी व्यथा हो सकती है, यह जानना मेरे लिए शेष था।

निकट आने पर देखा कि उस धूमिल गोधूली में बादामी कागज़ पर काले चित्र के समान लगने वाला नंगे बदन घीसा एक बड़ा तरबूज दोनों हाथों में सँभाले था, जिसमें बीच के कुछ कटे भाग में से भीतर की ईषत-लक्ष्य ललाई चारों ओर के गहरे हरेपन में कुछ बन्द गुलाबी फूल-जैसी जान पड़ती थी।

घीसा के पास न पैसा था न खेत–तब क्या वह इसे चुरा लाया है! मन का सन्देह बाहर आया ही और तब मैंने जाना कि जीवन का खरा सोना छिपाने के लिए उस मलिन शरीर को बनाने वाला ईश्वर उस बूढ़े आदमी से भिन्न नहीं, जो अपनी सोने की मोहर को कच्ची मिट्टी की दीवार में रखकर निश्चिन्त हो जाता है। घीसा गुरु साहब से झूठ बोलना भगवान् जी से झूठ बोलना समझता है। वह तरबूज कई दिन पहले देख आया था। माई के लौटने में जाने क्यों देर हो गई, तब उसे अकेले ही खेत पर जाना पड़ा। वहाँ खेत वाले का लड़का था, जिसकी उसके नए कुरते पर बहुत दिन से नज़र थी। प्रायः सुना-सुना कर कहता था कि जिनकी भूख झूठी पत्तल से बुझ सकती है, उनके लिए परोसा लगाने वाले पागल होते हैं। उसने कहा–पैसा नहीं है, तो कुरता दे जाओ। और घीसा आज तरबूज न लेता, तो कल उसका क्या करता। इससे कुरता दे आया; पर गुरु साहब को चिन्ता करने की आवश्यकता नहीं, क्योंकि गर्मी में वह कुरता पहनता ही नहीं और आने-जाने के लिए पुराना ठीक रहेगा। तरबूज सफेद न हो, इसलिए कटवाना पड़ा–मीठा है या नहीं यह देखने के लिए, उँगली से कुछ निकाल भी लेना पड़ा।

गुरु साहब न लें, तो घीसा रात-भर रोएगा–छुट्टी भर रोएगा। ले जावें तो वह रोज नहा-धोकर पेड़ के नीचे पढ़ा हुआ पाठ दोहराता रहेगा और छुट्टी के बाद पूरी किताब पट्टी पर लिखकर दिखा सकेगा।

और तब अपने स्नेह में प्रगल्भ उस बालक के सिर पर हाथ रखकर मैं भावातिरेक से ही निश्चल हो रही। उस तट पर किसी गुरु को किसी शिष्य से कभी ऐसी दक्षिणा मिली होगी, ऐसा मुझे विश्वास नहीं; परन्तु उस दक्षिणा के सामने संसार में अब तक सारे आदान-प्रदान फीके जान पड़े।

फिर घीसा के सुख का विशेष प्रबन्ध कर मैं बाहर चली गई और लौटते-लौटते कई महीने लग गए। इस बीच में उसका कोई समाचार न मिलना ही सम्भव था। जब फिर उस ओर जाने का मुझे अवकाश मिल सका, तब घीसा को उसके भगवान् जी ने सदा के लिए पढ़ने से अवकाश दे दिया था–आज वह कहानी दोहराने की मुझमें शक्ति नहीं है; पर सम्भव है आज के कल, कल के कुछ दिन, दिनों के मास और मास के वर्ष बन जाने पर मैं दार्शनिक के समान धीर-भाव से उस छोटे जीवन का उपेक्षित अन्त बता सकूँगी। अभी मेरे लिए इतना ही पर्याप्त है कि मैं अन्य मलिन मुखों में उसकी छाया ढूँढ़ती रहूँ।

घीसा

लेखिका—महादेवी वर्मा
पटकथा—मन्नू भण्डारी

(दृश्य महादेवी जी के कमरे से आरम्भ होता है। वे कुछ लिखने में व्यस्त हैं। उनकी अधेड़ सेविका आती है...हाथ में सूखे हुए कपड़े हैं)

महादेवी जी : बुआ, कल का इतवार गंगा पार के किसी गाँव में बिताएँगे...कुछ खाने-पीने का इंतजाम कर लेना।

बुआ : **(आश्चर्य और अविश्वास के मिले-जुले भाव से)** कहाँ बिताएँगे?

महादेवी जी : झूँसी के खँडहरों में **(हल्के-से मुस्कराती हैं)**

बुआ : हे भगवान्! और कहीं जाने को नहीं मिला? अरे इतवार के दिन लोग सैर-सपाटे को निकलें...मिलना-जुलना करें...सलीमा-थियेटर देखें...और ई जाएँगी झूँसी।

(महादेवी जी की मुस्कराहट हल्की हँसी में बदल जाती है। बुआ उसी मुद्रा में बाहर निकलती हैं...कोई नौकर मिल जाता है। उसी से...)

बुआ : अरे सुन रहे हो तुम...कल झूँसी का सैर-सपाटा होयगा अब। बड़ा बाग-बगीचा है न वहाँ...अरे हमार तो बेमौत ही मरण है।

(बड़बड़ाती हुई कपड़े समेटने लगती है)

दृश्य समाप्त

नया दृश्य

(भोर का समय। गंगा पर नाव में महादेवी जी और बुआ। मल्लाह कोई गीत गाता हुआ दूसरे किनारे ले जाता है। किनारे पर औरतों का झुंड। कोई हाथ-मुँह धो रही है...कोई पैर रगड़ रही है...कोई पानी में घुसकर घड़ा भर रही है। औरतों की नजर जैसे ही महादेवी जी पर पड़ती है...सबके हाथ जहाँ के तहाँ रुक जाते हैं और चेहरे पर आश्चर्य। नाव से उतर कर महादेवी जी कुछ देर उनको देखती हैं, फिर गाँव की ओर मुड़ जाती हैं)

(दृश्य गाँव की गलियों में चला जाता है...गोबर-कीचड़। कच्चे मकान...नंग धड़ंग खेलते बच्चे। सब इनको आश्चर्य से देखते हैं...एक-दो बच्चे कौतुक में साथ हो लेते हैं। बुआ का चेहरा उनकी अप्रसन्नता को बताता है)

(दृश्य एक खुले मैदान में। एक बड़े घने पेड़ के नीचे चबूतरा बना है। महादेवी जी चारों ओर देखती हैं...फिर उसी चबूतरे पर बैठ जाती हैं...पर्स में से एक किताब निकालती हैं। बुआ से)

महादेवी जी : जाओ, तुम गाँव वालों से मेल-मुलाकात करके आओ...खाने के समय लौट आना।

बुआ : अउर का... अब यहाँ मुँह सीकर तो बइठा नहीं जाएगा। **(खाने का थैला ठीक से रखकर चली जाती हैं। चबूतरे से कुछ दूर बच्चों का एक झुंड पेड़ से कच्चे आम तोड़ रहा है। एक लम्बा लड़का एक छोटे लड़के (घीसा) के कन्धों पर चढ़ा हुआ आम तोड़-तोड़कर फेंक रहा है। बाकी बच्चे बटोर रहे हैं। महादेवी जी पढ़ना छोड़ उन्हीं बच्चों को देखने लगती हैं। लम्बा लड़का उतरता है तो आमों का बँटवारा होता है। घीसा को कुल दो छोटे-छोटे आम पकड़ा दिये जाते हैं।)**

घीसा : **(रुआँसे स्वर में)** हमको कुल दो आम? हम तो इत्ती देर तक घोड़ा बने रहे।

लड़का : घोड़ा नहीं तो का सवार बनेगा...बादसाह? **(सब हँसते हैं)**

दूसरा लड़का : भाग यहाँ से।

(घीसा रोता हुआ चला जाता है। महादेवी जी, जो दूर से सारा दृश्य देख रही थीं, बच्चों के पास जाती हैं। बच्चे थोड़ा सहमकर चुप हो जाते हैं।)

महादेवी जी : तुम लोग पढ़ते हो? **(बच्चे केवल एक-दूसरे की तरफ देखते हैं)** स्कूल जाते हो तुम?

लड़का : पाठसालाओ नाहीं हिंया...कइसे जाएँगे?

महादेवी जी : कोई पाठशाला नहीं है यहाँ? **(बच्चे केवल गर्दन हिला देते हैं। आश्चर्य से)**—तो इस गाँव का कोई बच्चा पढ़ता ही नहीं?

लड़का : सहर कउन जा सकत है पढ़ै की खातिर?

दूसरा लड़का : रमेसर काका का लड़का जात है सहर...ऊँची किलास में पढ़त है...अंग्रेजी भी।

(महादेवी जी जैसे सोच में पड़ जाती हैं।)

महादेवी जी : अगर पाठशाला हो तो पढ़ोगे? **(लड़के चुप...एक-दूसरे का मुँह देखते हैं)** बोलो!

लड़का : किताब-सलेट तो हइये नाहीं पढ़िगें कइसे?

महादेवी जी : अच्छा, अगर किताब-स्लेट मिले तो पढ़ोगे? **(बच्चे थोड़ी देर चुप)** मन करता है पढ़ने का?

लड़का : पढ़ाइगा कौन...गुरुजी तो हइये नई।

दूसरा लड़का : अऊर सिलेट-किताब देगा कउन?

महादेवी जी : मैं पढ़ाऊँगी...स्लेट किताब भी मिलेगी फिर तो पढ़ोगे।

बच्चे : हाँ, तब तो जरूर पढ़िहैं। **(बच्चों के चेहरे पर उल्लास दिखाई देता है)**

महादेवी जी : ठीक है तो सब बच्चों को जाकर बता दो कि हर इतवार को यहाँ **(पेड़ के नीचे इशारा करके)** पाठशाला लगा करेगी...सब बच्चे पढ़ने आया करेंगे।

(बच्चे दौड़ जाते हैं। दृश्य गलियों में, बच्चे जैसे डोंडी पीट रहे हों। हर इतवार पाठसाला लगि हैं...किताब-स्लेटओ मिलिहैं...गुरु जी पढ़ाइ हैं...पीपल तले सब बच्चा लोगन आय जाये।)

(और बच्चे भी उस झुण्ड में मिलते जाते हैं। बच्चों के

लिए यह एक खेल हो जाता है। एक खुली जगह में तीन-चार बुजुर्ग चिलम फूँकते बातें कर रहे हैं।)

एक बुजुर्ग : ऊ जो सवेरे गाँव मा आई रहीं...पाठसाला खोले खातिर ही आई रहीं सायद।

दूसरा : भला हो उनका...दो अच्छर इन निखट्टू लरिका के पढ़ा देइ तो ई भी अकिल की दुई बात सीख जइहैं।

तीसरा : अउर का...नाहीं तो सारा दिन हुड़दंग।

(कैमरा फिर बच्चों के साथ-साथ चला जाता है। घोषणा करता बच्चों का जुलूस गली-गली घूम रहा है।)

दृश्य समाप्त

नया दृश्य

(वही दिन। शाम का समय। नदी किनारे महादेवी जी और बुआ नाव की प्रतीक्षा कर रहे हैं। बुआ टिफिन, दरी, किताबें लिये बुदबुदा रही हैं।)

बुआ : अरे इत्ता बड़ा एक इसकूल उहाँ...उससे पेट नाही भरा जो अब एक पाठसाला हिंयाओ खुलेगी।...इतवार को कछु घड़ी चैन से सोते...बैठते, किसी से बतियाते सो अब इन लड़कन से माथा फोड़ो।

(तभी शाम के धुँधलके में एक स्त्री प्रकट होती है। कपड़ों से दरिद्रता और चेहरे से वेदना प्रकट हो रही है...कभी सुन्दर सुडौल रही होगी, इसका आभास जरूर मिल रहा है। कन्धे से जिस अर्द्ध-नग्न बच्चे को वह पकड़े है उसके चेहरे पर भी करुणा पुती हुई है। वह डर और संकोच के मारे माँ की टाँगों से चिपका हुआ है। पास आने पर महादेवी जी सवेरे के देखे हुए घीसा को पहचान लेती हैं। स्त्री झिझकते हुए)

स्त्री : आप का हिंया पाठसाला खोल रही हैं? **(बुआ सामान नाव पर चढ़ा रही है, इसलिए इनकी बातें नहीं सुनतीं।)**

महादेवी जी : **(घीसा से)** तुम पढ़ोगे उसमें? **(वह नजरें नीचे किए-किए धीरे**

से सिर हिला देता है।)

स्त्री : बहुत सौक है इसे पढ़े का...आज बाप होत तो सहर भेजकैओ पढ़ात (**एकाएक पति की स्मृति में खो जाती है**) ई तो मुहौं ही नहीं देख सका बाप का...उनके भी कित्ते अरमान रहे एहिके खातिर...हइजा सबका तो लील गवा।

महादेवी जी : और कोई नहीं है घर में? (**स्त्री गर्दन हिला देती है**) तुम क्या करती हो?

स्त्री : का करि? दूसरा का घरन मा लीप-पोत के बस गुजारा करत हैं...ई काम भी तो नाहीं करै देत हैं गाँव वाला हमका...दो कोस दूर जान पड़त है...गाँव वाले तो अइस बैर राखत हैं हमसे कि का बताई...(**वाक्य अधूरा छोड़ देती है। चेहरे पर दुःख और क्रोध का मिला-जुला भाव**)

महादेवी जी : (**आश्चर्य से**) बैर क्यों रखते हैं?

स्त्री : (**गहरी साँस छोड़कर**) बेवा होय के बाद हम काहू के घर नाहीं बइठै जौन से? हम नाहीं बइठ सकत कोई के घर। अब ई भी कोई जबरजस्ती है?...अरे हम सिंह का मेहरारू होइके सियारन के घर काहे जाब?

महादेवी जी : (**प्रसंग बदलने के लिए**) क्या नाम है तुम्हारा? (**घीसा चुप**)

स्त्री : एक तो सुभाव का ही संकोची, फिर गाँव का लरिका लोगन हर बखत हड़कावत रहत...घर मा ही बइठा रहत है बिचारा...अरे हमार गुस्सा बच्चा पर काहे निकालत हो? (**घीसा से**) नाम बोल न।

घीसा : (**आँखें उसी तरह नीचे किए हुए, धीरे से**) घीसा।

(**बुआ नाव पर से चिल्लाती है।**)

बुआ : अरे अब आओ न...रात भी हिंया ही काटे का इरादा है का?

महादेवीजी : (**प्यार से घीसा का गाल थपथपाते हुए**) इतवार को पढ़ने ज़रूर आ जाना। (**नाव की ओर बढ़ जाती हैं।**)

दृश्य समाप्त

नया दृश्य

(**अगला इतवार। भोर का समय। पेड़ के नीचे घीसा और**

उसकी माँ। माँ जल्दी-जल्दी चबूतरे को लीप रही है।)

माँ : तू तो बहुत देर कराय दिही रे घीसा...दुई कोस जाए का काम पे। देर होय से मजूरी न मिली वां? **(वहाँ से एक तरह से दौड़ती हुई जाती है। घीसा पेड़ की एक पत्ती वाली टहनी लेकर चबूतरे के आस-पास झाड़ू लगाता है। एक तरफ साफ करता है तो दूसरी तरफ पत्ते गिर जाते हैं...उधर लगाता है तो पहली जगह फिर पत्ते गिर जाते हैं। आस-पास खड़े लड़के हँस रहे हैं। लेकिन एक बार सारे पत्ते साफ कर लेता है तो दूर खड़े होकर पाठशाला का मुआयना करता है। पाठशाला साफ है, दौड़कर घाट की ओर जाता है।)**

दृश्य समाप्त

नया दृश्य

(घीसा किनारे खड़ा आने वाली नावों को देख रहा है...आँखों पर हथेली की ओट बनाकर दूर वाली नावों को देखता है। दूर एक नाव में गुरुजी दिखाई देती हैं। दौड़कर फिर पाठाशाला की तरफ आता है...''गुरुजी आय गई...गुरुजी आय गई'' सबको सूचना देता है। एक बार फिर पाठाशाला को झाड़ता है। सूचना सुनकर आस-पास गिल्ली-डण्डा खेलते लड़के, पेड़ों पर चढ़े लड़के वहाँ आ इकट्ठे होते हैं...पर घीसा फिर किनारे की ओर दौड़ जाता है।)

दृश्य समाप्त

नया दृश्य

(किनारे पर घीसा स्वागत के लिए तैयार खड़ा है। महादेवी जी के उतरते ही नमस्कार करता है। महादेवी जी गाल थपथपाकर प्यार करती हैं। नाव वाला स्लेट-किताबों की एक गठरी और एक ब्लैक-बोर्ड

उतारता है।)

बुआ : गठरी तो हम उठाय लेंहि...पर ई तख्ता हमसे न उठिहें... बुलाय लो किसी को (**घीसा दौड़कर ब्लैक बोर्ड अपने सिर पर रख लेता है।)**

महादेवी जी : अरे, ले जा सकोगे तुम? (**घीसा तो दौड़ जाता है, जैसे सिर पर छाता तना हो)**

दृश्य समाप्त

नया दृश्य

(कक्षा लगी हुई है। पन्द्रह-बीस बच्चे बैठे हुए हैं और सबका ध्यान बुआ के हाथ की स्लेट किताबों पर लगा हुआ है। सबसे पीछे, एक ओर हटकर घीसा बैठा हुआ है चुपचाप...वह गुरुजी की ओर एकटक देख रहा है, जो बोर्ड पर अ आ इ ई लिख रही हैं।)

बुआ : एक-एक करिके आओ अऊर अपनी सिलेट-किताब लैइ जाओ।

(बच्चे एक साथ झपटते हैं, भगदड़-सी मच जाती है। बुआ फटकार कर फिर सबको बिठाती है। केवल घीसा है, जो अपनी जगह से हिला भी नहीं।)

बुआ : बइठो सब अपनी-अपनी जगह। ऐसी लूट-खसोट मचाए से काहू को कुछ न देबै, पहिले बइठ जाओ चुपचाप। (**एक-दो को झापड़ भी जड़ देती है। किसी तरह बच्चे फिर अपनी-अपनी जगह बैठते हैं। अब बुआ खुद बाँटती है।)**

एक लड़का : एक हमरे भाई के वास्ते...ऊ आज आया नहीं।

बुआ : अरे ई का परोसा बट रहा है? (**जब घीसा को स्लेट-किताब मिलती है तो वह उन्हें माथे से लगाता है।)**

(महादेवी जी घीसा के बच्चों से अलग व्यवहार को देखती हैं फिर लिखने लगती हैं।)

बुआ : हम जरा गाँव में जाई। (**चली जाती है। कक्षा शुरू होती है। अ से अनार...आ से आम...बच्चे दोहराते हैं। कद में छोटा**

होने पर भी सबसे पीछे बैठे पर तल्लीनता से दोहराते हुए घीसा पर उनकी नजर रहती है।)

महादेवी जी : घीसा तुम सामने आकर बैठो। **(घीसा एक क्षण कुछ सिटपिटाता है, फिर उठकर आता है। सारे लड़के उपेक्षा से उसे देखते हैं...उसके बैठते ही थोड़ा दूर सरक जाते हैं। महादेवी जी देखती हैं पर बोलती कुछ नहीं। पढ़ाई फिर शुरू होती है। पीछे बैठे एक-दो लड़के हँस रहे हैं...कुछ छीना-झपटी कर रहे हैं...पर घीसा की नजरें महादेवी जी के चेहरे पर इस तरह टिकी हैं मानो उनका सारा ज्ञान सोख लेंगी...बड़ी लगन के साथ वह दोहराता है...उसके चेहरे को फोकस किया जाए।)**

दृश्य समाप्त

नया दृश्य

(वही दिन। गाँव की एक गली में मचिया पर बुआ बैठी हैं। पाँच-छः औरतें जमीन पर बैठी बड़े सम्मान से उनसे बातें कर रही हैं।)

एक औरत : हम सुना तो रहै कि पाठसाला खुलि हैं...पर भरोसा नाहीं हुआ...अरे कउन फोकट में आइके पढ़ाई...किताब-सिलेट देइ।

बुआ : हमार दिदिया का न पूछो...जइसी ज्ञानी...वइसी ही दानी...अरे ई का...वहाँ सहर मा जाने का-का तो देत रहत हैं। **(चेहरे पर गर्व का भाव)**

दूसरी औरत : तुम उनका का लागत हो?

बुआ : अरे लागत का...समझ लेओ कि ऊ हमार सब कुछ अउर हम उनका सब कुछ...हम न खिलाई तो सारा-सारा दिन खानाओ न खाई...बुआ बिना पानी का घूँट तक तो हलक के नीचे न उतारिहें।

(औरतें बहुत प्रभावित होती हैं।)

एक औरत : **(थोड़ा पास सरककर, आवाज को धीमा करके)** तौ फिर तुम एक बात गुरुआइनजी से जरूर बोल देव...घीसा का न बिठाया करें पाठसाला मा...ठीक नाही उ लरिका।

बुआ : काहे?

औरत : **(गर्दन झटक कर)** बाप का ही कौनों पता नाहीं...बेवा भई तो कित्ते लोग तो घर बिठाइवे का बोले रहे पर नाहीं...बड़े घरन की सती-सावतरी का ढोंग...अउर फिर जाने काहू के संग मुँह काला करिस है।

बुआ : अच्छा?

औरत : अउर का? अरे जदि कछु ऊँचा-नीचा हुई भी गवा तो **(हाथ के इशारे से संकेत करती है)** पर नाहीं बच्चाओ जनेंगी हम सबकी छाती पर...हम तो अपना लरकन-बच्चन से कहि दीन कि दूरै रहा करैं...गन्द का ढेर।

दृश्य समाप्त

नया दृश्य

(वही दिन। महादेवी जी अब चबूतरे पर बैठी हैं और बच्चे सब अपनी-अपनी जगह पर।)

महादेवी जी : अच्छा तो सफ़ाई के बारे में क्या-क्या सीखा? एक-एक करके बोलोगे।

एक लड़का : रोज मंजन करना है।

दूसरा लड़का : रोज...सिनान...नहीं नहाना है। **(गुरुजी के चेहरे पर मुस्कराहट)**

तीसरा : इतवार को नाखून काटना है।

घीसा : रोज कपड़े धोना है।

महादेवी जी : शाबाश! तुमने तो बड़ी जल्दी पाठ याद कर लिया...पर ये सब केवल याद करने के लिए नहीं बताया है...अगली बार तुम सब साफ-सुथरे होकर आओगे क्लास में...दाँत माँजकर, नहाकर, साफ कपड़े पहनकर...समझे। अब जाओ। आज की छुट्टी। घर जाकर खाना खाओ।

(बच्चे शोर मचाते हुए भागते हैं। घीसा धीरे-धीरे चलकर थोड़ी दूर एक पेड़ के नीचे जाकर कपड़े में से सूखी रोटी निकालकर खाने बैठ जाता है। पीठ होने के कारण महादेवी जी उसे नहीं देख पाती। बुआ का प्रवेश)

महादेवी जी : (**हँसकर**) हो गई गाँव की पंचायत?

बुआ : पंचायत का...थोड़ा मेल-मिलाप करै वास्ते गए रहा। (**महादेवी जी को खाना निकालकर देती है। उसकी नजर घीसा पर पड़ती है।**) सुनौ दिदिया, ई लड़का अब पाठसाला में ना पढ़ी।

महादेवी जी : क्यों?

बुआ : अरे अब हमसे बहस न करौ...कछु बात है, तभी तो कहत हैं।

महादेवी जी : क्या बात है?

बुआ : (**मुँह सिकोड़कर**) अब का बताई...माँ बड़ी चरित्तर वाली।

महादेवी जी : (**मुस्कराकर**) तो मैं माँ को कहाँ पढ़ा रही हूँ?

बुआ : अउर बाप काओ कौनो पता नाही...जाने केहर का तो बेटा?

महादेवी जी : बाप का भी मुझे क्या करना। पढ़ने में तो लड़का सबसे होशियार है। (**महादेवी जी उठकर घीसा के पास जाती हैं, उसे दो केले देती हैं। घीसा एकदम सिकुड़ जाता है...फिर चुपचाप ले लेता है।**)

दृश्य समाप्त

नया दृश्य

(**एक दो दिन बाद। गाँव में बच्चे उसी तरह हुड़दंग मचा रहे हैं। गुल्ली-डण्डा, खेलना-झगड़ना, पेड़ पर चढ़ना। कैमरा इन सब पर से होता हुआ घीसा की झोंपड़ी पर। कोठरी अँधेरी। छोटी-सी कुंप्पी के आगे वह किताब देख-देखकर स्लेट पर लिख रहा है...बोलता जाता है–अ...आ...ई...थकी-माँदी माँ घुसती है।**)

घीसा : पइसा मिलै...साबुन लाई हौ?

माँ : बीच में पइसा को देत है बेटा...रोज कल-कल कहि देत हैं।

घीसा : (**खीज भरे स्वर में**) हम कपड़ा कइसे धोइबे...गुरुजी साफ होइके आवन का कहि रहे।

माँ : (**चूल्हे में लकड़ियाँ डालते हुए**) ले अउबै बेटवा...कल जरूरै ले अउबे।

घीसा : पक्की बात?

माँ : हाँ, पक्की बात।

घीसा : (**प्रसन्न होकर**) माई, गुरुजी का सब पाठ हम सीख लिए...लिख के दिखाई? (**फिर हँसता है**) पर तू का समझेगी? (**माँ भी मुस्कराती है**) फिर भी तू देख तो...

(जल्दी से उठकर पट्टी धोता है...'सुख-सुख पट्टी...चन्दन पट्टी' कहता हुआ स्लेट को पंखे की तरह हिलाकर सुखाता है। माँ मुग्ध भाव से बेटे को देखती है...चेहरे पर सुख और सन्तोष का भाव। घीसा लिखने बैठ जाता है।)

दृश्य समाप्त

नया दृश्य

(रविवार का दिन। बच्चे पाठशाला के आस-पास खेल रहे हैं, जैसे ही गुरुजी को आता देखते हैं, अपनी-अपनी जगह चले जाते हैं। महादेवी जी आकर देखती हैं...पाठशाला धूल-पत्तों से भरी हुई है। वे बच्चों में घीसा को ढूँढ़ती हैं–वह नहीं है।)

महादेवी जी : आज पाठशाला साफ क्यों नहीं हुई? (**सब चुपचाप**) घीसा कहाँ है?

एक लड़का : घाट पर।

दूसरा लड़का : उहिकी माई का मजूरी का पइसा तो रात मा मिली रहै।

तीसरा लड़का : साबुनौं सवेरे खरीदे रहा...अब घाट पर नहाय रहा है।

चौथा लड़का : कपड़ा ओ धोय रहा है।

पहला लड़का : आप नहाय के धोय के आवै का कहि रहे ना?

तीसरा लड़का : हम नहाय तो कल ही लिए पर कपड़ा...(**बड़े भाई का पिण्डलियों तक लम्बा कुरता पहने है...सो थोड़ा सकुचा जाता है**) पर ई साफ है। (**महादेवी जी के चेहरे पर भी मुस्कराहट आ जाती है।**)

(महादेवी जी एक नजर सारे बच्चों पर डालती हैं। किसी ने मुँह रगड़कर इतना साफ़ कर लिया है कि नकली चेहरे का आभास देता है...कोई केवल

बनियान-कच्छा पहनकर ही आ गया है, कोई बड़े भाई की कमीज पहनकर आ गया है...एक विचित्र दृश्य उपस्थित है...पर सबने उनके आदेश को माना जरूर है।)

महादेवी जी : अच्छा, आज घीसा नहीं आया तो तुममें से कोई अपनी पाठशाला साफ नहीं कर सकता था? **(लड़के एक-दूसरे की तरफ देखते हैं।)**

लड़का : सफाई तो घीसा ही करत है...ऊई आकर करिहै सफाई।

महादेवी जी : क्यों पढ़ते तो तुम सब हो...सफाई वो अकेला क्यों करेगा?

(बच्चे फिर एक-दूसरे की तरफ देखते हैं इतने में घीसा आता दिखाई देता है। बच्चे एक साथ चिल्लाते हैं–घीसा आय गवा...घीसा आय गवा। गीले बाल, गीले कपड़े पहने घीसा आँखें नीची किए, अपराधी की तरह गुरुजी के सामने आ खड़ा होता है। उसका रोम-रोम जैसे इस अपराध के लिए क्षमा-याचना कर रहा हो।)

घीसा : **(हाथ जोड़कर बहुत धीमे स्वर में)** देरी के वास्ते माफी **(व्यथा से महादेवी जी भीतर तक सिहर जाती हैं...अपनी नम आँखों को बच्चों से छिपाने के लिए वे बोर्ड की तरफ मुड़ जाती हैं...लेकिन कुछ देर तक वे कुछ लिख नहीं पातीं।)**

लड़कों की ओर से : अ से अनार...आ से आम।

दृश्य समाप्त

नया दृश्य

(रविवार का दिन। बच्चे पेड़ के नीचे या आसपास खेल रहे हैं। केवल घीसा एक कच्छा पहनकर पाठशाला झाड़ रहा है...फिर पेड़ पर रखी हुई चटाई उठाकर झाड़ता है...चबूतरे पर बिछाता है। ब्लैक बोर्ड को पेड़ से टिकाकर क्लास तैयार कर देता हे। फिर अपना नया कुर्ता पहनकर किनारे की ओर दौड़ जाता है।)

दृश्य समाप्त

नया दृश्य

(वही दिन। क्लास चल रही है। बोर्ड पर पनघट... सरपट...हलचल शब्द लिखे हुए हैं।)

महादेवी जी : देखो बच्चो, कितनी जल्दी तुम लोग अपना पाठ सीख रहे हो। पहले तुमने अक्षर सीखे...अब शब्द भी सीख गये। चलो, आज इसी खुशी में तुम्हें जलेबी मिलेगी। **(बुआ से)** बुआ, बच्चों में जलेबी बाँट दो।

(अपनी-अपनी जगह से उठकर बच्चे शोर मचाने लगते हैं–'जलेबी मिलेगी...जलेबी खाएँगे...' बुआ की ओर झपटते हैं।)

बुआ : **(फटकारते हुए)** पहले लैन लगाओ...तब मिलिहैं जलेबी।

(बच्चों की लाइन। एक-एक बच्चा बुआ के पास जा रहा है)

पहला बच्चा : **(जलेबी लेकर)** दू ठौ अउर दैओ न...ई तो कम है। **(बुआ धकेल देती है)**

दूसरा बच्चा : हमरा भाई का वास्ता तो...**(बुआ धकेल देती है)**

तीसरा बच्चा : हमरा जलेबी तो बहुतै छोटा है....बड़ा देउना...**(बुआ धकेल देती है)**

(घीसा आता है और चुपचाप दी हुई जलेबी लेकर पास में बैठी महादेवी जी के सामने सिर झुकाकर प्रणाम करता है।)

महादेवी जी : **(उसके सिर पर हाथ फेर कर)** तुम्हें और जलेबी नहीं चाहिए?

(घीसा इनकार में सिर हिलाता है और एक ओर चला जाता है। बाँटने का सिलसिला चलता रहता है।)

दृश्य समाप्त

नया दृश्य

(घीसा की कोठरी। घीसा तेज बुखार में लेटा है। माँ चिन्तित-सी उसका माथा छूती है। एक बूढ़ी-अन्धी औरत खाट के पास बैठी है।)

माँ : ताप तो आजौ बैठा है...अब आज तो काम पर जाय का पड़ी **(घीसा को कपड़े से अच्छी तरह ढकती है)** आजी हिंयाही बइठी हैं...बस तू उठब मत। **(घीसा के माथे पर हाथ फेरकर निकल जाती है। घीसा करवट लेकर अपनी किताब निकालता है...जरा-सी आवाज होती है।)**

आजी : घीसू हिंयइ है न? **(घीसा को हाथ से टटोलती है)** हाँ, बाहर न निकलि हैं बेटा।

घीसा : हूँ **(घीसा किताब निकालकर पढ़ने लगता है)** सरपट, भगदड़, हलचल, अजगर।

आजी : ई का बोलत है रे?

घीसा : किछु नाहीं...आपन पाठ याद करत हैं **(उदास स्वर में)** आज तो पाठसालाओ लगी होई।

आजी : याही से तो बहू हम का बैइठाय गई...तू कहीं उठिके न चल देव।

(एकाएक बाहर से गाँव के ग्वाले की आवाज आती है।)

ग्वाला : अरे सहर मा तो दंगा होय गवा...अइसा दंगा कि खून की नदियाँ बह गईं...हम तो जान बचा के आय गए सोई बड़ी बात...

(घीसा एकदम चौकन्ना हो जाता है)

घीसा : आजी ग्वाला काका का बोलत रहा?

आजी : बोलत होई कछू...सहर से आयके रोज ही तो बोलत है कछु-न-कछु...अब हिंया नीम तले चौपाल लगाइके घण्टोइ तो भासण देइहै।

(घीसा आजी की तरफ देखता है। वे मन बहलाने के लिए फटे गले से भजन गाने लगी हैं। घीसा बहुत धीरे-धीरे उतरकर बाहर निकलता है। पैर जैसे काँप रहे हैं। बाहर कुछ दूर पर नीम तले एक ग्वाला दो तीन आदमियों के साथ बैठा है...बगल में दूध की बाल्टियाँ रखी हैं। घीसा वहाँ तक आता है।)

घीसा : काका सहर मा का हुआ?

ग्वाला : दंगा हुआ है भारी...लासें बिछी हैं सड़कों पर।

आजी : (**कोठरी के दरवाजे से**) अरे घिसवा...कहाँ चला गया है...हम आँधर-ऊँधर कइसे एहिका राखी चरपाइया पर (**टटोलती हुई बाहर निकलती है**)

घीसा : (**लौटकर**) पिसाब करै गया था...काहे सोर मचाय रही हौ।

(**आजी टटोलकर उसे पकड़ती है...लाकर सुलाती है।**)

आजी : अब सोय जा चुप करै...देख तो देह कइसी तो जल रही है।

घीसा : हाँ, सोवे ही तो जाइत है (**लेट जाता है। थोड़ी देर में आजी भी उसकी खटिया की पाटी पर सिर रखकर सो जाती है...हल्के खर्राटे। घीसा जरा-सा खटका करके देखता है...आजी नहीं उठती...तो धीरे से खटिया से उतरता है...चादर ओढ़ता है, दबे पाँव बाहर निकलता है, पर चला नहीं जाता। पैर काँप रहे हैं...रास्ते में कभी किसी चीज का सहारा लेता है तो कभी किसी चीज का। थोड़ी दूर चलने पर ही महादेवी जी इधर आती हुई मिल जाती हैं...पास आते ही उनकी टाँगों से चिपट जाता है।**)

घीसा : आप सहर न जाएँ गुरुजी...उहाँ बहुत दंगा होय रहा।

महादेवी जी : (**उसका माथा छूकर**) अरे इतना तेज बुखार और तुम बाहर निकल आए?

घीसा : आप निकर जातिउ तो...सहर मा भारी मारकाट मची है...ग्वाला काका अपनी आँखिन से देखिके आए हैं। (**पैरों को पकड़ते हुए**) हम आपका न जाय देब।

महादेवी जी : तुम पहले चलकर लेटो तो...

घीसा : नाहीं, पहले आप वचन देव कि आप सहर न जइबे।...(**बहुत याचना भरे स्वर में**) आज रात हमारी कुठरिया मा काट देव गुरुजी।

(**महादेवी जी उसे पकड़कर किसी तरह कोठरी में लाकर खटिया पर लिटाती हैं।**)

आजी : (**हड़बड़ाकर**) कउन है रे...घीसा...(**हाथ से टटोलकर देखती है कि घीसा है।**)

घीसा : गुरुजी आई हैं। (**महादेवी जी चारों ओर देखकर गरीबी का जायजा लेती हैं।**)

आजी : हम जानी तू चला गवा रे...जायो न घीसा, तोहार माई गुस्सा होई।

(लेटने के बाद घीसा कसकर महादेवी जी के दोनों हाथ पकड़ लेता है। महादेवी जी की नजर सिरहाने रखी स्लेट-किताब पर जाती है। स्लेट लिखकर भर रखी है।)

महादेवी जी : घीसा, देखो बेटे, मेरे पास कितने बच्चे हैं, जिनके माँ-बाप दूर शहरों में रहते हैं...मैं नहीं पहुँची तो वे कितने घबरा जाएँगे? **(घीसा चुप...हाथों की पकड़ उतनी ही मजबूत)** घीसा तो समझदार बच्चा है...ऐसी जिद तो कर ही नहीं सकता जिससे दूसरे बच्चों को तकलीफ हो। **(कुछ देर ठहरकर)** अकेले रहकर कितना डर रहे होंगे वे बच्चे...माई-बाबा कोई पास नहीं, गुरुजी भी छोड़कर चली गईं और शहर का यह हाल... **(घीसा की पकड़ थोड़ी ढीली होती है।)** अगर उन बच्चों को कुछ हो गया तो पाप तो गुरुजी को ही लगेगा न...भगवान कभी माफ नहीं करेगा गुरुजी को! **(घीसा की पकड़ और ढीली होती है)** घीसा भगवान जी से सजा दिलवाएगा गुरुजी को? **(घीसा हाथ छोड़ देता है। महादेवी जी बहुत प्यार से उसके माथे पर हाथ फेरती हैं...उसे अच्छी तरह ओढ़ाती हैं।)**

महादेवी जी : मैं घाट से पुलिस लेकर जाऊँगी...कोई कुछ नहीं कर सकेगा मेरा...फिर जाकर अपने बच्चों को घीसा की बात बताऊँगी...हालात ठीक होते ही दवाई भेजूँगी तुम्हारे लिए, ले लेना। और देखो, जब तक बुखार न उतर जाए, पूरी तरह आराम करना।

(घीसा कुछ नहीं बोलता...बस आँखों के कोनों से आँसू ढुलक पड़ते हैं। महादेवी जी अपनी नम आँखों से उसके आँसू पोंछती हैं...फिर निकल जाती हैं।)

दृश्य समाप्त

नया दृश्य

(नदी का किनारा। घीसा एकटक आने वाली नावों को देख रहा है। एक नाव से ग्वाला काका अपनी साइकिल और दूध की खाली टंकियाँ उतारता है। घीसा को देखकर)

ग्वाला : क्यों रे घिसुआ, गुरुजी के लिए बइठा है? आजौ नहीं आएँगी वो।

घीसा : (**बड़ी उत्सुकता से**) काहे?

ग्वाला : तबीयत ठीक नाहीं है उनका...डॉक्टर आराम करै का कहा है।

घीसा : तुम देखिके आए का काका?

ग्वाला : अरे हम कहाँ देखेंगे? बुआ मिली रही घाट पर...गुरुजी ने बुआ को ही सन्देसा देए के खातिर भेजा था...सो ऊ हमका सन्देसा पकड़ाय दिए। (**घीसा का उदास-निराश चेहरा देखकर**) हाँ, अगले इतवार का तुम लड़कन से मिलै की खातिर जरूर आवेंगी...पर पाठसाला नाहीं चलेगी अब...हवा-बदली वास्ते पहाड़ भेज रहे हैं डाक्टर।

(काका तो साइकिल पर अपनी टंकियाँ बाँधकर चल देते हैं...निराश हताश-सा घीसा वहीं घाट पर बैठकर नदी की ओर देखता रहता है।)

दृश्य समाप्त

नया दृश्य

(अगला इतवार। पाठशाला का दृश्य। महादेवी जी आज पढ़ा नहीं रहीं, बच्चों से विदा ले रही हैं...चेहरे से कमजोरी का आभास। घीसा अनुपस्थित है।)

महादेवी जी : देखो बच्चो, जितना भी पढ़ा उसका अभ्यास करना...जितनी बातें सिखाईं, भूलना मत। खेलना...खूब खेलना लेकिन हुड़दंग नहीं।

एक लड़का : गुरुजी आप कब आएँगी?

बुआ : अब न अइहैं...डाक्टर बोल दिया रहै कि हफ्ता मा एक दिन आराम तो बहुतै जरूरी है...हिंया पाठसाला काओ कउन इंतिजाम करेंगी गुरुजी।

महादेवी जी : (**चारों ओर देख कर**) आज घीसा नहीं आया। कोई उसे बुलाकर तो लाओ।

(एक लड़का दौड़ जाता है)

दूसरा लड़का : गुरुजी, छुट्टी का दिन कोयला की लकीर खींच के गिनि हैं कि

चूने की टिपकियाँ गिनकर?

तीसरा लड़का : गुरुजी, बरसात में तो हमार घर बहुत चुआत...ई किताब कइसे रखि हैं?

चौथा लड़का : हमार घर मा तो चूहाओ बहुत...इत्ता दिन में कुतर डालि हैं तब?

(लड़का दौड़ता हुआ आता है।)

लड़का : घीसा तो घर मा हइये नाहीं...आस पासौ नाहीं देखिल।

महादेवी जी : घर में नहीं है **(आश्चर्य से)** वह जानता तो था कि मैं आज आने वाली हूँ।

दूसरा लड़का : पाठसाला तो उहै साफ करि रही।

बुआ : **(महादेवी जी से)** जिद करके आई तो गईं पर अब जियादइ देर न बइठने देहि हम...चलो उठो।

(महादेवी जी उठती हैं...दोनों चल देती हैं)

बच्चे : **(सब एक साथ)** गुरुजी परनाम।

दृश्य समाप्त

नया दृश्य

(वही दिन। घाट के पास थोड़ी-सी एकान्त जगह देखकर महादेवी जी बैठ जाती हैं...मानो उनसे खड़ा नहीं रहा जा रहा है।)

महादेवी जी : बुआ, नाव आ जाए तो उसे इधर ही ले आना। **(बुआ चली जाती है। महादेवी जी बड़ी खोई-सी नजरों से नदी की ओर देख रही हैं...तभी पीछे से एक बड़ा-सा तरबूज लिए घीसा आता है। पुराना कमीज और कच्छा पहने हुए।)**

घीसा : गुरुजी! **(चौंककर महादेवी जी मुड़ती हैं।)**

महादेवी जी : घीसा!...तुम कहाँ थे बेटे...और ये इतना बड़ा तरबूज। **(घीसा चुप)** कहाँ से लाए ये तरबूज? **(उनके मन में एक शंका-सी उभरती है, जो उनके चेहरे पर भी छलक उठती है।)**

घीसा : खेत से! माई तो काम पर से लउटी ही नाहीं तो अकेले ही गए खेत पर।

महादेवी जी : तो क्या तोड़ लाए किसी के खेत से? **(स्वर में हल्की-सी**

सख्ती...घीसा समझ लेता है।)

घीसा : नाहीं...नाहीं...तोड़ा नाहीं...खरीदा...हम खरीदा।

महादेवी जी : माई तो काम पर से लौटी नहीं...पैसे किसने दिए?

घीसा : (**सिर नीचा करके**) पइसा तो नाहीं दिए?

महादेवी जी : तब (**घीसा चुप**) तब कैसे खरीदा?

घीसा : खेत वाला लड़िका कौ आपन नया कुरता दै दीन। बहुत दिना से वाहिकी नजर रही हमरे कुरता पर।

महादेवी जी : (**एकटक उसकी ओर देखती हैं, प्यार से...वात्सल्य से**) नया कुरता दे दिया?

घीसा : (**उन्हें आश्वस्त करने के भाव से**) आप फिकिर ना करिहैं...गरमी मा तो हम कुरता पहिरित ही नाहीं। बाहर के वास्ते तो ई पुरानाओ ठीक। (**कुछ रुककर तरबूज बढ़ाते हुए बहुत मनुहार भरे स्वर में।**) आप हमार ई तरबूज ले लैव गुरुजी (**भावावेग के कारण महादेवी जी न कुछ बोल पाती हैं न हिलडुल पाती हैं।**) आप न लेइहैं तो हम रात भर रौउबे...छुट्टी भर रौउबे और जो लै लेहिं तो रोज नहाय धोय के आपन पाठ याद करिबे...(**याचना भरे स्वर में**) लै लीजिए न गुरुजी...(**तरबूज आगे बढ़ाता है**)

(भावातिरेक के कारण महादेवी जी का गला भिंच जाता है, आँखें नम हो जाती हैं। तरबूज हाथ में लेकर)

महादेवी जी : इतना कीमती उपहार तो आज तक मुझे किसी ने नहीं दिया मेरे बच्चे! (**खींचकर वे घीसा को अपनी छाती से लगा लेती हैं...उनकी आँखों से आँसू बह निकलते हैं।**)

दृश्य समाप्त

नया दृश्य

(वही स्थान...वही समय! महादेवी जी की नाव नदी में कुछ दूर चली गई है...घीसा उस जाती हुई नाव को एकटक देखता हुआ किनारे पर खड़ा है। कुछ देर घीसा के आँसू भरे उदास चेहरे को फोकस किया जाए।)

समाप्त

रजनी की परिकल्पना

कई वर्ष पहले बासुदा ने अपने एक कल्पित धारावाहिक की योजना पर चर्चा करते हुए बताया कि हर अनुचित और अन्याय के विरुद्ध हम लोग घर में बैठकर चाहे जितना भन्ना लें...गलिया लें पर न तो अपने इस प्रतिरोध के स्वर को कभी बाहर ले जाते हैं, न ही उसे रोकने के लिए उसके विरुद्ध कोई ठोस क़दम ही उठाते हैं, इसलिए इस बार वे अपने इस धारावाहिक में एक ऐसे चरित्र की सृष्टि करना चाहते हैं, जो रोज़मर्रा के जीवन में होने वाली बेइमानियाँ...धाँधलियाँ और मक्कारियों के विरुद्ध आवाज़ ही न उठाए बल्कि जिसमें अपने विरोध को उसकी अन्तिम परिणति तक ले जाने का दमखम भी हो। और इस तरह रजनी का चरित्र अस्तित्व में ही नहीं आया वरन् देखते ही देखते उसने सबके मन में घर कर लिया...वह सबकी अपनी बन गई! एक आम आदमी को त्रस्त करने वाली छोटी-छोटी समस्याएँ—जैसे गैस, राशन, फ़ोन, टैक्सी-स्कूटर, नियुक्तियों में होने वाली धाँधलियाँ, मिलावटी सामान, हर जगह घूस, ट्यूशन का रैकेट, तोल और मोल दोनों में मारने की आदत जैसे रोज़मर्रा के प्रसंगों को ही इसमें लिया गया था...जिससे कि हर दर्शक का सहज ही उसके साथ तादात्म्य स्थापित हो सके।

आइडिया स्पष्ट था और केन्द्रीय पात्र का चरित्र और भूमिका भी तय थी इसलिए मुझे तो केवल समस्या का चुनाव करना होता था। यह कड़ी मैंने उज्जैन में उस समय लिखी थी जब परीक्षाएँ पास थीं और सारे बच्चे और उनके माँ-बाप इस ट्यूशनबाजी को लेकर परेशान थे। बच्चा किसी विषय में अच्छा है, फिर भी उस पर ट्यूशन लेने का ज़ोर डाला जाता था। **(वैसे यह स्थिति आज कमोबेश सब जगह है)** इस जबदरस्ती की ट्यूशनबाजी को लेकर मैं जब-तब माँओं को भन्नाते देखती थी...पर बस, केवल भन्नाना। तभी मुझे एकाएक ख्याल आया कि क्यों न इस समस्या को रजनी के हाथों सौंप दिया जाए और इस तरह यह कड़ी तैयार हुई। हाँ, एक बात का मैंने ध्यान रखा कि रजनी का संघर्ष और समाधान बहुत हवाई न होकर बिल्कुल व्यावहारिक हो, इतना व्यवाहारिक कि कोई अगर उस पर चलना चाहे तो चल भी सकता है। इसलिए उसका विरोध ट्यूशन मात्र का विरोध

करना नहीं है (**कमज़ोर बच्चों की और कम तनख़्वाह पाने वाले मास्टरों की यह ज़रूरत हो सकती है**) बल्कि अपने ही स्कूल के बच्चों की ट्यूशन करने के विरुद्ध है, जो इस रैकेट की जड़ हैं। रजनी के चरित्र की दबंगई और निर्भीकता को व्यक्त करने के लिए ज़रूरी था कि उसके संवादों में एक खास तरह की तेजस्विता... पैनापन और व्यंग्य हो। अन्तिम बात यह कि समस्या के विरुद्ध विद्रोह सीढ़ी-दर-सीढ़ी हो और जरूरी है कि आप ऐसी ही सीढ़ियों की कल्पना करें जो वर्णित समस्या के साथ गहरे रूप से जुड़ी हुई हों।

रजनी

•

पटकथा—मन्नू भण्डारी

(मध्यवर्गीय परिवार के फ़्लैट का एक कमरा। एक महिला रसोई में व्यस्त है। घण्टी बजती है। बाई दरवाज़ा खोलती है। रजनी का प्रवेश।)

रजनी : लीला बेन कहाँ हो...बाज़ार नहीं चलना क्या?

लीला : **(रसोई में से हाथ पोंछती हुई निकलती है)** चलना तो था पर इस समय तो अमित आ रहा होगा अपना रिज़ल्ट लेकर। आज उसका रिज़ल्ट निकल रहा है न। **(चेहरे पर खुशी का भाव)**

रजनी : अरे वाह! तब तो मैं मिठाई खाकर ही जाऊँगी। अमित तो पढ़ने में इतना अच्छा है कि फ़र्स्ट आएगा और नहीं तो सेकेण्ड तो कहीं गया नहीं। तुमको मिठाई भी बढ़िया खिलानी पड़ेगी...सूजी के हलवे से काम नहीं चलनेवाला, मैं अभी से बता देती हूँ।

लीला : **(हँसकर)** नहीं-नहीं, मैं तुम्हें अच्छी मिठाई ही खिलाऊँगी...मैंने पहले से ही मँगवाकर रखी है—केसरिया रस मलाई। अमित को बहुत पसन्द है न।

रजनी : देखा ऽ ऽ! मुझे अपने घर में ही केसर की सुगन्ध आ गई थी। बाज़ार का तो मैं बहाना करके चली आई। वरना तुम तो मुझे काट ही देतीं।

लीला : कैसी बात करती हो? मैं एक बार काट भी दूँ, लेकिन अमित! अपने मुँह में डालने से पहले रस मलाई लेकर तुम्हारे फ़्लैट में दौड़ता। मैं कोई भी चीज़ घर में बनाऊँ या बाहर से लाऊँ, अमित जब तक तुम्हारे भोग नहीं लगा लेता, हम लोग खा थोड़े ही सकते हैं। रजनी आण्टी तो हीरो हैं उसकी। **(दोनों खिलखिलाकर हँसती हैं।)**

रजनी : बहुत मेधावी बच्चा है अमित...तुम देखना तो, आगे जाकर क्या बनता है!

लीला : बस, सब तुम्हारा ही आशीर्वाद है।

(फिर घण्टी बजती है। लीला एक तरह से दौड़ते हुए दरवाज़ा खोलती है। अमित का प्रवेश। रोज़ की तरह भारी बस्ते की जगह एक हल्का-सा थैला है।)

रजनी : **(अमित को बाँहों में भरने के लिए दोनों बाँहें फैलाते हुए आगे बढ़ती है।)** कांग्रेचुलेशन्स अमित। बधाई देने के लिए रजनी आण्टी पहले से मौजूद है। **(अमित का चेहरा उतरा हुआ है, पर दोनों में से अभी तक उस पर किसी का ध्यान नहीं गया। अमित आँसू भरी आँखों से थैले में से रिपोर्ट निकालकर माँ की ओर फेंकते हुए।)**

अमित : लो...लो...देखो, क्या हुआ है मेरे रिजल्ट का। मैंने कितना कहा था कि मैथ्स में भी मेरी ट्यूशन लगवा दीजिए, वरना मेरा रिजल्ट बिगड़ जाएगा। बस वही हुआ। मैथ्स में ही तो पूरे नम्बर आ सकते हैं, रिज़ल्ट बन-बिगड़ सकता है। रिपोर्ट रजनी देखने लगती है। **(लीला उसे अपनी बाँहों में भरकर)**

लीला : पर तू तो सारे सवाल ठीक करके आया था। यहाँ आकर पापा के सामने तूने फिर से किया था अपना सारा पेपर। सब तो ठीक था। तेरे पापा ने नहीं कहा था कि चार-पाँच नम्बर भले ही काट ले सफ़ाई-वफ़ाई के पर नाइंटी फ़ाइव तो तेरे पक्के हैं।

रजनी : **(रिपोर्ट देखते हुए)** पर मिले तो कुल बहत्तर ही हैं। **(फिर दूसरे विषयों के नम्बर भी पढ़ने लगती है इंगलिश 86, हिस्ट्री 80, सिविक्स 88, हिन्दी 82, ड्राइंग 90...सबसे कम मैथ्स में ही।)**

अमित : **(गुस्से और दुःख से)** कम तो होंगे ही। ट्यूशन नहीं लेने से मिलते हैं कहीं अच्छे नम्बर? सर तो बार-बार कहते ही थे कि ट्यूशन कर लो, ट्यूशन कर लो वरना फिर बाद में मत रोना। **(रो पड़ता है)**

लीला : **(अपराधी की तरह सफाई देते हुए)** तुझे अंग्रेजी को लेकर थोड़ी परेशानी थी सो अंग्रेजी में करवा दी थी ट्यूशन। अब दो-दो विषयों की ट्यूशन...फिर लम्बी-चौड़ी फ़ीस। बेटे...**(अपनी आर्थिक मजबूरी की बात वह शब्दों से नहीं, चेहरे से व्यक्त**

करती है।) पर यह तो अँधेर ही हुआ कि सारा पेपर ठीक हो, फिर भी नम्बर काट लो।

रजनी : (**रजनी की भौंहों में एकाएक बल पड़ जाते हैं। वह रोते हुए अमित को खींचकर अपने पास सटा लेती है**) रोओ मत। (**उसके आँसू पोंछते हुए**) अमित रोएगा नहीं...समझे। मैं जो पूछती हूँ उसका जवाब देना। बस। (**कुछ देर रुककर**) तुझे अच्छी तरह याद है कि तूने पूरा पेपर ठीक किया था? (**अमित स्वीकृति में सिर हिलाता है**) पापा के पास दुबारा पेपर करने से पहले दोस्तों से या किताबों से उन सवालों के जवाब तो नहीं देख लिए थे?

अमित : नहीं। ज्यों-के-त्यों आकर कर दिए थे। हमको आते थे वो सारे सवाल।

रजनी : मैथ्स के सर कौन हैं?

अमित : मिस्टर पाठक।

रजनी : कितने लड़के ट्यूशन लेते हैं उनसे?

अमित : बाइस। साल के शुरू में तो आठ लेते थे...फिर पहले टर्मिनल के बाद से पन्द्रह हो गए थे। हाफ़-ईयरली के बाद सात लड़कों ने और लेना शुरू कर दिया। मुझसे भी तभी से कह रहे थे।

लीला : हाफ़-ईयरली में तो इसके नाइंटी-सिक्स नम्बर आए थे...इसी ने बताया था कि क्लास में सबसे ज़्यादा हैं।

रजनी : उसके बाद भी कहते थे कि ट्यूशन लो?

अमित : हाँ! कॉपी लौटाते हुए कहा था कि तुमने किया तो अच्छा है पर यह तो हाफ़-ईयरली है...बहुत आसान पेपर होता है इसका तो। अब अगर ईयरली में भी पूरे नम्बर लेने हैं तो तुरन्त ट्यूशन लेना शुरू कर दो। वरना रह जाओगे। सात लड़कों ने तो शुरू भी कर दिया था।

पर मैंने जब मम्मी-पापा से कहा, हमेशा बस एक ही जवाब (**ममी की नकल उतारते हुए**) मैथ्स में तो तू वैसे ही बहुत अच्छा है, क्या करेगा ट्यूशन लेकर? देख लिया अब? सिक्सथ पोजीशन आई है मेरी। जो आज तक कभी नहीं आई थी। (**अमित की आँखों से फिर आँसू टपक पड़ते हैं।**)

रजनी : (**डाँटते हुए**) फिर आँसू। जानता नहीं, रोने वाले बच्चे रजनी आण्टी को बिल्कुल पसन्द नहीं। ममी ने बिल्कुल ठीक ही कहा और ठीक ही किया। जिस विषय में तुम वैसे ही बहुत अच्छे

हो, उसमें क्यों लोगे ट्यूशन? ट्यूशन तो कमजोर बच्चे लेते हैं।

अमित : आप जानती नहीं आण्टी...अच्छे-बुरे की बात नहीं होती। अगर सर कहें और बार-बार कहें तो लेनी ही होती है। वरना तो नम्बर कम हो ही जाते हैं।

रजनी : पेपर अच्छा करो तब भी नम्बर कम हो जाते हैं?

अमित : हाँ, कितना ही अच्छा करो फिर भी कम हो जाते हैं...जैसे मेरे हो गए।

रजनी : यानी कि अच्छा पेपर करने पर भी कम आते हैं सिर्फ़ इसलिए कि ट्यूशन नहीं ली थी! तो यह तो सर की ग़लती नहीं, बदमाशी है और तू ममी से लड़ रहा है। सर से जाकर लड़।

(अमित इस भाव से सिर हिलाता है मानों कितनी बेकार की बात कर रही हैं रजनी आण्टी। लीला दो गिलासों में शिकंजी बनाकर लाती है। अमित लेने के लिए हाथ नहीं बढ़ाता तो रजनी घुड़कती है।)

रजनी : चलो पियो शिकंजी। देखते नहीं, चेहरा कैसे पसीना-पसीना हो रहा है। (**दोनों शिकंजी पीने लगते हैं। इस दौरान रजनी कुछ सोच रही है। शिकंजी खत्म करके**)
कल आप नौ बजे तैयार रहिए अमित साहब...आपके स्कूल चलना है।

अमित : (**अमित एकदम डर जाता है**) कल से तो छुट्टी है। पर आप अगर स्कूल जाकर कुछ कहेंगी तो सर मुझसे बहुत गुस्सा हो जाएँगे...वहाँ मत जाइए...प्लीज़ वहाँ बिल्कुल मत जाइए।

लीला : हाँ रजनी तुम कुछ करोगी-कहोगी तो अगले साल कहीं और ज़्यादा परेशान न करें इसे। अब जब रहना इसी स्कूल में है तो इन लोगों से झगड़ा।

रजनी : (**बात को बीच में ही काटकर गुस्से से**) यानी कि वे लोग जो भी जुलुम-ज़्यादती करें, हम लोग चुपचाप बर्दाश्त करते जाएँ? सही बात कहने में डर लग रहा है तुझे, तेरी माँ को! अरे जब बच्चे ने सारा पेपर ठीक किया है तो हम कॉपी देखने की माँग तो कर ही सकते हैं...पता तो लगे कि आखिर किस बात के नम्बर काटे हैं?

अमित : (**झुँझलाकर**) बता तो दिया आण्टी। आप...

रजनी : (**गुस्से से**) ठीक है तो अब बैठकर रोओ तुम माँ-बेटे दोनों। (**दनदनाती निकल जाती है। दोनों के चेहरे पर एक असहाय-सा भाव।**)

लीला : अब यह रजनी कोई और मुसीबत न खड़ी करे।

दृश्य समाप्त

नया दृश्य

(**स्कूल के हैडमास्टर का कमरा। बड़ी-सी टेबल। दीवार के सहारे रखी काँच की अलमारी में बच्चों द्वारा जीते हुए कप और शील्ड्स जमे हुए रखे हैं। दीवार पर कुछ नेताओं की तस्वीरें, एक बड़ा-सा मैप लटका है।**

एक स्कूल के हैडमास्टर के कमरे का वातावरण तैयार किया जाए। हैडमास्टर काम में व्यस्त है। चपरासी बड़े अदब से एक चिट लाकर रखता है। हैड मास्टर कुछ क्षण उसे देखता रहता है।)

है. मास्टर : बुलाओ। (**रजनी का प्रवेश नमस्कार करती है।**)

है. मास्टर : बैठिये। (**कुछ देर रुककर**) कहिए मैं आपके लिए क्या कर सकता हूँ?

रजनी : मैं सेविन्थ क्लास के अमित सक्सेना की मैथ्य की कॉपी देखना चाहती हूँ (**हैडमास्टर के चेहरे पर ऐसा भाव जैसे वह कुछ समझा न हो**) ईयरली एक्ज़ाम्स की, कल ही जिसका रिज़ल्ट निकला है।

है. मास्टर : सॉरी मैडम, ईयरली एक्ज़ाम्स की कॉपियाँ तो हम लोग नहीं दिखाते हैं।

रजनी : जानती हूँ मैं लेकिन बात यह है कि अमित ने मैथ्स का पूरा पेपर ठीक किया था लेकिन उसे कुल बहत्तर नम्बर ही मिले हैं। कॉपी देखकर सिर्फ़ यह जानना चाहती हूँ कि अमित को अपने बारे में कुछ ग़लतफ़हमी हो गई थी या कि (**एक-एक शब्द पर ज़ोर देकर**) ग़लती एक्ज़ामिनर की है।

है. मास्टर : (**सारी बात को बहुत हल्के ढंग से लेते हुए**) आप भी कमाल करती हैं, बच्चे ने कहा और आपने मान लिया। अरे, हर बच्चा

घर जाकर यही कहता है कि उसने पेपर बहुत अच्छा किया है और उसे बहुत अच्छे नम्बर मिलेंगे। अगर हम इसी तरह कॉपियाँ दिखाने लग जाएँ तो यहाँ तो पेरेण्ट्स की भीड़ लगी रहे सारे समय। इसीलिए तो ईयरली एक्ज़ाम्स की कॉपियाँ न दिखाने का नियम बनाया गया है स्कूलों में।

रजनी : (**अपने गुस्से पर काबू पाते हुए**) देखिए आप चाहें तो अमित का पूरा रिज़ल्ट देख सकते हैं। मैथ्स में हमेशा सेण्ट-परसेण्ट नम्बर लेता रहा है। इस साल भी उसने पूरा पेपर ठीक किया है। (**तैश आ ही जाता है**) कॉपी देखकर मैं सिर्फ़ यह जानना चाहती हूँ कि नम्बर आखिर कटे किस बात के हैं?

हे. मास्टर : आप बहस करके बेकार ही अपना और मेरा समय बर्बाद कर रही हैं। मैंने कह दिया न कि इन कॉपियों को दिखाने का नियम नहीं है और मैं नियम नहीं तोड़ूँगा।

रजनी : (**व्यंग्य से**) नियम! यानी कि आपका स्कूल बहुत नियम से चलता है।

हे. मास्टर : (**गुस्से से**) व्हॉट डू यू मीन?

रजनी : आई मीन व्हॉट आई से। नियम का ज़रा भी ख़याल होता तो इस तरह की हरक़तें नहीं होतीं स्कूल में। कोई बच्चा बहुत अच्छा है किसी विषय में फिर भी उसे मजबूर किया जाता है कि वह ट्यूशन ले। यह कौन-सा नियम है आपके स्कूल का?

हे. मास्टर : देखिए यह टीचर्स और स्टूडेण्ट्स का अपना आपसी मामला है, वो पढ़ने जाते हैं और वो पढ़ाते हैं। इसमें न स्कूल आता है, न स्कूल के नियम! इस बारे में हम क्या कर सकते हैं?

रजनी : कुछ नहीं कर सकते आप? तो मेहरबानी करके यह कुर्सी छोड़ दीजिए। क्योंकि यहाँ पर कुछ कर सकने वाला आदमी चाहिए। जो ट्यूशन के नाम पर चलने वाली धाँधलियों को रोक सके...मासूम और बेगुनाह बच्चों को ऐसे टीचर्स के शिकंजों से बचा सके जो ट्यूशन न लेने पर बच्चों के नम्बर काट लेते हैं...और आप हैं कि कॉपियाँ न दिखाने के नियम से उनके सारे गुनाह ढक देते हैं।

हे. मास्टर : (**चीखकर**) विल यू प्लीज़ गेट आउट ऑफ दिस रूम। (**ज़ोर-ज़ोर से घण्टी बजाने लगता है। दौड़ता हुआ चपरासी आता है**) मेमसाहब को बाहर ले जाओ।

रजनी : मुझे बाहर करने की ज़रूरत नहीं। बाहर कीजिए उन सब

टीचर्स को जिन्होंने आपकी नाक के नीचे ट्यूशन का यह घिनौना रैकेट चला रखा है। (**व्यंग्य से**) पर आप तो कुछ कर नहीं सकते, इसलिए अब मुझे ही कुछ करना होगा और मैं करूँगी, देखिएगा आप। (**तमतमाती हुई निकल जाती है।**) **हैडमास्टर चपरासी पर ही बिगड़ पड़ता है**) जाने किस-किस को भेज देते हो भीतर।

चपरासी : मैंने तो आपको स्लिप लाकर दी थी साहब।

(हैडमास्टर गुस्से में स्लिप की चिन्दी-चिन्दी करके फेंक देता है, कुछ इस भाव से मानों रजनी की ही चिन्दियाँ बिखेर रहा हो।)

दृश्य समाप्त

नया दृश्य

(रजनी का फ़्लैट। शाम का समय। घण्टी बजती है। रजनी आकर दरवाज़ा खोलती है। पति का प्रवेश। उसके हाथ से ब्रीफ़केस लेती है।)

पति : (**जूते खोलते हुए**) तुम आज दिन में कहीं बाहर गई थीं क्या?

रजनी : तुम्हें कैसे मालूम?

पति : फ़ोन किया था। एक फ़ाइल रह गई थी, सोचा चपरासी को भेजकर मँगवा लूँ पर कोई घर में हो तब न। (**पति के चेहरे पर खीज भरा गुस्सा पुता हुआ है**)

रजनी : तुम फ़ाइल भूल गए...और जिसके बारे में मुझे पता भी नहीं। पर फिर भी उसके लिए मुझे घर बैठना चाहिए। यह कौन-सी बात हुई?

पति : (**ज़रा शान्त होते हुए**) अच्छा गई कहाँ थीं?

रजनी : (**एक स्कूल का नाम लेती है, नाम रखना होगा**)

पति : (**स्कूल का नाम दोहराता है**) ...तुम क्या करने गई थीं वहाँ?

रजनी : (**गद्गद भाव से**) पहले चाय ले आऊँ, फिर बताती हूँ।

(कैमरा रजनी के साथ किचन में। गुनगुनाते हुए रजनी खाने का भी कुछ बना रही है। लगता है जो कुछ करके आई, उससे बहुत प्रसन्न है।)

(दृश्य फिर बाहर के कमरे में। नाश्ते की प्लेट काफी खाली हो चुकी है, जिससे लगे कि रजनी सारी बात बता चुकी है।)

रजनी : बोलती बन्द कर दी हैडमास्टर साहब की। जवाब देते नहीं बना तो चिल्लाने लगे। पर मैं क्या छोड़नेवाली हूँ इस बात को?

पति : अच्छा मास्टर लोग ट्यूशन करते हैं या धन्धा करते हैं, पर तुम्हें अभी बैठे-बिठाए इससे क्या परेशानी हो गई? तुम्हारा बेटा तो अभी पढ़ने नहीं जा रहा है न?

रजनी : (**एकदम भड़क जाती है**) यानी कि मेरा बेटा जाए तभी आवाज़ उठानी चाहिए...अमित के लिए नहीं उठानी चाहिए...। और जो इतने-इतने बच्चे इसका शिकार हो रहे हैं, उनके लिए नहीं उठानी चाहिए। सब कुछ जानने के बाद भी नहीं उठानी चाहिए?

पति : ठेका लिया है तुमने सारी दुनिया का?

रजनी : देखो, तुम मुझे फिर गुस्सा दिला रहे हो रवि ...ग़लती करनेवाला तो है ही गुनहगार, पर उसे बर्दाश्त करनेवाला भी कम गुनहगार नहीं होता जैसे लीला बेन और कान्ति भाई और हज़ारों-हज़ारों माँ-बाप। लेकिन सबसे बड़ा गुनहगार तो वह जो चारों तरफ़ अन्याय, अत्याचार और तरह-तरह की धाँधलियों को देखकर भी चुप बैठा रहता है, जैसे तुम। (**नकल उतारते हुए**) हमें क्या करना है, हमने कोई ठेका ले रखा है दुनिया का। (**गुस्से और हिकारत से**) माई फुट (**उठकर भीतर जाने लगती है। जाते-जाते मुड़कर**) तुम जैसे लोगों के कारण ही तो इस देश में कुछ नहीं होता, हो भी नहीं सकता! (**भीतर चली जाती है।**)

पति : (**बेहद हताश भाव से दोनों हाथों से माथा थामकर**) चढ़ा दिया सूली पर।

दृश्य समाप्त

नया दृश्य

(डायरेक्टर ऑफ एजुकेशन के ऑफिस का बाहरी कक्ष। कमरे के बाहर उसके नाम और पद की तख्ती

लगी है। साथ ही मिलने का समय भी लिखा है। एक स्टूल पर चपरासी बैठा है। सामने की बेंच पर रजनी और तीन-चार लोग और बैठे हैं–प्रतीक्षारत। रजनी के चेहरे से बेचैनी टपक रही है। बार-बार घड़ी देखती है, मिलने का समय समाप्त होता जा रहा है।)

रजनी : **(चपरासी से)** कितनी देर और बैठना होगा?

चपरासी : हम क्या बोलेगा...जब साहब घण्टी मारेगा...बुलाएगा तभी तो ले जाएगा। बहुत बिज़ी रहता न साहब।

रजनी : **(अपने में ही गुनगुनाते हुए)** यह तो लोगों से मिलने का समय है, न जाने किसमें बिज़ी बनकर बैठ जाते हैं **(चपरासी दूसरी तरफ़ देखने लगता है।)**

(कैमरा ऑफिस के अन्दर चला जाता है। साहब मेज़ पर पेपर-वेट घुमा रहा है। फिर घड़ी देखता है, फिर घुमाने लगता है। बाहर एक आदमी आता है। अपने नाम की स्लिप के नीचे पाँच रुपए का एक नोट रखकर देता है और चपरासी का कन्धा थपथपाता है। चपरासी हँसकर भीतर जाता है। लौटकर उस आदमी को तुरन्त अपने साथ ले जाता है। रजनी के चेहरे पर तनाव, घूरकर चपरासी को देखती है। थोड़ी देर में आदमी बाहर निकलता है। रजनी उठकर दनदनाती हुई भीतर जाने लगती है।)

चपरासी : अरे...अरे...अरे...किधर कू जाता? अभी घण्टी बजा क्या?

रजनी : घण्टी तो मिलने का समय खतम होने तक बजेगी भी नहीं। **(दरवाजा धकेलकर भीतर चली जाती है)**

चपरासी : अरे कैसी औरत है...सुनतीच नई। **(वहाँ बैठे दो-तीन लोग हँसने लगते हैं।)**

(दृश्य कमरे के भीतर। कुर्सी की पीठ से टिककर सिगरेट पी रहा है। रजनी को देखकर आश्चर्य से।)

निदेशक : आपको स्लिप भेजकर भीतर आना चाहिए न।

रजनी : **(मुस्कराकर)** स्लिप तो घण्टे भर से आपके चपरासी की जेब में पड़ी है। और शायद दो-चार दिन चक्कर लगवाने तक पड़ी ही रहेगी।

निदेशक : क्या कह रही हैं आप?

रजनी : तो क्या यह सीधी-साफ़-सी बात भी मुझे ही समझानी होगी आपको? खैर अभी छोड़िये इस बात को, इस समय मैं आपके पास किसी दूसरे ही काम से आई हूँ।

(निदेशक के चेहरे पर रजनी को लेकर एक आश्चर्य मिश्रित कौतूहल का भाव उभरता है।)

निदेशक : कहिए।

रजनी : **(थोड़ा सोचते हुए)** देखिए, मैं स्कूलों, विशेषकर प्राइवेट स्कूलों और बोर्ड के आपसी रिलेशन्स के बारे में कुछ जानकारी इकट्ठा कर रही हूँ।

निदेशक : कोई रिसर्च प्रोजेक्ट है क्या? व्हेरी इंटरेस्टिंग सब्जेक्ट।

रजनी : बस कुछ ऐसा-सा ही समझ लीजिए।

निदेशक : कहिए आप क्या जानना चाहती हैं?

रजनी : जिन प्राइवेट स्कूलों को आप रिकगनाइज़ कर लेते हैं उन्हें बोर्ड शायद 90% ग्राण्ट देता है।

निदेशक : **(ज़रा गर्व से)** जी हाँ, देता है। बोर्ड का काम ही यह है कि शिक्षा के प्रचार-प्रसार में जितना भी हो सके सहयोग करे। इट्स अवर ड्यूटी मैडम।

रजनी : जब इतनी बड़ी एड देते हैं तो आपका कोई कण्ट्रोल भी रहता होगा स्कूलों पर।

निदेशक : ऑफ़ कोर्स। बोर्ड के बहुत से ऐसे नियम हैं जो स्कूलों को मानने होते हैं, स्कूल मानते हैं। सिलेबस बोर्ड बनाता है...फ़ाइनल इयर के एक्ज़ाम्स बोर्ड कण्डक्ट करता है।

रजनी : **(निदेशक के चेहरे पर नज़रें गड़ाकर)** स्कूलों में आजकल प्राइवेट ट्यूशंस का जो सिलसिला चला हुआ है, ट्यूशंस क्या बच्चों को लूटने का जो धन्धा चला हुआ है, उसके बारे में आपका बोर्ड क्या करता है?

निदेशक : **(बड़े सहज भाव से)** इसमें धन्धे की क्या बात है? जब किसी का बच्चा कमजोर होता है तभी उसके माँ-बाप ट्यूशन लगवाते हैं। अगर लगे कि कोई टीचर लूट रहा है तो उस टीचर से न लें ट्यूशन, किसी और के पास चले जाएँ...यह कोई मजबूरी तो है नहीं।

रजनी : बच्चा कमजोर नहीं, होशियार है...बहुत होशियार...उसके बावजूद उसका टीचर लगातार उसे कौंचता रहता है कि वह

ट्यूशन ले...वह ट्यूशन ले वरना पछताएगा। लेकिन बच्चे के माँ-बाप को ज़रूरी नहीं लगता और वे नहीं लगवाते। जानते हैं क्या हुआ? मैथ्स का पूरा पेपर ठीक करने के बावजूद उसे कुल 72 नम्बर मिलते हैं, जानते हैं क्यों?...क्योंकि उसने टीचर के बार-बार कहने पर भी ट्यूशन नहीं ली।

निदेशक : वैरी सेड। हैडमास्टर को एक्शन लेना चाहिए ऐसे टीचर के खिलाफ़।

रजनी : क्या खूब! आप कहते हैं कि हैडमास्टर को एक्शन लेना चाहिए...हैडमास्टर कहते हैं मैं कुछ नहीं कर सकता, तब करेगा कौन? मैं पूछती हूँ कि ट्यूशन के नाम पर चलनेवाले इस घिनौने रैकेट को तोड़ने के लिए दखलअन्दाज़ी नहीं करनी चाहिए आपको, आपके बोर्ड को? (**चेहरा तमतमा जाता है**)

निदेशक : लेकिन हमारे पास तो आज तक किसी पेरेण्ट से इस तरह की कोई शिकायत नहीं आई।

रजनी : यानी कि शिकायत आने पर ही आप इस बारे में कुछ सोच सकते हैं। वैसे शिक्षा के नाम पर दिन-दहाड़े चलनेवाली इस दुकानदारी की आपके (**बहुत ही व्यंग्यात्मक ढंग से**) बोर्ड ऑफ एजूकेशन को कोई जानकारी ही नहीं, कोई चिन्ता ही नहीं?

निदेशक : कैसी बात करती हैं आप? कितने इम्पोर्टेण्ट मैटर्स रहते हैं हम लोगों के पास? अभी पिछले छह महीने से तो नई शिक्षा प्रणाली को लेकर ही कितने सेमिनार्स ऑर्गनाइज़ किए हैं हमने?

रजनी : (**व्यंग्य से**) ओह, इम्पोर्टेण्ट मैटर्स, नई शिक्षा प्रणाली। अरे पहले इस शिक्षा प्रणाली के छेदों को तो रोकिए वरना बच्चों के भविष्य के साथ-साथ आपकी नई शिक्षा प्रणाली भी छनकर गड्ढे में चली जाएगी।

निदेशक : (**थोड़े गुस्से के साथ**) आप ही पहली महिला हैं, और हो सकता है कि आखिरी भी हों, जो इस तरह की शिकायत लेकर आई हैं।

रजनी : ठीक है तो फिर अब आपके पास शिकायत का ढेर ही लगवाकर रहूँगी।

(झटके से उठकर बाहर चली जाती है, निदेशक देखता रहता है, फिर कन्धे उचका देता है।)

(अब मोण्टाज में कुछ दृश्य दिखाए जाएँ। रजनी फ़ोन

कर रही है। मेज़ पर कुछ पत्र रखे हैं और रजनी एक रजिस्टर में उनके नाम पते उतार रही है। साथ में एक-दो महिलाएँ और भी हैं। फिर एक के बाद एक तीन-चार घरों में माँ-बाप से मिल रही है उन्हें समझा रही है। साथ में लीला बेन और तीन-चार महिलाएँ और भी हैं।)

नया दृश्य

(किसी अख़बार का दफ़्तर। कमरे में सम्पादक बैठे हैं, साथ में तीन-चार स्त्रियों के साथ रजनी बैठी है।)

सम्पादक : आपने तो इसे बाक़ायदा एक आन्दोलन का रूप ही दे दिया। बहुत अच्छा किया। इसके बिना यहाँ चीज़ें बदलती भी तो नहीं हैं। शिक्षा के क्षेत्र में फैली इस दुकानदारी को तो बन्द होना ही चाहिए।

रजनी : **(एकाएक जोश में आकर)** आप भी महसूस करते हैं न ऐसा?...तो फिर साथ दीजिए हमारा। अख़बार यदि किसी इश्यू को उठा ले और लगातार उस पर चोट करता रहे तो फिर वह थोड़े से लोगों की बात नहीं रह जाती। सबकी बन जाती है...आँख मूँद कर नहीं रह सकता फिर कोई उससे। आप सोचिए ज़रा अगर इसके ख़िलाफ कोई नियम बनता है तो **(आवेश के मारे जैसे बोला नहीं जा रहा है।)** कितने पेरेण्ट्स को राहत मिलेगी...कितने बच्चों का भविष्य सुधर जाएगा, उन्हें अपनी मेहनत का फल मिलेगा, माँ-बाप के पैसे का नहीं...शिक्षा के नाम पर बचपन से ही उनके दिमाग़ में यह तो नहीं भरेगा कि पैसा ही सब कुछ है...वे...वे...

सम्पादक : **(हँसकर)** बस-बस, मैं समझ गया आपकी सारी तक़लीफ, आपका सारा गुस्सा।

रजनी : तो फिर दीजिए हमारा साथ...उठाइए इस इश्यू को। लगातार लिखिए और धुआँधार लिखिए।

सम्पादक : इसमें आप अख़बार वालों को अपने साथ ही पाएँगी। अमित के उदाहरण से आपकी सारी बात मैंने नोट कर ली है। एक अच्छा-सा राइट-अप तैयार करके पी. टी. आई. के द्वारा मैं एक

साथ फ़्लैश करवाता हूँ।

रजनी : **(गद्गद होते हुए)** एक काम और कीजिए। 25 तारीख को हम लोग पेरेण्ट्स की एक मीटिंग कर रहे हैं, राइट-अप के साथ इसकी सूचना भी दे दीजिए तो सब लोगों तक खबर पहुँच जाएगी। व्यक्तिगत तौर पर तो हम मुश्किल से सौ-सवा सौ लोगों से सम्पर्क कर पाए हैं...वह भी रात-दिन भाग-दौड़ करके। **(ज़रा-सा रुककर)** अधिक-से-अधिक लोगों के आने के आग्रह के साथ सूचना दीजिए।

सम्पादक : दी। **(सब लोग हँस पड़ते हैं।)**

रजनी : ये हुई न कुछ बात।

दृश्य समाप्त

नया दृश्य

(मीटिंग का स्थान। बाहर कपड़े का बैनर लगा हुआ है। बड़ी संख्या में लोग आ रहे हैं और भीतर जा रहे हैं, लोग खुश हैं, लोगों में जोश है। विरोध और विद्रोह का पूरा माहौल बना हुआ है। दृश्य कटकर अन्दर जाता है। हॉल भरा हुआ है। एक ओर प्रेस वाले बैठे हैं, इसे बाक़ायदा फ़ोकस करना है। एक महिला माइक पर से उतर कर नीचे आती है। हॉल में तालियों की गड़गड़ाहट। अब मंच पर से उठकर रजनी माइक पर आती है। पहली पंक्ति में रजनी के पति भी बैठे हैं।)

बहनो और भाइयो,

इतनी बड़ी संख्या में आपकी उपस्थिति और जोश ही बता रहा है कि अब हमारी मंजिल दूर नहीं है। इन दो महीनों में लोगों से मिलने पर इस समस्या के कई पहलू हमारे सामने आए...कुछ अभी आप लोगों ने भी यहाँ सुने। **(कुछ रुककर)** यह भी सामने आया कि बहुत से बच्चों के लिए ट्यूशन ज़रूरी भी है। माँएँ इस लायक नहीं होतीं कि अपने बच्चों को पढ़ा सकें और पिता **(ज़रा रुककर)** जैसे वे घर के और किसी काम

में ज़रा-सी भी मदद नहीं करते, बच्चों को भी नहीं पढ़ाते। **(ठहाका, कैमरा उसके पति पर भी जाए)** तब कमजोर बच्चों के लिए ट्यूशन ज़रूरी भी हो जाती है। **(रुककर)** बड़ा अच्छा लगा जब टीचर्स की ओर से भी एक प्रतिनिधि ने आकर बताया कि कई प्राइवेट स्कूलों में तो उन्हें इतनी कम तनख्वाह मिलती है कि ट्यूशन न करें तो उनका गुज़ारा ही न हो। कई जगह तो ऐसा भी है कि कम तनख़्वाह देकर ज़्यादा पर दस्तख़त करवाए जाते हैं। ऐसे टीचर्स से मेरा अनुरोध है कि वे संगठित होकर एक आन्दोलन चलाएँ और इस अन्याय का पर्दाफाश करें **(हॉल में बैठा हुआ पति धीरे से फुसफुसाता है, लो, अब एक और आन्दोलन का मसाला मिल गया, कैमरा फिर रजनी पर)** इसलिए अब हम अपनी समस्या से जुड़ी सारी बातों को नजर में रखते हुए ही बोर्ड के सामने यह प्रस्ताव रखेंगे कि वह ऐसा नियम बनाए **(एक-एक शब्द पर जोर देते हुए)** कि कोई भी टीचर अपने ही स्कूल के छात्रों का ट्यूशन नहीं करेगा। **(रुककर)** ऐसी स्थिति में बच्चों के साथ जोर-जबरदस्ती करने, उनके नम्बर काटने की गन्दी हरक़तें अपने आप बन्द हो जाएँगी। साथ ही यह भी हो कि इस नियम को तोड़नेवाले टीचर्स के ख़िलाफ़ सख़्त-से-सख़्त कार्रवाही की जाएगी।...अब आप लोग अपनी राय दीजिए।

(सारा हॉल, एप्रूव्ड, एप्रूव्ड की आवाज़ों और तालियों की गड़गड़ाहट से गूँज उठता है।)

दृश्य समाप्त

नया दृश्य

(रजनी का फ़्लैट। सवेरे का समय। कमरे में पति अख़बार पढ़ रहा है। पहला पृष्ठ पलटते ही रजनी की तस्वीर दिखाई देती है, जल्दी-जल्दी पढ़ता है, फिर एकदम चिल्लाता है।)

पति : अरे रजनी...रजनी, सुनो तो बोर्ड ने तुम लोगों का प्रस्ताव ज्यों-का-त्यों स्वीकार कर लिया।

रजनी : **(भीतर से दौड़ती हुई आती है। अख़बार छीनकर जल्दी-जल्दी पढ़ती है। चेहरे पर सन्तोष, प्रसन्नता और गर्व का भाव।)**

रजनी : तो मान लिया गया हमारा प्रस्ताव...बिल्कुल जैसा का तैसा और बन गया यह नियम। **(खुशी के मारे अख़बार को ही छाती से चिपका लेती है।)** मैं तो कहती हूँ कि अगर डटकर मुकाबला किया जाए तो कौन-सा ऐसा अन्याय है, जिसकी धज्जियाँ न बिखेरी जा सकती हैं।

पति : **(मुग्ध भाव से उसे देखते हुए)** आई एम प्राउड ऑफ यू रजनी...रियली, रियली...आइ एम वैरी प्राउड ऑफ यू।

रजनी : **(इतराते हुए)** हूँ ऽऽ दो महीने तक लगातार मेरी धज्जियाँ बिखेरने के बाद। **(दोनों हँसते हैं।)**

(लीला बेन, कान्तिभाई और अमित का प्रवेश)

लीला बेन : उस दिन तुम्हारी जो रस मलाई रह गई, वह आज खाओ।

कान्तिभाई : और सबके हिस्से की तुम्हीं खाओ।

(अमित दौड़कर अपने हाथ से उसे रसमलाई खिलाने जाता है पर रजनी उसे अमित के मुँह में ही डाल देती है।)

(सब हँसते हैं। हँसी के साथ ही धीरे-धीरे दृश्य समाप्त हो जाता है।)

●●●